CB120961

RODRIGO CHEMIM

MÃOS LIMPAS E LAVA JATO:

A CORRUPÇÃO SE OLHA NO ESPELHO

NOVA EDIÇÃO ATUALIZADA COM APÊNDICE EXCLUSIVO

Mãos Limpas e Lava Jato: a corrupção se olha no espelho

2ª edição: Setembro 2018

Autor:
Rodrigo Chemim

Preparação de texto:
Lúcia Brito

Criação e diagramação:
Dharana Rivas

DADOS INTERNACIONAIS DE CATALOGAÇÃO NA PUBLICAÇÃO (CIP)

C517m Chemim, Rodrigo
Mãos Limpas e Lava Jato : a corrupção se olha no espelho / Rodrigo Chemim. – Porto Alegre : CDG, 2018.
320 p.

ISBN: 978-85-68014-67-7

1. Corrupção política. 2. Ética política. 3. Corrupção – aspectos econômicos. 4. Itália – Política e governo. I. Chemim, Rodrigo. II. Título.

CDD - 320

Produção editorial e distribuição:

CITADEL Grupo Editorial

contato@citadeleditora.com.br
www.citadeleditora.com.br

Para Bruna e Guilherme.
E para a próxima geração de brasileiros.
Porque o destino do país lhes pertence.

SUMÁRIO

PARTE 1

CORRUPÇÃO ITALIANA E BRASILEIRA: DOIS LADOS DA MESMA MOEDA

É certo que a comparação entre Brasil e Itália, países que se situam em continentes diversos, com dimensões territoriais incomparáveis e histórias e tradições distintas, pode parecer, à primeira vista, algo a ser evitado. A Itália está inserida no continente europeu e, por isso e em certa medida, condicionada pelo entorno de países com tradições e culturas igualmente milenares. Já o Brasil está integrado à América Latina, com uma realidade muito mais jovem, numa sociedade muito menos estruturada e com democracias em constante oscilação.

Essas diferenças recomendam muito cuidado na análise comparativa das duas maiores investigações criminais de delitos do colarinho-branco já realizadas nos dois países. Ainda mais se for levado em conta que as operações ocorreram em momentos distintos da história de cada um deles.

Na Itália, a Operação Mãos Limpas nasceu em 1992, dois anos e meio após a queda do Muro de Berlim, quando ainda se faziam sentir as tensões e estratégias globais da Guerra Fria no continente europeu, com a discussão política centrada nos interesses norte-americanos em ter a Itália como aliada contra a política oriunda dos países recém-surgidos com a dissolução da União Soviética.

No Brasil, a Operação Lava Jato ganhou força a partir de 2014, quando o país encaminhava-se para a transição de um período de crescente prosperidade e ampliação de políticas públicas sociais de elevado impacto nas classes mais pobres para outro que começou a se desnudar como de realidade econômica diversa daquela que a candidata à reeleição Dilma Rousseff havia propagado em sua campanha eleitoral ao longo do mesmo ano. Mesmo com a vitória eleitoral de Dilma, a partir de 2015 os brasileiros foram aos poucos se deparando com um cenário econômico que o próprio governo passou a admitir que não era tão próspero quanto se propagara um ano antes.

De outro lado, mesmo levando em conta todas estas questões, não há como não notar as incríveis semelhanças entre Brasil e Itália quando se trata de política, futebol, paixão popular, preconceitos regionais (entre o Norte e o Sul no caso da Itália ou entre o Sul e o Nordeste no caso do Brasil), afrouxamento ético, corrupção institucionalizada, descuido no trato privado da coisa pública e também da legislação penal e processual penal benevolente com a criminalidade do colarinho-branco. Portanto, não é com grande surpresa que, ao se aprofundar a análise da Operação Mãos Limpas na Itália e vivenciar o cotidiano do que se divulga da Operação Lava Jato no Brasil, pode-se constatar que as coincidências e similitudes de trato, de reação e de consequências das duas grandes investigações de corrupção vão além de todas as diferenças referidas.

A começar por um dos pontos centrais em comum entre os dois países, relacionado ao comportamento dos políticos, convictos que estavam de não serem alcançados em seus desvios de comportamento. A certeza da impunidade lhes permitia gozar de uma perene sensação de proteção plena, de inalcançabilidade pelas agências estatais de controle da criminalidade, ao menos antes das duas grandes investigações serem levadas adiante.

Neste plano não é demais considerar que tanto no Brasil quanto na Itália as imunidades parlamentares sempre falaram alto, dificultando em muito a responsabilização criminal dos políticos corruptos. Assim, o comportamento daqueles surpreendidos malversando o erário também não costuma diferir de um país para outro. Mesmo quando descobertos em escândalos de corrupção com provas robustas contra si, os políticos italianos, assim como os brasileiros, não têm por hábito tomar a iniciativa de se afastar do exercício do poder. Em sua grande maioria preferem continuar a gozar das prerrogativas protecionistas das funções públicas em vez de salvaguardar a liturgia da função pública.

Brasileiros e italianos não se interessam muito em evitar que a função pública que ocupam seja maculada por suspeitas que deturpam sua importância nas estruturas do Estado. Assim, costumam agir na contramão do comportamento esperado de homens públicos que não têm apego ao poder pelo poder: tendem a negar os fatos e prosseguir agarrados às funções, que passam a servir de capas de proteção para inviabilizar ou dificultar o alcance de seus atos ilícitos.

Ainda que a presunção de inocência recomende que não se emitam juízos antecipados de mérito, o merecido tratamento penal de inocente não se confunde com a necessidade de preservação da confiança que se deve depositar em homens públicos e que lidam com a coisa pública. No entanto, não é comum políticos italianos e brasileiros se sentirem desconfortáveis com a permanência no cargo diante de acusações consistentes. Ao contrário, declaram-se indignados com a situação de suspeitos, atribuindo a culpa à oposição política ou ao que consideram perseguição do Ministério Público. Ainda que a Itália seja um país europeu, a percepção que os próprios italianos têm é de que ela não segue o mesmo padrão ético de outros países do continente e nesse ponto se aproxima muito mais do Brasil do que de seus vizinhos.

Na Alemanha, por exemplo, quando acontece de um político se ver envolvido em denúncias de corrupção, o comportamento padrão é o afastamento espontâneo do poder, como sucedeu com o presidente alemão Christian Wulff em 2012, acusado de práticas de favorecimento político. Mesmo não tendo sido condenado a nada, diante da suspeita pública Wulff não titubeou em deixar o cargo, fazendo-o com um breve mas muito ilustrativo comunicado ao povo: "A confiança dos cidadãos está afetada. Portanto, não posso seguir exercendo minha função. Por isso renuncio".[1] Conduta similar teve o ministro da Defesa alemão Karl-Theodor zu Guttenberg, que renunciou por suspeita de plágio em sua tese de doutorado.

Na França, o modo de reagir também é diferente do italiano. O vice-presidente da Assembleia Nacional Denis Baupin renunciou em decorrência da acusação de assédio sexual em 2016. Na Espanha, a ministra da Saúde Ana Mato, acusada de corrupção em 2014, igualmente renunciou ao cargo. Em Portugal, o ministro do Interior Miguel Macedo, acusado de corrupção, também renunciou ao cargo em 2014.

O primeiro-ministro da Islândia, Sigmundur David Gunnlaugsson, citado nos Panama Papers como titular de contas com aparência irregular em paraísos fiscais, renunciou ao cargo em 2016. Na Suécia, como diz o promotor-chefe da Agência Nacional Anticorrupção, Gunnar Stetler, "um deputado, por exemplo, pode ser forçado a renunciar através da pressão da opinião pública e da mídia, mesmo quando não é indiciado formalmente".[2]

Já na Itália, ao contrário dos demais países europeus referidos, nos anos 1990 o então primeiro-ministro Bettino Craxi, mesmo assumindo publicamente que todos os partidos faziam caixa dois e mesmo tendo vários pedidos de investigação criminal contra si pendentes no Parlamento, não renunciou. O mesmo se deu com seu sucessor nos anos 2000, Silvio Berlusconi: também com diversas acusações de fraudes contábeis formalizadas contra si, manteve-se no cargo o quanto foi possível.[3] Essa foi a mesma postura adotada pelos diversos parlamentares italianos acusados de corrupção e delitos correlatos.

A tradição brasileira não foge à regra italiana. Já no primeiro ano da nova democracia, em 1989, quando veio à tona o escândalo dos Anões do Orçamento, no qual deputados federais foram acusados de manipular emendas orçamentárias para desviar verbas por meio de entidades sociais fantasmas e acordos de superfaturamento com empreiteiras, o padrão dos envolvidos foi fincar pé no cargo mesmo diante de evidências claras de que haviam praticado atos ilícitos. Um dos líderes do esquema, o deputado João Alves (à época no PPR), que ficou conhecido por "João de Deus" ao justificar seu enriquecimento ilícito com a ajuda divina, que lhe teria permitido ganhar 221 vezes na loteria, só renunciou ao mandato quando essa opção ficou menos onerosa do que enfrentar o processo de cassação, pois a renúncia lhe dava o direito a nova candidatura.

Outro caso sintomático se deu em 1992, com o ex-presidente da República Fernando Collor (à época no PRN), que só renunciou aos 45 minutos do segundo tempo, por assim dizer, quando o processo de *impeachment* foi aceito na Câmara dos Deputados. Em 1994, o então presidente do Senado, Humberto Lucena, do PMDB, mesmo condenado por abuso de poder político pelo Tribunal Superior Eleitoral por ter usado a Gráfica do Senado para imprimir 130 mil calendários de propaganda eleitoral e ter usado verbas públicas para enviá-los a seus eleitores na Paraíba, manteve-se no cargo. Para tanto, interpôs recurso extraordinário da decisão e em seguida foi beneficiado pela aprovação de uma lei de anistia no Senado (Lei 8.985, de 7 de fevereiro de 1995) que dizia literalmente e sem qualquer pudor:

> É concedida anistia especial aos candidatos às eleições gerais de 1994 processados ou condenados, ou com registro cassado e consequente declaração de inelegibilidade, ou com cassação do diploma pela prática de ilícitos eleitorais previstos na legislação em vigor que tenham relação com a utilização dos serviços gráficos do Senado Federal, na conformidade de regulamentação interna, arquivando-se os respectivos processos e restabelecendo-se os direitos por eles alcançados.

E assim foi se sucedendo, escândalo após escândalo, até a Lava Jato em 2014. Nela, o ex-diretor da Petrobras Paulo Roberto Costa, no início da investigação, esquivou-se de ter sido presenteado com um veículo Land Rover pelo doleiro Alberto Youssef e de ter participação em negociatas na estatal, dizendo que sua "participação em lavagem de dinheiro e remessa para o exterior é zero",[4] afirmando não saber "de onde haviam inventado essa história".[5] Eduardo Cunha, do PMDB, então presidente da Câmara dos Deputados, quando denunciado pelo procurador-geral da República por corrupção, lavagem de dinheiro e evasão de divisas em 2015, deu a seguinte declaração: "Estou com a consciência tranquila e continuarei realizando meu trabalho como presidente da Câmara dos Deputados com a mesma lisura e independência que sempre nortearam os meus atos".[6] Cunha não renunciou ao cargo mesmo sofrendo processo de cassação do mandato na Câmara, acusado de mentir na Comissão Parlamentar de Inquérito da Petrobras a respeito de suas contas bancárias na Suíça. Ao contrário, como ficou notório, valeu-se de diversas manobras regimentais para dificultar o avanço do processo de cassação e só saiu da presidência da Câmara por decisão da Suprema Corte em 5 de maio de 2016. Acabou cassado em 12 de setembro de 2016.

É certo que por vezes se vê uma exceção aqui ou ali, mas normalmente as renúncias ao cargo só ocorrem como última hipótese. Foi assim em 2007, quando Renan Calheiros, do PMDB, acusado de corrupção, renunciou ao cargo de presidente do Senado, mas somente no dia em que o Conselho de Ética da casa aprovou relatório recomendando sua cassação por quebra de decoro parlamentar. Em discurso proferido na ocasião, Renan Calheiros alegou não ter renunciado antes porque "poderia sugerir naquele momento uma aceitação das infâmias e das inverdades contra mim". Seguiu dizendo: "Não medi esforços para estar à altura do prestígio do cargo". E para concluir: "Entendo que, quando as circunstâncias políticas perdem densidade, é aconselhável deixar o cargo. Assim, renuncio ao mandato de presidente do Senado Federal sem mágoas ou ressentimentos, de cabeça erguida, demonstrando mais uma vez que não usei das prerrogativas do cargo para me defender".[7] Renan Calheiros manteve o mandato de senador, e de resto seu caso é bastante sintomático, como se verá mais adiante.

Outro ponto em comum entre Brasil e Itália é o loteamento de órgãos públicos entre membros dos partidos políticos que estão no poder. O critério técnico é substituído pelo interesse político-partidário, além de por vezes servir de canal para práticas corruptivas. Na Itália da Mãos Limpas, por exemplo, até mesmo as televisões estatais foram loteadas. A Rai 1, a mais importante, como explicam Vittorio Bufacchi e Simon Burgess, era controlada pelos democratas-cristãos; a Rai 2, pelos socialistas; e a Rai 3, pelos comunistas. Cada canal tinha a programação ajustada aos interesses do partido controlador. Esse loteamento, lá e aqui, acaba fragilizando as instituições, criando possibilidades de desvio de verbas e ramificando as práticas de corrupção.[8]

Além disso – e como consequência – é comum verificar que nos dois países grande parte das obras públicas é anunciada por um custo e ao final revela-se que o custo triplicou ou quadruplicou. Os italianos, por exemplo, gastaram o triplo na reforma do estádio San Siro na Copa do Mundo de 1990. Os brasileiros não ficaram atrás e torraram fortunas astronômicas na construção de vários estádios de futebol para a Copa do Mundo de 2014. Estádios enormes foram construídos onde sequer há times na primeira divisão do Campeonato Brasileiro, como Manaus, Brasília, Cuiabá e Natal. Passados dois anos da Copa de 2014, segundo reportagem da *Folha de S.Paulo*, "dos doze estádios que receberam partidas do mundial, apenas a Arena Corinthians registra taxa de ocupação superior a 50%".[9]

Em 2010, os italianos voltaram a gastar valores absurdos na construção de piscinas para o Campeonato Mundial de Natação em Roma; dois anos depois, elas estavam abandonadas e estragadas. Já o Brasil em 2007 previu gastar R$ 383 milhões nas obras para os Jogos Pan-americanos no Rio de Janeiro, mas ao final contabilizava R$ 3,3 bilhões, ainda pendentes algumas análises de custos. O relatório do Programa Rumo ao Pan 2007 do Tribunal de Contas da União destaca: "O valor é superlativo, mas o que mais chama atenção em relação aos custos dos jogos não é propriamente o montante, mas a evolução da estimativa da despesa ao longo do tempo".[10]

Na Olimpíada do Rio em 2016, os gastos foram de R$ 40 bilhões, cerca de 51% a mais do previsto (ainda que boa parte fosse da iniciativa privada).[11] Na celebração dos 150 anos da Itália, os custos da construção do Auditório de Música de Florença quadruplicaram. E até pouco tempo atrás (setembro de 2016), quando a prefeita de Roma anunciou a desistência publicamente, a cidade era forte candidata a sede da Olimpíada de 2024.

Estes aumentos todos são atribuídos a fatos imprevisíveis, como se os engenheiros dos dois países fossem sistematicamente incapazes de calcular os custos de uma obra com mínima margem de segurança. E, mesmo que se consiga demonstrar que tais custos em verdade foram fruto de superfaturamento criminoso, as fichas para se livrar de eventual responsabilização são apostadas na morosidade crônica da justiça dos dois países e no esgotamento dos prazos prescricionais de crimes do colarinho-branco. Tanto na Itália quanto no Brasil é ampla a ocorrência de prescrição de crimes que lesam os cofres públicos.

Luigi Ferrajoli, um dos mais importantes juristas italianos, considerado o pai do garantismo penal, avalia que uma certa margem de inefetividade da lei penal é aceitável, mas que a inefetividade do sistema italiano em se tratando de crimes do colarinho-branco foi "agravada enormemente nos últimos vinte anos".[12] O problema, diz Ferrajoli, em parte são os curtos prazos prescricionais:

> A eficiência da máquina judiciária, inchada por uma infinidade de processos e papéis inúteis e custosos, cujo único efeito é de ofuscar os limites entre lícito e ilícito e de subtrair o tempo e recursos às investigações mais importantes, destinadas cada vez mais àquela anistia sub-reptícia que é a prescrição.[13]

O Relatório da Comissão Europeia sobre Corrupção na União Europeia de 2014 aponta que a Itália prossegue com elevados índices de corrupção e inefetividade de resposta penal justamente em decorrência da prescrição nestes crimes:

> A questão do estatuto de limitações tem sido uma grande e constante preocupação relacionada ao quadro geral para investigar e julgar casos de corrupção na Itália. Os prazos de prescrição aplicáveis pelo direito italiano, combinados com os longos processos judiciais, as regras e métodos de cálculo aplicáveis ao estatuto de limitações, a falta de flexibilidade em relação às causas de suspensão e interrupção e a existência de um prazo de prescrição absoluta que não pode ser interrompido ou suspenso levaram e continuam a levar ao arquivamento de um número considerável de casos.[14]

Sugere-se aqui ao leitor que releia o trecho acima trocando "Itália" e "italiano" por "Brasil" e "brasileiro" e perceba como a conclusão da Comissão Europeia a respeito da situação italiana poderia ser facilmente aplicada ao Brasil.

Segundo a pesquisa de 2013 da organização não governamental Transparência Internacional – o Barômetro Global da Corrupção –, 89% da população italiana acredita que os partidos políticos do país são altamente corruptos. A mesma pesquisa indicou que 81% dos brasileiros pensam o mesmo dos nossos partidos políticos. Na mesma pesquisa, 77% dos italianos afirmaram que seus políticos são corruptos; 72% dos brasileiros pensam o mesmo dos políticos nacionais.[15] Sem muita surpresa, constata-se que a Itália tem um dos índices de percepção de corrupção mais altos da Europa. Na Alemanha, os índices caem respectivamente para 65% e 48%; na Suíça, para 43% e 25%; na França atingem 73% e 52%; na Espanha, 83% e 67%; em Portugal estão em 73% e 66%.

Analisando estes e outros dados estatísticos, as pesquisadoras italianas Nadia Fiorino e Emma Galli consideram que, não importa qual índice de medição de corrupção se utilize, "a imagem da Itália é a de um país com elevado grau de corrupção percebida, seja pelos cidadãos, seja pelas empresas e *business leaders*". E complementam: "Há uma conhecida distinção entre países da área meridional e da área norte-ocidental do mundo, mesmo se caracterizados por instituições e políticas econômicas similares".[16]

As autoras fazem uma comparação entre Itália e Espanha com dados de 1995 a 2001. Não obstante os dois países apresentem índices baixos nas pesquisas da Transparência Internacional sobre percepção de corrupção (quanto menor o índice, maior a corrupção), a Espanha conseguiu melhorar a partir de 1998, enquanto a Itália "mantém valores bem abaixo da suficiência".[17] A conclusão a que chegam, com dados que vão até 2012, é de que "a Itália se coloca numa posição análoga àquela de numerosos países do Leste Europeu, da Ásia e da América Latina".[18]

Concordando com as pesquisadoras, pode-se dizer que a Itália está mais próxima do Brasil do que de boa parte dos países da Europa no que concerne à credibilidade dos partidos e dos políticos no trato da coisa pública. Aliás, ambos os países ocupam posições vergonhosas no índice de percepção da corrupção elaborado pela Transparência Internacional. A Itália chegou a ser a última colocada na Europa em 2016 (ocupando o 60º lugar no geral), recuperando-se em 2017 para ficar na posição número 54 no ranking global (equivalente ao 25º lugar entre 31 países da Europa). Já o Brasil, em decorrência da Lava Jato, despencou de 79º em 2016 para 96º em 2017.[19]

Analisando-se os fatos ocorridos nos anos 1990 na Itália e comparando com o Brasil da Lava Jato de 2014 em diante, tem-se a impressão de que há um *know-how* do desvio de verba que transita na mesma intensidade na classe política italiana e na brasileira. Essa institucionalização da corrupção que as duas operações revelaram permite enxergar um novo e marcante paralelismo entre os dois países: a quase naturalização da corrupção sistêmica.

Ao ser preso por corrupção na Mãos Limpas, Maurizio Prada, tesoureiro do Partido da Democracia Cristã, declarou: "Não fui eu quem inventou as propinas. Simplesmente tomei conhecimento de um sistema".[20] Discurso similar se vê no Brasil pela boca do senador cassado Delcídio do Amaral, do PT, ex-líder do governo Dilma no Senado, ao afirmar no programa de televisão *Roda Viva* em 16 de maio de 2016: "Não foi o PT que inventou a corrupção na Petrobras, mas foi com ele que a corrupção se transformou num quadro sistêmico".

Há muitas semelhanças entre os dois países, inclusive a esperança de um modelo de política livre da corrupção institucionalizada que o povo italiano nutriu quando acompanhava o cotidiano da Operação Mãos Limpas e que o povo brasileiro nutre quando percebe que a lei pode ser mais igual para todos. A diferença é que os italianos com o tempo perceberam que muito pouco mudou na realidade corrupta da política do país. E no Brasil? O que se pode esperar? Se ao olhar para a Itália dos últimos 25 anos o brasileiro pode se reconhecer como se olhasse no espelho, esse mesmo olhar pode ajudar a refletir que caminho seguir e antever o futuro que se deixará para as novas gerações.

As opções disponíveis, nos mostra a Itália, não são fáceis. Ao contrário, são muitíssimo arriscadas, podendo apresentar perigosos retrocessos, especialmente quando a força política corrompida fala mais alto do que a força crítica e do que a fiscalização efetiva, o que se revela no processo eleitoral. Boa parte da população brasileira e italiana ainda não alcançou níveis educacionais capazes de servir de ponto de equilíbrio na filtragem eleitoral, como se passa a expor.

Eleições e caixa dois: Deixai toda esperança, vós que votais!

O grande escritor italiano do século 14 Dante Alighieri, na *Divina comédia*, alertou a quem ingressava no círculo do inferno com uma placa na porta dizendo: "Deixai toda esperança, vós que entrais!". Séculos mais tarde, o povo italiano levantou cartazes nos protestos contra o primeiro-ministro Bettino Craxi, envolvido nos escândalos de corrupção trazidos à tona pela Mãos Limpas, com a seguinte adaptação: "Deixai toda esperança, vós que votais!".[21]

No Brasil e na Itália a corrupção e o desvio de verbas públicas estão fortemente relacionados ao patrocínio privado das campanhas eleitorais. Em sociedades de valores morais esgarçados, o dinheiro fala mais alto, e a liberdade de votar fica em segundo plano. Assim, é possível compreender a paráfrase de Dante estampada nos cartazes italianos.

Na Itália o problema foi identificado nos anos 1970, quando se descobriu que a petrolífera ENI (Ente Nacional de Hidrocarbonetos, equivalente à Petrobras) tinha parte de seus recursos desviados criminosamente para custear campanhas de diversos partidos políticos (tema a ser abordado mais adiante). É claro que o dinheiro injetado criminosamente nos partidos compromete a seriedade do pleito eleitoral. Embora não haja como aferir o grau de corrupção ou de esquecimento dos eleitores italianos, isto é, o quanto possam estar dispostos a votar em troca de alguma vantagem pessoal ou de reeleger quem está envolvido em atos de corrupção, é certo que os políticos italianos envolvidos em escândalos de corrupção muitas vezes conseguem se reeleger.

Em 2014, o pesquisador Raffaele Asquer realizou amplo estudo a respeito da reeleição de políticos envolvidos em corrupção na Itália e concluiu que, mesmo depois dos escândalos da Mãos Limpas, 36% dos políticos investigados recandidataram-se e 17% foram reeleitos. Condenados famosos, como Umberto Bossi, Paolo Cirino Pomicino, Antonio Del Pennino, Alfredo Vito, Cesare Previti e Marcello Dell'Utri são os exemplos mais visíveis apresentados na pesquisa.[22] Sobre o tema comenta Patrizia Del Pidio:

> A Itália é o país dos corruptos, dos políticos investigados que se candidatam e são eleitos. Nenhuma investigação criminal consegue eliminar a corrupção dos palácios do poder, e o Belo País parece condenado ao governo de castas de privilegiados, investigados e personagens investidos dos escândalos mais ou menos graves.[23]

A mesma autora, formulando pergunta no intuito de compreender por que a Itália não consegue se livrar de uma classe dirigente corrupta, nem mesmo depois de vinte anos de processos e condenações, conclui:

> O problema principal parece estar ligado à fraqueza do voto italiano e à força das relações clientelistas e, assim, à mesma corrupção que reina entre os italianos. A política a esta altura torna-se um espelho da realidade italiana, e não bastam as condenações e as investigações, as quais, graças também às escandalosas regras da justiça italiana, caem em prescrição, para mostrar a verdadeira face dos culpados, nem tampouco os danos que a corrupção da casta provocou no país.[24]

Também são importantes as observações do professor Alberto Vannucci, respeitado por seus estudos sobre corrupção na Itália:

> Seria interessante fazer um confronto com as economias mais avançadas: tenho a sensação de que, na Alemanha, Estados Unidos, Grã-Bretanha ou Suécia, o percentual de investigados reeleitos no Parlamento seja próximo do zero. De outro lado, a recandidatura nem sempre é a estratégia principal: como demonstram os casos de Frigerio ou de Mario Chiesa, este o primeiro preso da Mãos

> Limpas e que retornou ao cárcere em 2009, na Itália é normal reciclar sobre outra forma o capital de contatos construídos na carreira política precedente. É como ter um *know-how* de competências ilícitas e má reputação. E, se não tem cargos eletivos, o negociador é menos exposto e assim tanto ele quanto seus cúmplices correm menos riscos.[25]

Em 2007, o comediante italiano Beppe Grillo patrocinou uma campanha na mídia intitulada "Parlamento limpo", e também o "V-Day" (de "Vaffaunculo day", "Dia do vá tomar no cu") para conseguir assinaturas para um projeto de iniciativa popular visando proibir candidatos condenados e também limitar os mandatos a duas legislaturas. Foi algo similar ao projeto popular da Ficha Limpa no Brasil. No livro *La corruzione in Italia: percezione sociale e controllo penale*, Piercamillo Davigo e Grazia Mannozzi abordam o problema intrínseco da corrupção na Itália, as dificuldades de combatê-la pelas vias legais vigentes e o efeito que as reformas legislativas benevolentes decorrentes da Mãos Limpas geram ao praticamente anular a prevenção geral desses crimes.[26]

O mesmo ocorre no Brasil, onde em diversos casos as eleições apresentam pano de fundo corruptivo. Neste ponto, é preciso compreender como funciona o processo paralelo das eleições. O caixa dois, que se tornou uma prática corriqueira de boa parte dos partidos políticos, também serve muitas vezes para manter estruturas de corrupção do eleitorado.

Infelizmente, parcelas significativas da população brasileira e italiana são suscetíveis a ofertas vantajosas em troca do voto. Não se trata necessariamente de receber dinheiro, mas de obter alguma vantagem para o dia a dia. Muitos preferem votar no candidato que promete a solução para algum problema quase particular, como arrumar o asfalto da rua da casa do eleitor ou resolver o problema de falta de vagas para estacionamento na rua do seu comércio, por exemplo, em vez de candidatos mais preparados e comprometidos com reformas que favoreçam toda a população.

Os políticos sabem disso e se aproveitam dessa forma torta de participação no processo eleitoral.

Não há como fechar os olhos para essa realidade, decorrente de diversos fatores sociais, econômicos e culturais. Ainda que muitos eleitores já compreendam a importância do voto, não são eles que costumam decidir a eleição.

Quem melhor explica como funcionam os mecanismos de controle e manipulação do eleitor e como é importante ter muito dinheiro no caixa dois do partido para garantir o sucesso nas urnas, notadamente em eleições não majoritárias, é o ex-juiz eleitoral Márlon Reis em um livro que deveria ser de leitura e debate obrigatórios nas escolas: *O nobre deputado: relato chocante (e verdadeiro) de como nasce, cresce e se perpetua um corrupto na política brasileira*. Os métodos de corrupção foram explicados a Reis justamente por políticos profissionais que resolveram abrir o jogo sob o compromisso de anonimato da fonte.

A pesquisa para o livro deu-se entre 2007 e 2011, ou seja, entre os crimes do Mensalão e da Lava Jato. Uma das fontes de Márlon Reis foi um "influente político disposto a fazer inconfidências sobre a própria classe",[27] que já havia sido preso por dois anos, envolvido em homicídio e tráfico de drogas, mas que, em liberdade, rapidamente assumiu o diretório de um partido. Outra fonte importante foi um senador cuja "sinceridade" deixou o então magistrado Márlon Reis "atônito". O senador explicou que "a vontade do eleitor individual não vale nada no processo" eleitoral, pois "o que conta é a quantidade de dinheiro arrecadado para a campanha vencedora, que usa a verba num infalível esquema de compra de votos". E sintetizou: "Arrecadou mais, pagou mais. Pagou mais, levou. Simples assim".[28]

Assegurando o anonimato a inúmeros outros políticos entrevistados, inclusive deputados estaduais de diversos estados, Márlon Reis entrou fundo no mecanismo comentado pelo senador e que, surpreendentemente, não diferia muito de estado para estado. Há uma espécie de *know-how* da fraude eleitoral amplamente difundido no meio político, fazendo com que a vontade do eleitor seja o que menos importa, como diz Reis:

> A política é movida a dinheiro e poder. Dinheiro compra poder, e poder é uma ferramenta poderosa para se obter dinheiro. É disso que se trata as eleições: o poder arrecada dinheiro que vai alçar os candidatos ao poder. Saiba que você não faz diferença alguma quando aperta o botão verde da urna eletrônica para apoiar aquele candidato oposicionista que, quem sabe, possa virar o jogo. No Brasil, não importa o estado, a única coisa que vira o jogo é uma avalanche de dinheiro. O jogo é comprado, vence quem paga mais. Sempre foi assim e sempre será, pois os novatos que ingressam com ilusões de mudança são cooptados ou cuspidos pelo sistema.[29]

A verba para custear a corrupção eleitoral vem, como se sabe sem muita surpresa, dos cofres públicos: licitações fraudulentas em conluios com empresários corruptos, peculato de todas as ordens, emendas parlamentares nos orçamentos (negociadas por deputados e senadores com entidades e prefeituras amigas), convênios fraudados com alguma Organização da Sociedade Civil de Interesse Público (OSCIP, a repaginação da velha ONG, Organização Não Governamental), funcionários fantasmas, desvios de verba mediante notas fiscais frias das cotas parlamentares (principalmente em locação de automóveis), pagamentos de propina travestidos de doações eleitorais por grandes empreiteiras ou grandes bancos como forma de adiantamento de recursos em troca de futuras licitações fraudadas, propinas pagas não apenas como caixa dois (quando alguém transfere dinheiro para o candidato sem contabilização), mas como o que se define como caixa três, isto é, "dinheiro que sequer passa pela conta do candidato ou de alguém ligado a ele".[30] O caixa três pode ser, por exemplo, "um serviço prestado sem pagamento, como se fosse uma cortesia", ou doação de combustível, explica Márlon Reis.[31] São usadas todas as estratégias fraudulentas possíveis para lesar os cofres públicos em favor das campanhas eleitorais corrompidas.

Se o candidato ainda não tem acesso aos cofres públicos, vale-se de agiotas que depois cobram o preço, muitas vezes de forma violenta. A campanha eleitoral municipal de 2016, por exemplo, deixou um rastro de candidatos a prefeito e vereador mortos. Márlon Reis também obteve a informação de que nos últimos dez anos alguns agiotas não se contentaram em emprestar dinheiro para os políticos, mas ingressaram na política. Segundo ele, há estados onde três agiotas ocupam cadeiras na Assembleia Legislativa.[32] A procura pelo Parlamento, como explicam esses políticos, se dá principalmente pelo foro privilegiado, o que significa "ser julgado pelas pessoas que frequentam as mesmas festas que nós. Gente que representa um poder cujo orçamento é definido pelo Parlamento. E o Parlamento somos nós".[33]

E como o eleitor entra nesse esquema? Os políticos corruptos explicam, pela caneta de Márlon Reis, que a compra de votos se dá muitas vezes de forma de direta, mas o mais comum é usar a influência dos líderes comunitários:

> Um líder comunitário de um bairro ou favela, por exemplo, tem cem votos. O político vai lá e acerta com ele um valor. Põe nas mãos dele a responsabilidade sobre o resultado das urnas naquele reduto. Esse sujeito é o que nós chamamos de cabo eleitoral. (...) Se você é uma pessoa pobre, mesmo que viva na Serra gaúcha, ou numa comunidade carente, sempre haverá por perto um líder comunitário atrelado a um vereador. (...) O que decide mesmo a conduta do eleitor é o seguinte: os serviços públicos simplesmente não funcionam se não houver ajuda política.[34]

Aí entra o "mito do voto secreto".[35] Muitas pessoas acreditam que é possível saber em quem elas votaram, e na prática os líderes comunitários/cabos eleitorais conseguem mesmo controlar quem recebeu propina para votar em um candidato. Eles vendem votos para o candidato. Chegam e dizem algo do tipo: tenho cem votos para vender, cada voto custa R$ 200. Quer comprar? Dos R$ 200, o líder comunitário repassa R$ 50 para o eleitor corrupto votar no candidato corruptor. E como garantir ao candidato que ele terá os tais cem votos prometidos?

Isso se dá pelo fato de que as seções eleitorais possuem entre 150 e quatrocentos eleitores, e o líder comunitário corrupto conhece todos. Ele chega, por exemplo, para uma família que vota em uma mesma seção eleitoral e promete R$ 50 a cada um se todos os dez membros da família votarem no seu candidato. O pagamento da propina somente será feito após a divulgação do resultado e desde que os dez votos apareçam na urna.

Essa forma de controle provoca um efeito colateral interessante. Como alguns membros da família temem que um deles possa trair os demais, ou se confundir na hora de votar, ou esquecer o número do candidato, eles passam a fazer campanha entre os demais eleitores da comunidade que votam na mesma urna para que votem no candidato que prometeu dinheiro. Assim, costumam aparecer mais do que os votos comprados pelo cabo eleitoral. Para corromper em larga escala é preciso muito dinheiro de caixa dois. Com isso a corrupção e o desvio de verbas tornam-se cíclicos.

É assustador ler o que se pratica nas eleições do Brasil, e é possível imaginar que não seja exclusividade nossa. O modo de operar da fraude eleitoral parece difundido no meio político independentemente das fronteiras entre países. Tem-se a impressão de que os italianos revoltados com Bettino Craxi e que levantaram cartazes parafraseando Dante Alighieri já sabiam que em seu país acontecia o mesmo que Márlon Reis revelou sobre o processo eleitoral brasileiro.

Ao jogo de torpeza bilateral entre parcela do eleitorado e da classe política soma-se o cotidiano corrupto de parte dos detentores do poder político e econômico. Aqui as práticas de corrupção também costumam envolver dois personagens centrais com interesses muito similares. Passemos a eles.

A dupla que comanda a corrupção e o desvio de verbas: Gustavo Dandolo e Godevo Prendendolo

Quando se iniciaram as duas grandes investigações sobre corrupção na Itália e no Brasil, os primeiros empresários descobertos proclamaram-se vítimas de concussão, isto é, extorsão praticada por funcionário público. Com o mesmo propósito de evitar responsabilização criminal, alguns políticos flagrados nas mesmas práticas, notadamente na Itália, procuraram inverter os polos, dizendo que eles é que eram assediados pelos empresários.

Um político desabafou ao procurador Piercamillo Davigo quando indagado a respeito de concussão: "Mas que extorsão, doutor, os extorquidos somos nós: os empresários nos perseguem para pagar propinas antes dos seus concorrentes".[36]

Definir a posição dos envolvidos – se vítimas ou autores do delito – é um passo fundamental nos crimes do colarinho-branco. Também é relevante decidir qual tipo penal (artigo de lei que define um crime) será usado pelo Ministério Público para acusar e pelo Poder Judiciário para julgar.

São três os artigos do Código Penal brasileiro sobre o tema, e se diferenciam pelos verbos usados e pela autoria do crime. Para os funcionários públicos, a lei prevê os crimes de corrupção passiva e concussão. No primeiro, tipificado no artigo 317 do Código Penal, as condutas são "solicitar", "receber" ou "aceitar promessa". No crime de concussão, previsto no artigo 316, o verbo é "exigir". Para o particular envolvido em práticas similares há o artigo 333 do Código Penal, sobre corrupção ativa, usando-se os verbos "oferecer" ou "prometer".

Assim, se foi o funcionário público que "exigiu" dinheiro para contratar a empresa e esta, diante das circunstâncias, foi "obrigada" a ceder à extorsão, ainda que o empresário tenha entregue dinheiro ao funcionário público, ele não agiu livremente e, portanto, coloca-se no papel de vítima. Porém, se o funcionário público não "exigiu", mas "solicitou" ou "recebeu" vantagens, e o empresário "ofereceu" ou "prometeu" vantagens a ele, ambos cometeram crimes, pois, se houve tanto a "oferta" quanto o "recebimento", as duas condutas são vistas como dois lados da mesma moeda, e os envolvidos respondem pelos crimes respectivos de corrupção ativa e passiva.

Quando a prova contra si já é robusta, de certa forma é natural que os envolvidos procurem promover um jogo de empurra, proclamando-se vítimas de concussão. Contudo, na extragrande maioria dos casos, o curso das investigações identifica as práticas de corrupção ativa e passiva, chegando por vezes a níveis tão naturais de conluio que empresários e políticos não precisam dizer nada uns para os outros. Os envolvidos na corrupção praticamente institucionalizada no trato da coisa pública entendem-se pelo olhar e pelo ambiente político que os rodeia. Um oferece e o outro recebe naturalmente, como se fosse parte do negócio com o poder público.

A naturalização da corrupção ambiental foi ironizada por Giovanni Maria Flick, advogado de investigados na Mãos Limpas, e pelo jornalista Marco Travaglio com a criação dos personagens Gustavo Dandolo e Godevo Prendendolo.[37] Evidentemente não se trata de pessoas reais, mas de nomes em trocadilho cuja tradução do italiano para o português é algo como "Gostava de Dar" e "Gozava Pegando".

A facilidade de entendimento entre agentes públicos e privados no Brasil e na Itália talvez se deva ao fato de que a corrupção e o desvio de verba em licitações fraudulentas são tão antigos quanto as leis que regulamentaram os processos licitatórios nos dois países. Tornou-se praxe das grandes empreiteiras italianas e brasileiras cobrarem valores superfaturados em obras estatais, já antecipando que parte do excedente será destinado à propina para servidores públicos do órgão público respectivo. Os servidores públicos que participam destas negociatas sabem disso e esperam por isso. A oferta e a aceitação são implícitas no modo de agir de cada um. Isso foi percebido na Itália pelo procurador da República Antonio Di Pietro e seus colegas; e no Brasil pela Polícia Federal, pelos procuradores da República e pelo juiz Sergio Moro.

Di Pietro identificou um dado curioso no agir de boa parte dos envolvidos na Mãos Limpas. As pessoas nem precisavam mais solicitar ou exigir o pagamento de propina, bem como os empresários não precisavam formalizar oferta ou algo similar. Entregava-se o percentual em dinheiro do contrato firmado, fruto da corrupção, como uma regra implícita, evidente, própria do negócio.[38] Disse Di Pietro: "Me parece que, mais do que corrupção ou concussão, deva-se falar de doação ambiental, ou mesmo de uma situação objetiva na qual quem deve dar o dinheiro não espera mais que lhe seja solicitado".[39]

Em entrevista disponível no YouTube, Di Pietro relata que, no interrogatório de um jovem empresário que assumira há pouco a gerência da empresa da família por conta da morte do pai, ficou surpreso com a naturalidade e facilidade com que o rapaz se referiu às práticas de corrupção de sua companhia. Em um ponto da inquirição, Di Pietro indagou por que ele pagava assim tão facilmente as propinas, e obteve como resposta imediata: "Porque papai fazia assim".[40]

Mas que não se perca a lembrança de Roberto Mongini, também investigado na Mãos Limpas: "Veja, os empresários e os políticos são como um homem e uma mulher que decidem ir para a cama. Um dos dois toma a iniciativa, mas depois, ao leito, vão os dois. Não existe violência".[41]

No caso do Brasil, descobriu-se que a empresa Odebrecht tinha um departamento para tratar apenas do pagamento sistemático de propinas a agentes públicos: o Setor de Operações Estruturadas. Segundo acordos de colaboração premiada de diretores da Odebrecht revelados pela imprensa, boa parte dos valores pagos se dava não necessariamente em troca de algum contrato específico, mas para facilitar o relacionamento da empresa com o setor público.[42] Na Itália, não foi muito diferente, como revela Alberto Vannucci:

> Ou seja, desde o início da Mãos Limpas veio à tona que a corrupção descoberta pelas investigações era não apenas "quantitativamente" superior ao passado, mas também "qualitativamente" diferente. Observou-se que em muitos casos de corrupção a propina não era finalizada com a compra de uma contrapartida específica – como no caso da clássica troca entre propina e contrato –, mas referia-se sobretudo à aquisição de uma "proteção" político-burocrática genérica em relação a possíveis problemas, atrasos, tratamentos desfavoráveis em relação aos concorrentes, pedidos de ulteriores propinas não orçadas, etc., suscetíveis de satisfazer aqueles que tinham relações mais frequentes e economicamente significativas com as estruturas públicas. (...) A atividade de corrupção se assemelha então à procura de uma forma de "apólice de seguro" com a qual agentes públicos e privados tentam restabelecer condições mínimas de relativa previsibilidade e de certeza de comportamentos, transformando em mercado o exercício da autoridade pública.[43]

A este respeito, vale transcrever a fala de Vincenzo Lodigiani, dono de uma das maiores empreiteiras italianas à época da Mãos Limpas, explicando como e por que pagava propinas aos políticos:

> Na definição dos contratos e dos suprimentos e, em seguida, na gestão de todo o processo contratual podem acontecer, e de fato acontecem, mil inconvenientes (a exemplo da demora indevida na assinatura de contratos, cláusulas abusivas, atrasos injustificados nas desapropriações, atrasos de liquidação ou de emissão do documento que atesta o cumprimento parcial do contrato, testes de referência, etc.) e então há a necessidade de evitar que os representantes legais ou quem por eles responda internamente nos entes públicos contratantes tornem mais difícil, com os meios descritos acima, a vida da empresa. A Lodigiani, em vez de se sujeitar toda hora a tais fenômenos especificados acima, procurou se garantir, tratando em nível central diretamente com os secretários nacionais dos partidos.[44]

Segundo Alberto Vannucci, "a Mãos Limpas mostrou que, nos casos em que a falência do Estado em produzir certeza alcança a esfera de relações entre cidadãos, empresas e agentes públicos, alguns sujeitos políticos – partidos, correntes, frações, clãs, comitês de negócios, etc. – acabam se especializando em responder às consequentes demandas de proteção nas relações com o Estado".[45] Em decorrência desse modelo, nessas relações entre política e empresariado, não importa de quem fosse a iniciativa, era algo próximo do normal ser corrupto: um "gostava de dar", outro "gozava pegando". Boa parte dessa relativa naturalidade da corrupção pode ser debitada a uma legislação débil, permeada de brechas para se escapar da punição. E isso é assim na Itália e no Brasil, como se passa a expor.

Legislação a favor da corrupção

As semelhanças entre Brasil e Itália alcançam a construção histórica da legislação penal e processual penal, notadamente desde meados do século 20 até hoje. O Código de Processo Penal brasileiro vigente é datado de

1941, sendo considerado uma cópia, em certa medida malfeita, diga-se, do Código de Processo Penal italiano de 1930. Isso não é à toa ou mera coincidência. Em 1941, Getúlio Vargas era o presidente do Brasil e já havia implantado seu governo totalitário, o Estado Novo.

Getúlio já demonstrara ampla simpatia pelo "Duce" italiano Benito Mussolini e pelo regime fascista quando era governador do Rio Grande do Sul.[46] Mas foi na Presidência que deparou com um problema para suas pretensões totalitárias: cada estado da federação brasileira tinha autonomia para legislar sobre direito processual penal; assim, cada estado possuía seu Código de Processo Penal. Para um ditador, a pluralidade de leis processuais penais não é conveniente.

Ditadores normalmente não se autoproclamam como tal, mas agem de forma totalitária sem dizer que assim o fazem. Costumam até se dizer democratas, baseando seu discurso no argumento simplista de que respeitam as leis aprovadas pelo Parlamento. Para eles, portanto, é importante que a lei lhes dê respaldo, prevendo instrumentos que facilitem o agir abusivo e ampliando seu poder. Em termos de legislação, aquela que mais interessa é a que regulamenta o processo penal, pois é pelo processo penal que se pode, por exemplo, facilitar a prisão de potenciais inimigos do poder.

Ditadores gostam de dar ordens e ser obedecidos. Uma lei que preveja amplas possibilidades de prisão cautelar, entre outras medidas, torna-se um facilitador de seu agir, dando a impressão de que estão legitimados. Porém, se cada estado da federação tem autonomia para editar leis processuais penais, com diferentes níveis de permissão de prisão preventiva, por exemplo, isso dificulta o exercício centralizado e autoritário do poder. Então, em 1941 Getúlio promulgou um novo Código de Processo Penal, revogando todos os códigos estaduais. Unificou a legislação processual no território nacional para agir de forma única, inspirando-se no chamado Codice Rocco italiano de 1930, elaborado por Mussolini.

Entretanto, a potente legislação fascista que a Itália formulou com o Codice Rocco em 1930 e o Brasil copiou em 1941 somente operou plenamente ao longo desses anos todos contra classes economicamente desfavorecidas e contra potenciais inimigos políticos. A Itália alterou seu Código de Processo Penal em 1989. O Brasil segue usando o Código de 1941, porém com inúmeras alterações pontuais promovidas ao longo dos anos e subordinado à nova Constituição democrática.

Seja como for, a classe detentora do poder ficou praticamente imune ao alcance do poder punitivo do Estado. Não que se deseje o mesmo peso e rigor de um código fascista contra todos. Não é disso que se trata. Isso não torna a lei democrática. O ideal é encaminhar o processo penal definitivamente para um modelo democrático, orientado pela dupla funcionalidade de proibição de excessos por parte do Estado e proibição de proteção deficiente do cidadão, sem privilégios de imunidade para determinadas classes.

Tanto na democracia quanto na ditadura, a legislação processual penal no Brasil e na Itália é aplicada de forma diferente em diferentes setores da sociedade. A ideia de que a lei é igual para todos não passa de falácia discursiva em ambos os países.

Em criminologia essa diferença de trato se chama seletividade do direito penal: o poder punitivo do Estado funciona bem contra pessoas que, em decorrência de seu meio, grau de instrução e condições de vida, são mais vulneráveis, ao passo que pessoas de classes econômica e politicamente mais fortes, mesmo que pratiquem crimes, não são selecionadas na mesma medida. Estas, portanto, não costumam receber punições pelos seus atos e não se sentem ameaçadas pela norma penal. Em outras palavras: algumas pessoas não precisam de grande esforço para ser concretamente punidas, enquanto outras teriam que se esforçar muito mais para sofrer sanções do poder punitivo.

Tanto no Brasil quanto na Itália, por exemplo, as penas mínimas previstas na lei e os lapsos prescricionais (tempo que o Estado tem para punir) costumam ser significativamente mais baixos para crimes do colarinho-branco do que para crimes patrimoniais individuais, como roubo. Para que o leitor compreenda essa questão é preciso considerar que são as penas mínimas que importam na prática e não as penas máximas. Isso se deve ao fato de que a lei prevê uma pena mínima e uma máxima, e o cálculo da prescrição é orientado pela tabela de prazos prevista no artigo 109 do Código Penal, que depende inicialmente da quantidade máxima de pena prevista em abstrato na lei. Por exemplo, crimes cuja pena máxima é inferior a um ano prescrevem em três anos; crimes cuja pena máxima é de um ano ou não superior a dois anos prescrevem em quatro anos; crimes cuja pena máxima é superior a dois anos e não excede a quatro anos, prescrevem em oito anos. E assim por diante, até o máximo de vinte anos.

Assim, durante o processo é a pena máxima que orienta o tempo que o Estado tem para punir. Porém, quando o processo chega ao final e a pena é fixada pelo juiz, o prazo prescricional é recalculado não pelo máximo previsto em lei, mas pela pena aplicada ao caso concreto. Aqui pode ocorrer a chamada prescrição retroativa, que só existe no Brasil. Nenhum país do mundo prevê tal recálculo, diante de sua evidente falta de lógica.

Como na jurisprudência brasileira as penas são aplicadas a partir do mínimo, os prazos prescricionais são revistos depois da pena fixada e aplicados retroativamente. Assim, se pela pena máxima prevista o Estado tinha, por exemplo, dezesseis anos para agir e o fez dentro desse prazo, quando o processo chega ao fim, pela pena em concreto aplicada, descobre-se que o prazo não era dezesseis, mas oito anos, por exemplo. Caso esse prazo já tenha transcorrido, fica caracterizada a prescrição retroativa. Isso ocorre com absurda frequência em crimes contra o erário.

Analisando todos os crimes de colarinho-branco previstos na legislação brasileira, tanto no Código Penal quanto em leis penais especiais, verifica-se que a maior pena mínima prevista é de três anos. Os crimes de corrupção passiva e ativa, por exemplo, têm pena mínima de dois anos e máxima de doze. Pela pena máxima jogada na tabela do artigo 109 do Código Penal, o Estado tem dezesseis anos para punir o autor do delito. Mas pela pena mínima esse prazo é reduzido para quatro anos. Para crimes cometidos até maio de 2010, o tempo é contado a partir da data do fato. Como esses crimes costumam ser descobertos muito tempo depois de sua realização e as investigações via de regra são muito morosas – a prova é de difícil produção, exigindo sucessivas quebras de sigilo bancário e fiscal e análise da ampla documentação daí decorrente, somando-se a isso a carência estrutural crônica das instâncias formais de controle da criminalidade (polícia, Ministério Público e Judiciário) –, não raras vezes os quatro anos transcorrem sem que se consiga efetivar a primeira causa interruptiva desse prazo, que é o recebimento da denúncia criminal pelo juiz. Para crimes cometidos depois de maio de 2010 não há mais prescrição retroativa na fase de investigação, mas o decurso de mais de quatro anos pode provocar a prescrição retroativa entre a data de recebimento da denúncia e a sentença condenatória.

Na Itália não há prescrição retroativa, mas a realidade lá é praticamente idêntica à brasileira no que toca à inefetividade da legislação penal e processual penal para os crimes dos detentores de poder político e econômico em decorrência das penas brandas e dos prazos prescricionais curtos. O sistema seletivo do direito penal italiano atua em moldes muito similares ao do Brasil. Vale invocar mais uma vez a referência doutrinária de Luigi Ferrajoli, que denomina o fenômeno da aplicação desigual da legislação penal entre os chamados crimes de rua (furto, roubo, estupro, etc.) e criminalidade do colarinho-branco (corrupção, fraudes fiscais, licitações fraudulentas, peculatos, etc.) de "duplo binário da política criminal italiana". O autor explica o fenômeno:

> Essa desigualdade é efeito de um sistema legislativo construído para obstaculizar as investigações e os processos contra a delinquência dos titulares dos poderes públicos e, em geral, dos poderosos. O sistema da corrupção prospera e se desenvolve sob a base da impunidade, determinada pela inadequação das penas, dos tempos curtos das prescrições e pela falta de figuras adequadas dos crimes. As estatísticas nos dizem que cerca de 80% das condenações por fatos de corrupção nos últimos vinte anos foram a penas inferiores a dois anos, com consequente suspensão condicional das penas. Somente 3,5% dos condenados sofreram uma condenação superior a três anos. Para não falar das evasões fiscais. Nesses anos, a lógica das prescrições foi de fato derrubada: prazos longos para os crimes mais simples, porém agravados pela reincidência, que não requerem quase nenhuma investigação; prazos curtos para os crimes mais complexos – falências, corrupções, concussões, fraudes danosas ao Estado –, que requerem investigações longas e complexas e cujos autores são defendidos por advogados hábeis em condições de colocar em funcionamento todo tipo de prática procrastinatória.[47]

A imunidade parlamentar é outro bom exemplo de como a legislação processual penal do Brasil e da Itália facilita a vida da classe política corrupta, impedindo a punição em parcela significativa dos casos. A justificativa que se costuma usar para regramentos de imunidade é que determinadas funções públicas, pela importância que representam na estrutura do Estado, devem ser preservadas de exposição e julgamento perante juízes de primeiro grau – como se estes fossem menores em responsabilidade que os tribunais. Na verdade, trata-se de evidente protecionismo. Nos dois países os parlamentares gozam – e já gozaram em maior grau – de imunidades processuais que na prática muitas vezes inviabilizam a responsabilização criminal.

Na Itália da Mãos Limpas havia a necessidade do Parlamento autorizar o Ministério Público a investigar deputados e senadores. Sem a autorização nada podia ser feito. E foram inúmeros os pedidos de investigação e processo formulados contra parlamentares italianos negados por seus pares.

Para ilustrar, já no primeiro pedido formulado ao Parlamento pelo *pool* da Mãos Limpas, referente ao deputado Giancarlo Borra, mesmo com este afirmando publicamente que não via impedimento para a investigação de sua conduta, até porque se julgava inocente, a autorização foi negada pela maioria dos demais deputados. Ao que tudo indica, recearam criar um precedente perigoso. Formou-se então uma jurisprudência parlamentar de negar pedidos similares. O Senado igualmente negou pedidos formulados contra senadores.

Só em 1992, primeiro ano da Operação Mãos Limpas, foram 540 pedidos de autorização para proceder contra deputados e senadores italianos. Destes, 107 por crimes de corrupção, 89 por concussão, 46 por receptação, 116 por violação de normas de financiamento aos partidos, 108 por abuso de ofício (prevaricação) e o restante por delitos variados.[48]

Como a revalidar o aforismo medieval *princeps legibus solutus*, ou seja, "o legislador não precisa seguir a lei", os parlamentares italianos mantinham-se muitas vezes imunes ao alcance da lei por eles elaborada. Essa realidade só mudou com a emenda constitucional ao artigo 68 da Constituição italiana em 29 de outubro de 1993, um dos poucos reflexos positivos da Mãos Limpas no âmbito legislativo.

No Brasil vigorou regra semelhante até 2001, quando se deu a reforma da Constituição pela Emenda Constitucional nº 35. A partir dessa mudança não há mais necessidade de prévia autorização do Legislativo para processar um parlamentar, mas é possível o Parlamento determinar a sustação do trâmite do processo já instaurado. Nesse caso a postura da Assembleia Legislativa ou do Congresso Nacional deve ser ativa e não passiva; assim o protecionismo fica mais evidente aos olhos do eleitorado, diminuindo a possibilidade de intervenção.

Ainda que não seja mais preciso pedir autorização do Congresso Nacional para investigar parlamentares, o Supremo Tribunal Federal resolveu criar uma regra equivalente, exigindo que a polícia e o Ministério Público peçam autorização a ele – Supremo – para investigar detentores de foro privilegiado (no caso do STF, presidente e vice-presidente da República, deputados federais, senadores, ministros de Estado, ministros dos tribunais superiores, procurador-geral da República, membros do Tribunal de Contas da União, comandantes da Marinha, Exército e Aeronáutica e chefes de missão diplomática de caráter permanente). Com isso reforçou-se a ideia de que existem cidadãos de classes distintas no país. Se a polícia recebe notícia de que uma pessoa qualquer cometeu um crime, inicia a investigação sem precisar de autorização de quem quer que seja. Porém, se o indivíduo noticiado como autor do delito é um parlamentar ou qualquer outro detentor de foro privilegiado no STF, a polícia só pode iniciar a investigação se o órgão máximo do Poder Judiciário autorizar. Dois pesos e duas medidas.

Essa posição da Suprema Corte é relativamente recente, deliberada pelo voto condutor do ministro Gilmar Mendes no Inquérito nº 2.411 em 25 de abril de 2008. Até então a posição da Suprema Corte seguia o precedente em sentido contrário decidido no *habeas corpus* nº 80.592, relator o ministro Sydney Sanches, publicado em 22 de junho de 2001, que inclusive era anterior à Emenda Constitucional nº 35 e que concluiu ser desnecessário pedir autorização prévia do Parlamento ou do Judiciário.

Essa exigência já começou a ser copiada por alguns tribunais estaduais, a exemplo das cortes do Rio Grande do Norte e do Paraná, provocando recursos do Ministério Público para reverter o entendimento nos tribunais superiores. Vale o registro de que, em novembro de 2016, o Superior Tribunal de Justiça acolheu o Recurso Especial nº 1.563.962 e decidiu pela desnecessidade dessa nova exigência. A decisão, no entanto, colide com a postura da Suprema Corte. Além da discussão sobre a prévia autorização do Poder Judiciário para investigar pessoas com foro privilegiado, o problema maior é de fundo: a simples manutenção do foro privilegiado, isto é, o direito de ter o caso criminal apreciado originariamente pelos tribunais e não pelo juiz de primeiro grau.

Analisado tecnicamente, o foro privilegiado seria negativo para o acusado, pois, se o processo criminal tem início diretamente nos tribunais, diminui-se a possibilidade recursal. Seria de se esperar que a maioria da classe política fosse contra o foro privilegiado porque ele diminui a chance de rediscussão do caso pela via dos recursos. Mesmo assim, o foro privilegiado tem servido de escudo contra responsabilizações criminais. Isso se deve em grande parte ao fato de que os tribunais não foram constituídos para instruir processos, mas para julgar recursos.

Quando um processo chega ao tribunal pela via recursal, ele chega pronto, com toda a prova produzida perante o juiz de primeiro grau, já valorada pelas partes e pelo juiz e com sentença a ser reapreciada. Quando se trata de foro privilegiado, o caso ainda precisa ser investigado, e muitas vezes o que se tem é apenas a notícia de um fato delituoso.

Para início de análise não se pode olvidar que o Supremo Tribunal Federal, por exemplo, competente para julgar originariamente senadores e deputados federais, está sediado em Brasília e conta com apenas onze ministros. Os crimes, por sua vez, costumam ocorrer em outros lugares do Brasil. Como investigar à distância implica em natural diminuição da capacidade de produzir provas e da celeridade nessa coleta, a investigação já nasce sensivelmente prejudicada.

Além disso, os onze ministros do STF devem compatibilizar o julgamento de cerca de noventa mil recursos, ações de *habeas corpus* e de inconstitucionalidade que por lá aportam todo ano com a avaliação de pedidos de medidas cautelares em investigações e a instrução de processos de competência originária – ouvindo testemunhas, apreciando alegações finais e decidindo do zero toda a valoração da prova. Não é preciso muito para compreender que isso inviabiliza ainda mais a celeridade do trâmite e promove, pelo decurso do tempo, a prescrição da pretensão punitiva.

Alguém poderia dizer: "Ah, mas o Mensalão foi julgado e os réus foram condenados". De fato, mas este processo representou um efetivo "ponto fora da curva", para usar a expressão utilizada pelo então advogado Luís Roberto Barroso. Um ponto fora da curva não no sentido por ele empregado, frise-se, e sim no sentido de que o processo caminhou a passos largos pela determinação do relator, ministro Joaquim Barbosa, que, fugindo à tradição da corte, adotou a providência inédita de escanear o processo e disponibilizá-lo *on-line*, em tempo real, a todos os advogados dos quarenta réus, evitando a tradicional e excessivamente morosa sucessão de carga dos autos para estudo por cada um deles.

Para se avaliar o drama do que representa o foro privilegiado, em junho de 2016 levantamento do jornal *O Estado de S. Paulo* dava conta de que 134 políticos estavam sob investigação do Supremo Tribunal Federal.[49] É por aí que a seletividade opera. Por não darem conta da demanda, os tribunais acabam operando como uma espécie de funil, no qual a tradição dos casos é caminhar para a prescrição.

Neste ponto alguém poderia novamente objetar dizendo que o Supremo Tribunal Federal teria iguais condições de conduzir investigações e processos contra autoridades, mas é evidente a disparidade de estrutura e de condições efetivas da força-tarefa da Lava Jato e do que se pode realizar no âmbito da Suprema Corte, que, como já destacado, não é feita para instruir processos. Na prática, o foro privilegiado implica em retirar as investigações das mãos de cerca de onze mil promotores de Justiça e procuradores da República que atuam nas milhares de comarcas em primeiro grau e centralizá-las em 27 procuradores-gerais de Justiça no âmbito dos estados e do Distrito

Federal e um procurador-geral da República no âmbito da União, com atuação perante os tribunais respectivos.

Além disso, se existe um setor do Ministério Público no qual a questão política possa ter alguma influência ou ser considerada mais sensível é no âmbito dos procuradores-gerais. Isso porque eles são obrigados a manter frequente contato com políticos para negociar, ao menos duas vezes ao ano, o percentual do orçamento do estado destinado ao Ministério Público no ano subsequente.

O certo é que muito já se discutiu sobre a necessidade do foro privilegiado, mas durante muito tempo as ações giraram mais em torno da ampliação do privilégio, estendendo-o inclusive para ex-autoridades e para casos de improbidade administrativa. Vale a pena recordar um pouco a história para o leitor compreender como funcionam os mecanismos de autoproteção dos donos do poder.

De 3 de abril de 1964 a 25 de agosto de 1999, o Supremo Tribunal Federal manteve uma súmula – de nº 394 – dando prerrogativa de foro a ex-autoridades. Nesta data, a súmula foi cancelada pelo pleno do STF a partir do julgamento do Inquérito nº 687–SP, relator o ministro Sidney Sanches. Essa decisão por óbvio desagradou ex-autoridades e aqueles que deixariam de ocupar funções públicas protegidas pela imunidade formal. Quem se encontrava nesta condição, por exemplo, era o então presidente Fernando Henrique Cardoso, do PSDB, cujo segundo mandato encaminhava-se para o fim.

Diante do cancelamento da Súmula 394 pelo Supremo Tribunal Federal, foi posto em mesa, na discussão da proposta de reforma do Poder Judiciário que tramitava na Câmara dos Deputados (PEC nº 96/92), a supressão da criação do parágrafo único do artigo 96 da Constituição Federal que visava ampliar a prerrogativa de foro para ex-autoridades, estendendo-a até mesmo para os atos de improbidade administrativa (que não possuem natureza penal). Como o quórum exigido para aprovação de emendas à

Constituição é qualificado (3/5) e considerando que na ocasião o Partido dos Trabalhadores era oposição ao governo Fernando Henrique Cardoso (PSDB) e tinha como bandeira um discurso ético forte, não admitindo ampliação de privilégios, a proposta não foi aprovada.

A iniciativa de supressão da proposta partiu da bancada do PT, liderada pelo deputado federal Aloizio Mercadante, que apresentou o Destaque nº 5, culminando por retirar do texto a pretensão de ampliação do foro privilegiado em votação ocorrida em 8 de junho de 2000.[50] Na ocasião, a proposta de emenda à Constituição foi defendida pelo deputado Jutahy Júnior, do PSDB. Já a rejeição da proposta de emenda foi sustentada em plenário pelo deputado José Genoíno, do PT, que assim se pronunciou na ocasião:

> Ampliar o foro privilegiado para ações de improbidade administrativa e compará-lo com ação penal ou político-administrativa, no caso de crime de responsabilidade, significa impunidade. (...) Entendo até que a discussão do foro privilegiado poderia ser feita, sim; podemos discutir não ampliá-lo ou até reduzi-lo. Mas o que V.Exa. está fazendo é mais do que ampliar o rol daqueles que têm direito ao foro privilegiado, pois está trazendo o foro privilegiado à improbidade administrativa e anulando a ação do Ministério Público.
>
> Se não revogarmos esta emenda, para o Ministério Público ela é pior do que a Lei da Mordaça. É muito pior, porque o Ministério Público ficará com as mãos amarradas para fazer a denúncia e o processo começar a correr na primeira instância, com direito a recurso, como tem acontecido na nossa realidade e na nossa prática política.
>
> Sr. presidente, Sras. e Srs. deputados, este destaque é fundamental para salvar a reforma do Poder Judiciário. Não podemos, com tantos desmandos nos três poderes, aprovar dispositivo que

> cria protecionismo, que transforma o poder em autoproteção exatamente quanto aos crimes de corrupção, hoje rotineiros no país. V.Exas. devem lembrar-se de pesquisa divulgada pela Fundação Getúlio Vargas: em vinte anos, só em casos divulgados, cinquenta bilhões foram para a corrupção.
>
> Sr. Presidente, Sras. e Srs. deputados, a corrupção mata, degrada a democracia e nunca foi enfrentada radicalmente no país. Se estabelecermos foro privilegiado para crimes de improbidade administrativa, estaremos protegendo os que neles incorrerem exatamente quanto à denúncia e tramitação na primeira instância.

Com esse belo e importante discurso, a pretensão de inserir na Constituição a ampliação do foro privilegiado não foi aprovada na Câmara dos Deputados (271 votos do PSDB, PMDB, PFL, PTB, PPB, PST e PTN pela aprovação; 165 do PT, PSB, PCdoB, PDT, PL, PSL, PPS e PV pela não aprovação). Não se alcançou o quórum mínimo de 3/5, ou seja, 308 dos 513 parlamentares, exigido para aprovação de emenda à Constituição.

Não se deixe escapar que José Genoíno, depois de seu partido governar o país por vários anos, foi denunciado e em 2012 foi condenado a quatro anos e oito meses de reclusão pelo Supremo Tribunal Federal (onde o caso tramitou em razão do foro privilegiado do deputado) por corrupção no escândalo do Mensalão (Ação Penal 470). Em dezembro de 2013 ele renunciou ao mandato para evitar a cassação pela Câmara dos Deputados. Em 4 de março de 2015, teve a pena declarada extinta pelo STF, beneficiado pelo Decreto nº 8380, de indulto natalino, expedido pela presidente Dilma Rousseff em dezembro de 2014.

Enfim, retornando ao que sucedeu na era Fernando Henrique Cardoso, constata-se que, como não conseguiram aprovar a mudança pela via de emendas à Constituição, a saída se deu pela alteração da legislação ordinária que podia ser aprovada por maioria simples dos presentes, ou seja, não dependia dos votos da então oposição petista. No apagar das luzes do segundo mandato de Fernando Henrique, em 24 de dezembro de 2002, foi sancionado pelo presidente o Projeto de Lei nº 6.295/02, apresentado em 13 de março de 2002 pelo então deputado federal Bonifácio de Andrada, do PSDB, e depois ampliado pelo substitutivo apresentado pelo deputado André Benassi, também do PSDB.

O trâmite desse projeto foi significativamente acelerado para os padrões do Congresso Nacional. No Senado, por exemplo, logo que por lá aportou, vindo da Câmara dos Deputados, foi aprovado regime de urgência em sua tramitação por iniciativa do senador Romero Jucá, então no PSDB e vice-líder do governo Fernando Henrique. Como se noticiou à época, o senador Renan Calheiros, do PMDB, que já havia atuado como coordenador da campanha de reeleição de Fernando Henrique e também havia sido ministro da Justiça em seu governo, orientou a bancada do PMDB a aprovar o projeto.[51]

Publicado no Diário Oficial em 26 de dezembro de 2002, sem qualquer período de vacância, transformou-se na Lei Federal nº 10.628/02, alterando o artigo 84 do Código de Processo Penal para dar a ex-autoridades a prerrogativa de foro para julgar os crimes por elas praticados e para ampliar o privilégio de serem julgadas apenas nos tribunais também em ações civis públicas por atos de improbidade administrativa. A vergonha – ou, no caso, a falta dela – não foi fator impeditivo para que matéria de natureza cível, como são as ações de improbidade administrativa, passasse a ser regulada pelo Código de Processo Penal.

A história não terminou aí. Em 15 de setembro de 2005, o Supremo Tribunal Federal, julgando o mérito de Ação Direta de Inconstitucionalidade nº 2.797 proposta pela CONAMP (Associação Nacional dos Membros do Ministério Público) em 27 de dezembro de 2002, considerou inconstitucional a alteração das regras do Código de Processo Penal. A decisão do STF foi anunciada um dia depois da Câmara dos Deputados cassar o mandato de Roberto Jefferson (PTB), três dias depois da renúncia do deputado federal Bispo Rodrigues (PL), um mês e meio depois da renúncia do deputado federal Valdemar Costa Neto (PL) e quatorze dias depois da CPI dos Correios e do Mensalão publicar relatório sugerindo a cassação de dezoito parlamentares envolvidos no caso.

O país vivia um momento atípico, e a sensação coletiva era de esperança de uma limpa no Congresso, com a cassação ou renúncia coletiva dos envolvidos no Mensalão. Essa expectativa acabou frustrada. Quase todos permaneceram no cargo, e a recomendação da CPI pela cassação de dezoito deputados em sua maioria não foi aprovada no plenário da Câmara.[52] O momento simbólico dessas absolvições ocorreu em 23 de março de 2006, com a "dança da pizza", patrocinada pela deputada federal Ângela Guadagnin, do PT, que comemorou a absolvição do deputado João Magno, também do PT, dançando sozinha no plenário da Câmara.

É verdade que existem propostas de emenda à Constituição também no sentido inverso: PEC nº 470/2005, do deputado Anselmo de Jesus (PT); PEC 119/2007, do deputado Mauro Nazif (PSB); PEC 142/2012, do deputado José Fernando Aparecido de Oliveira (PV); PEC 312/2013, do deputado Marcos Rogério (PDT); PEC 364/2013, do deputado Eduardo Picciani (PMDB); PEC 23/2015, do deputado Laerte Bessa (PR); e PEC 261/2016, do deputado Celso Maldaner (PMDB). O detalhe é que todas estão apensadas à PEC 470, de 2005, mas não avançam no processo legislativo. A matéria segue tramitando a passos de cágado na Câmara dos Deputados há doze anos.

No Senado também existem propostas de emenda à Constituição visando extinguir o foro privilegiado. Uma delas, a PEC nº 11, de 2016, apresentada por 31 senadores em conjunto, proíbe o foro privilegiado apenas para agentes públicos não eleitos, preservando-o para deputados, senadores, prefeitos, governadores e demais cargos eleitos. Outra, a PEC nº 10, de 2013, apresentada pelo senador Álvaro Dias (então PSDB, agora PV), exclui o foro privilegiado para todos, inclusive deputados e senadores. Esta foi aprovada pelo Senado e encaminhada à Câmara dos Deputados, onde recebeu o número 333, de 2017. Lá foi constituída uma comissão especial para apresentar parecer. Devido à intervenção federal no Rio de Janeiro por questões de segurança pública, propostas de emenda à Constituição não podem ser votadas. A intervenção está prevista para encerrar em 31 de dezembro de 2018, junto com a legislatura em curso.

Contudo, pelo que se vê do noticiário e pelo clima de tensão entre deputados e senadores envolvidos na Lava Jato, o mais provável é que se aprove proposta não para extinguir o foro privilegiado, mas para ampliá-lo, como já era a pretensão do PSDB em 2002. O interessante nesse jogo do poder é que, passados quatorze anos das iniciativas do PSDB de ampliar o foro privilegiado para ex-autoridades, agora, como evidente reflexo da Lava Jato, é o PT que quer aprovar essa mudança na Constituição, segundo proposta defendida pelo deputado federal Wadih Damous.

Quando o PT não ocupava o poder e era oposição ao PSDB, fazia belos discursos morais contra iniciativas deste partido. Agora o polo se inverte, e é o PSDB que se diz contra a manutenção do foro privilegiado, conforme declaração do líder do partido na Câmara, Antônio Imbassahy, em 26 de junho de 2016. Pela trajetória do tema, os discursos e ações parecem depender do local de fala e do exercício do poder. Nessa disputa, quem fica à deriva no jogo e nos interesses políticos protecionistas é o dinheiro público.

Vale o registro de que, diante da inércia do Poder Legislativo, o Supremo Tribunal Federal acabou decidindo em 3 de maio de 2018 que o foro privilegiado deve ser circunscrito apenas aos crimes praticados durante o mandato parlamentar e em razão deste. Com isso, inúmeros casos que não se encaixam nesses novos critérios e tramitavam perante os tribunais foram enviados aos correspondentes juízos de primeiro grau.

Salvos pela liberdade interpretativa: Mãos Limpas e Lava Jato poderiam ter sido antecipadas em anos

Não obstante a Mãos Limpas ter sido um marco na Itália e o mesmo se verifique com a Lava Jato no Brasil, é preciso considerar que a corrupção lá e aqui não nasceu por ocasião dessas investigações e que as complexidades de ambos os países tornam o sucesso das operações ainda mais significativo. Na verdade, não fossem as barreiras legislativas e as oscilações interpretativas, Itália e Brasil poderiam ter antecipado em alguns anos suas duas grandes investigações de práticas corruptivas. Caso a legislação fosse menos benevolente e os julgadores tivessem menos discricionariedade na interpretação das leis, os dois países poderiam ter estancado a sangria de dinheiro público e diminuído os impactos econômicos negativos que seguidos desfalques vinham provocando bem antes de 1992 (Mãos Limpas) e 2014 (Lava Jato).

A liberdade interpretativa que insiste em se fazer presente no cotidiano dos processos criminais acaba premiando corruptos, que uma hora conseguem encontrar algum magistrado disposto a lhes dar razão, decidindo contra o que outros tantos já haviam deliberado antes. Certa ou errada a interpretação, o fato é que não se conseguiu ainda criar constrangimentos capazes de evitar que se possa dizer qualquer coisa sobre qualquer assunto, como há anos denuncia o jurista Lenio Streck.

Desde o abandono do positivismo exegético que orientava os julgadores no século 19, substituído por escolas e teorias que ampliaram as margens de discricionariedade na interpretação das leis, até hoje as academias de direito e a doutrina ainda não conseguiram constranger suficientemente os julgadores para que compreendam que interpretar não deve ser um ato de escolha. A moral não pode ser o norte do processo decisório. O juiz não pode livremente escolher entre um caminho ou outro, mas, ao contrário, deve decidir juridicamente condicionado, mantendo a coerência e a integridade interpretativa com os precedentes judiciais, como leciona o jurista norte-americano Ronald Dworkin, sem olvidar que princípios são normas e como tais devem ser observados sempre.

Esse drama do cotidiano forense é visto com frequência em casos de crimes do colarinho-branco, nos quais as decisões monocráticas dos magistrados muitas vezes são revistas e processos de casos de graves lesões ao erário são anulados ou deslocados em sua competência a partir de decisões visivelmente discricionárias e não juridicamente vinculadas. Com isso não se quer dizer que o juiz de primeiro grau tenha sempre razão, mas é preciso um mínimo de segurança jurídica para se trabalhar sem que, a todo instante, o que foi feito à luz de uma interpretação dominante ou adequadamente fundamentada possa, da noite para o dia, ser considerada errada ou com fundamentação insuficiente (seja lá o que isso signifique) e toda a prova produzida seja jogada fora.

Analisando casos mais simples e que costumam atingir classes mais pobres da população, como tráfico de drogas, por exemplo, e comparando as interpretações lá adotadas com as decisões proferidas em casos de crimes do colarinho-branco, fica muito clara a diferença de interpretação que por vezes ocorre em situações fáticas e legais similares. Não se está dizendo que o correto seja uma ou outra forma de decidir, mas que é preciso uniformizar entendimentos. A oscilação de interpretações provoca um significativo atraso na consolidação de entendimentos interpretativos e também da consolidação de direitos sociais básicos e constitucionalmente assegurados.

Moradia, saúde, educação e segurança pública não se concretizam sem dinheiro. Porém, se, ao identificar práticas criminosas que são a causa de ausência de investimentos suficientes nessas áreas, não se consegue punir efetivamente os malversadores do erário, o recado que se dá a eles e outros tantos que não foram descobertos é que podem prosseguir no agir corrupto, que o Estado é incapaz de puni-los . Esse problema é evidenciado tanto no Brasil quanto na Itália, revelando outra semelhança entre os dois países.

Na Itália, por exemplo, foi identificado um caso significativamente parecido com a Operação Mãos Limpas em 1973, envolvendo financiamento espúrio de partidos políticos e corrupção em empresas de petróleo italianas e multinacionais desde 1962. O caso tramitou durante anos, com ampla oscilação e discussão de competência, tendo iniciado na Pretoria de Gênova, sendo transferido à Procuradoria de Roma, depois remetido ao Parlamento em razão de prerrogativa de função e retornado ao primeiro grau por não mais persistir o foro privilegiado. No fim, esgotados todos os recursos, as condenações que vieram resultaram em sua maioria em prescrição. O que não foi alcançado pela prescrição foi favorecido por leis posteriores de anistia. Esse caso será detalhado no capítulo destinado ao tema do petróleo, mas é, por si só, um demonstrativo potente de como é difícil mudar uma cultura de corrupção sistematizada sem que os responsáveis sejam efetivamente punidos.

Além do escândalo do petróleo da década de 1970, também serve de exemplo o que ocorreu na Itália onze anos antes da Operação Mãos Limpas. Em 17 de março de 1981, Gherardo Colombo e Giuliano Turone exerciam as funções de *giudici istruttori* de Milão. A tradução literal é "juízes instrutores", mas para nós essas funções estão mais para o que fazem nossos delegados de polícia, valendo o registro de que na Itália o cargo de juiz instrutor foi extinto na reforma do Código de Processo Penal em 1988, ocasião em que o Ministério Público – ainda integrando a magistratura italiana – assumiu as funções de investigação.

Gherardo Colombo e Giuliano Turone iniciaram uma investigação sobre a loja maçônica secreta P2 (Propaganda 2), descobrindo documentos ligando diversos italianos importantes a uma trama para estabelecer um controle paralelo do poder público: ministros, parlamentares, chefes do serviço secreto, militares, oficiais do exército, prefeitos, magistrados, comandantes da polícia e agentes fiscais.[53] Entre eles figurava Silvio Berlusconi, empresário que duas décadas mais tarde se tornou primeiro-ministro da Itália, desempenhando papel de destaque nas iniciativas para implodir os resultados da Operação Mãos Limpas, como se verá mais adiante.[54] Aliás, para compreender que o ovo da serpente do fracasso no combate à corrupção na Itália já estava aqui, basta recordar que Bettino Craxi foi padrinho de batismo da primeira filha de Silvio Berlusconi com Veronica Lario em 1984.[55]

Documentos da loja maçônica P2 apreendidos na casa de Licio Gelli – fascista e colaborador do nazismo durante a Segunda Guerra Mundial – revelaram que ele estava no comando. Descobriu-se também uma conta secreta na Suíça (chamada Protezione), bem como dados que indicavam que o então primeiro-ministro Bettino Craxi teria recebido US$ 7 milhões de forma criminosa, fruto de desvios do Banco Ambrosiano, sediado em Milão e controlado pelo Vaticano, pouco antes deste falir e de seu presidente, Roberto Calvi ("o banqueiro de Deus"), ser encontrado morto em Londres.[56] Como disse Gherardo Colombo a respeito da investigação que conduzia sobre a P2: "Vem à luz um mundo submerso que se rege sob regras próprias, diversas daquelas que regulam a vida de todos, e que interfere pesadamente nas atividades das instituições".[57]

Na época os investigadores sofreram várias pressões e intimidações,[58] e o caso por fim teve a competência deslocada da Procuradoria da República em Milão, à qual os juízes instrutores reportavam-se, para a de Roma, onde teve resultado pífio, com arquivamento quase total do que se investigava.[59] O Tribunal de Cassação interpretou que Roma seria competente para julgar o caso, não obstante o delito tivesse ocorrido em Milão.

Essa divergência passa a impressão de que no campo das regras de competência tudo é muito fluido; sempre há brechas de reavaliação, e deslocamentos de competência são o resultado dessa liberdade interpretativa. Na prática também significa retirar a investigação das mãos daqueles que conhecem o caso e sua complexidade a fundo e passá-lo às mãos de quem não tem a menor ideia do que está sendo investigado e de sua importância, sem olvidar que os novos investigadores terão que se inteirar dos detalhes e retomar a investigação do zero. Muita coisa se perde, pois depende da memória de quem iniciou o caso.

Situação similar ocorreu durante a investigação dos juízes instrutores de Milão a respeito da autarquia pública IRI (Instituto para a Reconstrução Industrial), gerida por Romano Prodi, do partido da Democracia Cristã.[60] Os investigadores milaneses descobriram "enormes quantidades de fundos ocultos" (dinheiro não contabilizado, caixa dois), explica Colombo, e o caso também teve a competência transferida de Milão para Roma em 1984.

Se a transferência da investigação da loja maçônica P2 para Roma pôde ser vista como uma decisão técnica e ocasional, a transferência do caso IRI deixou claro para Gherardo Colombo que se tratava de algo orquestrado, visando inviabilizar o avanço das investigações por Milão. O desânimo foi tanto que Colombo cogitou deixar a magistratura depois dessa segunda decisão da corte italiana.[61]

Tivessem aprofundado aquelas duas investigações, seguramente o esquema de desvio de verbas e pagamento de propina que alimentava os partidos políticos e fazia a alegria de empresários em relações promíscuas com o poder público teria sido desvendado bem antes de 1992 na Itália.

O Brasil não fica muito distante de interpretações de discutível aparência técnica, notadamente em diversos casos de repercussão, e por aqui também se pode dizer que o quanto a Lava Jato passou a descobrir a partir de 2014 poderia ter sido descoberto muito antes, pelo menos desde os primeiros anos do novo século, quando algumas grandes investigações envolvendo fraudes licitatórias, desvio de verbas e corrupção vieram à tona.

Foram várias as operações de vulto nessa área anuladas no Superior Tribunal de Justiça, das quais se destacam: Operação Boi Barrica, de 2006, que apurava caixa dois para o governo do Maranhão e envolvia

Fernando Sarney, filho do ex-senador José Sarney; Operação Navalha, de 2007, envolvendo vários políticos, de prefeitos a deputados e até mesmo um governador, além de empreiteiras, no desvio de verbas públicas mediante superfaturamento de obras do PAC (Programa de Aceleração do Crescimento) e do Programa Luz para Todos, ambos do governo federal; e a Operação Castelo de Areia, de 2009, que envolvia a empreiteira Camargo Corrêa e diversos políticos e partidos. O procurador da República Deltan Dallagnol exemplifica como a situação poderia ter vindo à tona antes com a Operação Castelo de Areia:

> Tomemos a Operação Castelo de Areia por paradigma. Se ela não tivesse sido anulada, poderia ter antecipado a Lava Jato em seis anos, evitando que bilhões fossem desviados da Petrobras. De fato, aquela operação se debruçou sobre evidências de pagamentos de propinas a funcionários públicos e políticos feitos por uma empresa que veio a ser, mais tarde, a ponta do fio de novelo da Lava Jato.
>
> A investigação foi, contudo, completamente anulada pelo Superior Tribunal de Justiça porque se entendeu que a primeira decisão judicial, que determinou a quebra de sigilo telefônico dos investigados, não estava suficientemente fundamentada. Caindo por terra tal decisão, todos os atos e provas decorrentes foram derrubados, por serem considerados "frutos da árvore envenenada".[62]

Portanto, na Itália por discutíveis questões de competência territorial e no Brasil por discutíveis interpretações de insuficiência de fundamentação de decisões monocráticas de primeiro grau, investigações de vulto de crimes que lesavam os cofres públicos em somas elevadíssimas e antecederam em vários anos a Mãos Limpas e a Lava Jato ficaram no meio do caminho. Vale o registro de que levar adiante investigações envolvendo altos escalões do poder nunca foi fácil nos dois países.

A história do Brasil, como bem analisa Raymundo Faoro em sua obra-prima *Os donos do poder – Formação do patronato político brasileiro*, é moldada a partir de protecionismos estamentais: foro privilegiado ampliado, conveniente ausência de uniformidade de interpretações dos tribunais, dezenas de recursos possíveis em um mesmo caso, baixas penas mínimas para crimes do colarinho-branco e prazos prescricionais encurtados e retroativos. O ex-senador Luiz Estevão (PMDB), por exemplo, acusado e condenado por desvio de verba na construção do Tribunal Regional do Trabalho em São Paulo, crime ocorrido em 1992, somente começou a cumprir as penas 24 anos depois, em 2016, não sem antes interpor 34 recursos e somente porque o Supremo Tribunal Federal reviu sua interpretação alusiva ao início de cumprimento da pena.

Na Itália a imunidade parlamentar e a oscilação interpretativa também frearam muita coisa, como visto acima. E pode-se dizer que a realidade italiana é ainda mais complexa do que a brasileira.

Complexidade da criminalidade italiana: Máfia e Vaticano

Em paralelo a tudo quanto se disse a respeito da maçonaria, também merece destaque a investigação sobre a Máfia conduzida pelos juízes instrutores (depois procuradores da República) de Palermo Giovanni Falcone e Paolo Borsellino entre 1980 e 1992. Depois que o chefão mafioso Tommaso Buscetta foi preso no Brasil e extraditado para a Itália, ele resolveu contar como funcionava a Cosa Nostra.

O relato de Buscetta permitiu que pela primeira vez os agentes do Estado soubessem como operava a estrutura mafiosa vista por dentro, narrada por um "arrependido", não obstante o mafioso não se considere assim, como declarou por ocasião da prisão: "Não sou um 'arrependido'; sou apenas um homem velho e atormentado; tendo chegado a um certo ponto da vida, a um certo amadurecimento de minhas experiências e de minha capacidade de juízo, dei-me conta do ponto a que chegou a Máfia e por isso resolvi ajudar a justiça a derrubá-la".[63]

As revelações de Buscetta permitiram a condução de um maxiprocesso, isto é, uma ampla investigação que levou vários chefes mafiosos à cadeia. Como reflexo trágico, Giovanni Falcone e Paolo Borsellino foram mortos em atentados da Máfia, respectivamente em 23 de maio e 19 de julho de 1992, em Palermo, poucos meses depois do início da Operação Mãos Limpas em Milão.

Para compreender o cenário e as intrincadas relações entre o poder mafioso e o poder político, é preciso recordar a ampla investigação das atividades de Totó Riina, o todo-poderoso chefão siciliano, realizada em Palermo por Giovanni Falcone e Paolo Borsellino ao longo dos anos 1980 e que ainda rendia novos capítulos no início dos anos 1990, quando veio à tona o escândalo das Mãos Limpas em Milão.

Em 21 de maio de 1992, ou seja, dois dias antes do atentado que matou Falcone e 57 dias antes de ser morto, Paolo Borsellino concedeu entrevista a dois jornalistas franceses do Canal Plus, Fabrizio Calvi e Jean Pierre Moscardo. A entrevista nunca foi ao ar pela emissora francesa, mas foi descoberta e exibida em 2000 pela italiana Rainews24. O material bruto, praticamente sem cortes, com cerca de uma hora de duração, pode ser acessado no YouTube.[64]

A entrevista começa com uma breve explicação de Borsellino a respeito do maxiprocesso, da colaboração de Tommaso Buscetta e de outros corréus e ao fato de que investigaram cerca de oitocentas pessoas e processaram 475. Os jornalistas nem permitem que ele avance nessas considerações e vão ao ponto que envolve o mafioso Vittorio Mangano, dizendo que dos 475 imputados é somente ele que lhes interessa.

Borsellino explica que conheceu Vittorio Mangano em investigações anteriores ao maxiprocesso de Palermo, pois o mafioso estava envolvido em crimes de extorsão já na segunda metade da década de 1970. Borsellino conta que reencontrou Mangano no maxiprocesso, nos anos 1980, pois este foi citado por Buscetta como membro da Cosa Nostra (que é como os mafiosos se referem à Máfia). Borsellino também afirma que Mangano seria um braço da Máfia siciliana em Milão, organizando o narcotráfico no Norte da Itália, tendo sido condenado a treze anos e quatro meses de reclusão por tráfico de drogas e associação simples em decisão de primeiro grau proferida no início de 1988.

Os jornalistas querem saber da ligação de Vittorio Mangano com o empresário Silvio Berlusconi. Borsellino esclarece que não gosta de falar de coisas de que não tem certeza, mas informa que estavam em curso, a cargo de outro procurador, linhas de investigação no maxiprocesso contra a Máfia siciliana que envolviam Mangano e Berlusconi. Acrescenta ainda que não lhe surpreendia que a Cosa Nostra tivesse se aproximado de empresários para facilitar a lavagem de dinheiro. Os jornalistas insistem e citam que, no tempo em que Mangano trabalhara para Berlusconi, houve o sequestro de uma pessoa ao sair da casa do empresário, mas Borsellino diz desconhecer o episódio.

A entrevista revela a existência de uma relação de mútuo interesse entre Vittorio Mangano e Silvio Berlusconi. De fato, Mangano trabalhou como administrador da casa de Berlusconi nos anos 1970, cuidando da segurança pessoal do empresário e até mesmo acompanhando seus filhos à escola, como publicou o jornal *La Stampa*.[65] Também se sabe, pelo relato de outro "arrependido" da Máfia, Gaetano Grado, que já naquela época Mangano entregava boa parte do dinheiro que arrecadava com o tráfico de drogas a Marcello Dell'Utri, que o repassava a Berlusconi.[66] Dell'Utri, depois eleito deputado, seria envolvido nas investigações da Mãos Limpas.

Na investigação da Máfia foram gravadas conversas telefônicas, mediante autorização judicial, entre Dell'Utri e Berlusconi a propósito de uma bomba colocada na casa de Berlusconi em 1986, o que ambos consideraram obra de Vittorio Mangano. Depois, como se extrai das conversas gravadas, Dell'Utri e Berlusconi descobriram, pela boca de um mafioso chamado Tanino, que Mangano estava preso na ocasião e que, portanto, a autoria da bomba seria de outra pessoa.

Segundo Marco Travaglio, as investigações realizadas em Palermo revelam que a autoria da bomba na casa de Berlusconi seria atribuída a outro chefão mafioso, Nitto Santapaola, pois a Máfia queria interferir nas eleições de 1987, apoiando o Partido Socialista e trabalhando contra a Democracia Cristã em razão desta não ter impedido que o maxiprocesso conduzido por Falcone e Borsellino fosse avante. Para tanto, Nitto Santapaola buscou ajuda e a intervenção de Dell'Utri e Berlusconi, já que ambos se relacionavam tanto com Bettino Craxi quanto com os mafiosos de Palermo.[67]

Vale anotar que de 1962 até 2008 o Parlamento italiano instaurou nove diferentes comissões antimáfia para estudar as relações desta com o Estado, revelando uma intrincada rede de proteção e interesses mútuos.[68] No entanto, entre 1996 e 2001 o mesmo Parlamento recusou-se a conceder autorização para prisão cautelar de quatro deputados e um senador investigados por envolvimento com a Máfia.[69]

A atuação da Máfia também se relacionava com o que se fazia em Milão na Operação Mãos Limpas. Como se verá mais adiante, sua força ameaçadora voltou-se contra os investigadores milaneses.

A corrupção generalizada na Itália conta ainda com o envolvimento do Vaticano. Os exemplos mais notórios referem-se a lavagem de dinheiro no IOR (Instituto para as Obras de Religião, conhecido como Banco do Vaticano)[70] e no Banco Ambrosiano, ambos de propriedade do Vaticano. O Banco Ambrosiano quebrou nos anos 1980,[71] e Bettino Craxi foi condenado pela falência fraudulenta.

O IOR e o Ambrosiano tinham ligações com a loja maçônica P2,[72] com a Máfia e com o financiamento ilícito de partidos. A conta bancária

Protezione – localizada na Suíça durante investigação de Gherardo Colombo e Giuliano Torone sobre a P2 em 1981 – foi identificada, doze anos depois, em janeiro de 1993, como em nome de Silvio Larini, amigo íntimo de Craxi. Segundo Larini, Craxi e o também deputado e depois ministro da Justiça Claudio Martelli pediram a conta emprestada para nela depositar US$ 7 milhões desviados do Ambrosiano.[73]

Por fim, não se pode esquecer que Roberto Calvi, do Banco Ambrosiano, chamado de "banqueiro de Deus", também estava na lista dos integrantes da P2 e foi encontrado morto, enforcado num poste de luz em 18 de junho de 1982.[74] A pergunta estampada na primeira página do *la Repubblica* à ocasião é autoexplicativa: "Quem 'suicidou' Calvi?".

Máfia, Vaticano, maçonaria, partidos políticos, políticos em todas as esferas, magistrados e empresários contratantes com o Estado: a Itália apresenta uma intrincada e complexa estrutura corrompida do poder. A organização não governamental italiana Advogados Sem Fronteiras cunhou o termo *massomafia* para designar a ligação entre maçonaria e Máfia na Itália.[75]

Como não temos no Brasil a influência direta da Máfia, as relações entre os diversos nichos de criminalidade do colarinho-branco, ao menos pelo que se sabe hoje, aparentam menor complexidade. Na Itália, o que talvez mereça maior destaque antes da Mãos Limpas é que, mesmo com a legislação de financiamento público dos partidos italianos pretendendo organizar as campanhas eleitorais e diminuir a influência do dinheiro sujo, os políticos continuaram a se valer de mecânicas criminosas para enriquecer tanto seus cofres pessoais quanto os partidários.

O petróleo é nosso ou dos políticos?

O professor de ciência política da Universidade da Califórnia Michael Ross apresentou importante estudo a respeito do que chamou de "a maldição do petróleo". No trabalho, Ross mostra como a riqueza petrolífera, somada a governos pouco transparentes, corruptos e com economias fortemente dependentes desta *commodity*, pode representar um significativo problema para a consolidação da democracia nas nações em desenvolvimento.[76]

Ainda que Itália e Brasil não tenham economias baseadas na exploração de petróleo (a Itália sequer pode ser considerada uma grande produtora),[77] sabe-se hoje que muito da riqueza gerada pelas estatais petrolíferas dos dois países foi parar nas mãos de políticos e empresários corruptos. No que toca ao Brasil, a análise conclusiva de Roberta Paduam ao contar a história da Petrobras é ilustrativa do que analisou Michael Ross:

> Vale lembrar que, além do assalto empreendido por meio da corrupção, a Petrobras foi espoliada pelo governo, que, em apenas quatro anos, sangrou seu caixa em U$ 45 bilhões ao impedir que a empresa reajustasse o preço de seus produtos. Mas não foi só isso. A petroleira foi obrigada a arcar com uma carga pesadíssima de investimentos para ajudar o governo federal a manter a economia rodando, como se o seu caixa fosse infinito. Muitos dos investimentos bilionários que a Petrobras encampou nada tinham a ver com interesses empresariais – eram, isto sim, políticos: acordos com governadores, senadores, deputados. Hoje já está claro que esse tipo de intervenção abalou a saúde da estatal, provocou a falência de empresas que gravitavam ao seu redor e, obviamente, gerou muito desemprego.[78]

Em ambos os países, os desvios de verba nas petrolíferas tiveram grande aumento nos períodos de alta acentuada no preço do petróleo. Como recorda Michael Ross, "os preços do petróleo permaneceram extraordinariamente estáveis do fim da Segunda Guerra Mundial até o início dos 1970",[79] quando tiveram um crescimento significativo, principalmente a partir de 1973, ano em que o preço do barril quadruplicou.

A explicação oficial para a alta repentina foi que os países árabes produtores cortaram o fornecimento para Estados Unidos e Europa em decorrência do apoio destes a Israel na Guerra do Yon Kippur.[80] Na Itália, no entanto, ficou muito claro que esta foi uma desculpa usada pelas companhias petrolíferas multinacionais e italianas para promover uma tremenda especulação de preços.

A companhia norte-americana Occidental, por exemplo, teve aumento de 417% nos lucros nos primeiros nove meses de 1973. Os lucros da Exxon cresceram 59%; da Getty e da Gulf, 60%; e da Shell, 41%.[81] Para obter estes lucros foi necessário corromper boa parte do poder político italiano, claro. À época, o jornal norte-americano *The Sunday Times* anunciou o escândalo como "um dos mais gigantescos casos de corrupção na Itália".[82]

Naquele tempo, Mario Almerighi exercia a função de pretor em Gênova e conduziu o início da investigação na Itália. Vale registrar que o cargo de pretor não existe mais no ordenamento jurídico italiano e correspondia a um misto de delegado de polícia, promotor de justiça e juiz, com funções mescladas cíveis e penais (neste último caso, atuando na investigação de delitos de menor potencial ofensivo, com penas até três anos), mas integrando a magistratura e atuando com a independência própria dos juízes.

No rigoroso inverno de 1973, a Itália sofreu forte racionamento de gás e derivados de petróleo. As pessoas ficavam ao escuro a partir das 18 horas, sem combustível para os automóveis (que foram amplamente substituídos pelas bicicletas) e para o aquecimento das casas, empresas e até mesmo escolas e hospitais. A desculpa das petrolíferas, como já dito, era de que os países árabes haviam cortado o abastecimento e não havia mais petróleo nos tanques italianos. Porém, a investigação de Almerighi constatou que as companhias que anunciavam não dispor de petróleo estavam abarrotadas e com dificuldades para guardar novas remessas que chegavam ao porto de Gênova diariamente.[83] As empresas não revendiam para forçar a subida no preço.

Gravações telefônicas de empresários do setor revelaram que adquiriam o produto da Arábia Saudita, por exemplo, ao preço de US$ 11 a US$ 14 o barril e depois ofertavam no mercado interno italiano por algo entre US$ 120 e US$ 150 o barril.[84] Não faltava petróleo, e a única exigência dos árabes era de que o produto não fosse revendido para Estados Unidos e Holanda, na ocasião considerados inimigos.

Nas mesmas conversas gravadas na investigação, constatou-se a conivência de agentes da estatal italiana ENI, ao que o investigador Mario Almerighi disse surpreso: "Mas como? A petrolífera estatal está procurando enganar o Estado junto com as empresas privadas?".[85]

Como explica o advogado Roberto Mongini – que em 1992 foi presidente da Democracia Cristã em Milão e, investigado na Operação Mãos Limpas, foi também um dos primeiros a fechar acordo de colaboração premiada com os procuradores de Milão –, a ENI, desde quando era dirigida pelo poderoso empresário Enrico Mattei no início dos anos 1960, já desviava verbas para financiar os partidos políticos.[86] Mattei defendia que a Itália se livrasse da dependência das empresas petrolíferas multinacionais e morreu no que foi considerado um estranho acidente aéreo em 1962.

Há quem sustente, a exemplo do jornalista Benito Li Vigni, que também era assistente pessoal de Enrico Mattei, que ele foi morto justamente porque suas pretensões atrapalhavam os negócios das multinacionais na Itália. O certo é que, um mês depois de sua morte, "a nova direção da ENI fazia contato com a Esso e iniciava o processo de normalização" que "transformou a ENI num sujeito subalterno às grandes companhias petrolíferas estrangeiras".[87]

Hoje não é surpresa constatar que muitos políticos italianos – deputados, senadores, ministros, dirigentes de estatais, dentre outros, vinculados principalmente aos partidos que estavam no poder, a exemplo da DC (Democracia Cristã), PSI (Partido Socialista Italiano), PSDI (Partido Socialista Democrático Italiano) e PRI (Partido Republicano Italiano)[88]

– estavam envolvidos na corrupção do setor petrolífero já na década de 1970. A investigação genovesa revelou que vários deles receberam vultosas somas de dinheiro destinadas "ao financiamento dos partidos", seja para acobertar a especulação no preço do barril de petróleo, da qual os políticos tinham ciência, seja para aprovar novas leis no Parlamento de interesse das petrolíferas, como detalha Mario Almerighi em seu livro *Petrolio e política. Oro nero, scandali e mazzette: la prima Tangentopoli* (Petróleo e política. Ouro negro, escândalos e propinas: a primeira Propinolândia).

Por conta do envolvimento destes políticos, o caso saiu das mãos de Almerighi, sendo transferido para Roma, uma parte para a Procuradoria da República e outra parte para comissão do Parlamento, competente para investigar crimes de ministros de Estado.[89] No decorrer da investigação em Roma, os procuradores descobriram os códigos secretos da propina organizados pela Esso: uma lista com o nome do político e ao lado o apelido pelo qual era identificado no pagamento de propina. Por exemplo, Giulio Andreotti, então primeiro-ministro da Itália, era chamado de Anderson; Carlo Cittadini, então secretário da União Petrolífera italiana, era Citizens.[90] Algo muito similar ao que se identificou na Lava Jato, com o departamento de propina da empreiteira Odebrecht citando os políticos que receberam valores por meio de apelidos.

Neste ponto, portanto, não parece de todo correta a análise do professor Renzo Orlandi no artigo que escreveu para explicar o fenômeno da Mãos Limpas. Ele considerou que os partidos de direita e de esquerda – notadamente a Democracia Cristã e o Partido Comunista Italiano – somente teriam começado a se corromper em busca de financiamentos ilícitos com o fim do patrocínio vindo respectivamente dos Estados Unidos e da União Soviética em decorrência da queda do Muro de Berlim e do fim da Guerra Fria. Orlandi avaliou ainda que o Partido Socialista Italiano, nos anos 1990 liderado por Bettino Craxi, por ser estranho a esta divisão, teria ido buscar financiamento junto às empreiteiras, no que só então teria sido seguido pela Democracia Cristã e pelo substituto do Partido Comunista Italiano (PCI), o Partido Democrata da Esquerda.[91]

O que as investigações do escândalo do petróleo nos anos 1970 revelaram é que a cobrança de propina para abastecer os cofres destes e de outros partidos já estava a pleno vapor desde pelo menos 1963, depois da morte de Enrico Mattei, cerca de trinta anos antes da queda do Muro de Berlim e do escândalo da Mãos Limpas em Milão. E revelou também que o PCI igualmente recebeu dinheiro, porém em menor monta, como anotado na comissão de investigação do Senado dos Estados Unidos.[92] Aliás, a investigação norte-americana deixou claro que o discurso de defesa de algumas companhias, de que o pagamento de propina visava reforçar laços democráticos, era uma falácia.[93] O senador Stuart Symingnton, integrante da comissão do Senado norte-americano, foi direto ao ponto:

> Não se venha dizer que na Itália somente se financiaram os partidos democráticos para defender o sistema do comunismo, porque a mim resulta que foram feitos financiamentos, ainda que em menor escala, também ao Partido Comunista Italiano. Existem também outras sociedades que pagaram altas somas de dinheiro à Arábia Saudita e à Coreia, nações onde não existe perigo comunista algum. Estou cada vez mais me convencendo de que uma grande parte do nosso problema decorre do fato de que os diretores das multinacionais pensam mais nos lucros, nos interesses de sua empresa, do que no interesse da nação.[94]

Na Itália, os principais beneficiados com o pagamento de propinas foram a Democracia Cristã, o Partido Socialista Italiano, Partido Socialista Democrático Italiano, Partido Liberal, Partido Socialista Italiano da Unidade Proletária, Movimento Social Italiano e Partido Republicano Italiano, como revelaram as investigações realizadas por uma auditoria interna e secreta da Esso no período de 1963 a 1972.[95] E isso já se sabe desde

1973, pois, como destacado, o caso teve ampla repercussão na época; só não houve uma ruptura política como a ocorrida nos anos 1990 porque o sistema político corrupto conseguiu criar condições para se proteger, limitando as investigações e as consequências criminais.

O ataque dos investigados aos investigadores já naquela época revelou-se como estratégia defensiva para criar uma narrativa vitimizante. Os investigadores italianos foram atacados por parte da imprensa, chamados de "pretores de assalto", equiparados a terroristas e tachados de "loucos", "mentalmente tarados", "antropologicamente diferentes", relata Mario Almerighi.[96] A mesma mídia também ridicularizou os investigadores e alardeou que "seu protagonismo derivava do desejo de superar frustrações pessoais".

Os investigadores foram ainda ameaçados de prisão por autoridades superiores da magistratura italiana, numa inversão de papéis característica de casos que envolvem crimes dos detentores do poder político e econômico, como se vê pela pretensão de alguns políticos envolvidos na Lava Jato. Tudo pelo simples fato de que os investigadores resolveram cumprir seu papel determinado em lei, prosseguindo com as investigações.[97]

Num segundo momento operou o sistema de impunidade dos crimes do colarinho-branco que se verifica tanto na Itália quanto no Brasil: a somatória de foro privilegiado, penas brandas, prazos de prescrição curtos e amplo sistema recursal. Logo que a investigação saiu de Gênova e chegou a Roma, foi avocada primeiro parcialmente, depois integralmente, para uma comissão interna no Parlamento, considerando a prerrogativa de foro dos ministros investigados e demais envolvidos.

Depois de cinco anos, a comissão parlamentar, por maioria de votos, entendeu que não havia responsabilidade dos ministros e devolveu o caso à jurisdição tradicional para apuração da responsabilidade dos demais envolvidos. Boa parte das acusações terminou em absolvições amplamente questionadas pela imprensa italiana mais atenta, pois as provas de corrupção eram inúmeras. Contudo, o Judiciário se valeu da fórmula genérica para absolver afirmando que "o fato não subsiste".[98]

Dos casos que resultaram em condenação em primeiro, segundo e terceiro graus, na prática não sobrou nada, pois tudo enquadrou-se em prescrição ou leis posteriores de anistia. A solução política encontrada nos anos 1970 para "mudar tudo, para tudo continuar como sempre foi" já passava pela aprovação de leis de anistia (Lei 413/1978 e Lei 744/1981)[99] para livrar quem não conseguiu escapar por outras vias.[100]

O Parlamento mudou a lei primeiro para impedir que os pretores realizassem interceptações telefônicas e, em seguida, eliminar a figura do pretor da legislação italiana. Ainda em 1974, o Parlamento também regulamentou o financiamento público dos partidos. Hoje fica muito claro que esta foi uma solução apenas para inglês ver. A corrupção via petróleo foi descoberta, mas o sistema corrupto não foi efetivamente desestruturado e não demorou muito para se encontrar novas formas de continuar recebendo propina das petrolíferas, além de se buscar novas fontes de renda espúria.

No Brasil, estamos hoje discutindo a melhor forma de financiamento dos partidos políticos, com sugestões que caminham ao encontro do que a Itália promoveu em 1974. O detalhe relevante é que, mesmo com a Itália tendo oficializado o financiamento público das campanhas políticas, a utilização do caixa dois prosseguiu, como revelaram as investigações da Mãos Limpas. Pior: o caixa dois apresentou, ao longo dos anos, forte tendência de crescimento na Itália para fazer frente às campanhas cada vez mais custosas pelas exigências de *marketing* e estratégias agressivas de compra de votos.

O que veio à luz nos anos 1990 é que o sistema corrupto dos partidos políticos estava novamente operando a todo vapor, explorando nova fonte de renda para o caixa dois: contratos superfaturados com empresas privadas das mais diversas áreas, com foco principal nas empreiteiras. Por isso, no referendo de 18 de abril de 1993, com a Mãos Limpas avançando a passos largos, 90,3% dos italianos votaram pela abolição do financiamento público dos partidos, decidindo também alterar o sistema eleitoral de proporcional para majoritário.[101]

Engana-se quem imagina que a riquíssima fonte do petróleo secou com o escândalo das petrolíferas multinacionais e italianas nos anos 1970. O sistema corrupto da política partidária tratou de aperfeiçoar o modelo de pagamento de propinas provenientes deste setor, conforme revelou a Mãos Limpas. Praticamente toda a diretoria da estatal italiana de petróleo ENI e de suas empresas coligadas foi presa em 1993: Gabriele Cagliari, presidente da ENI; Paolo Ciatti, presidente da Nuovo Pignone; Gianni Dell'Oro, presidente da Saipem; Pio Pigorini, presidente da Snam; e Raffaele Santoro, presidente da Agip.[102] A empresa valia-se dos serviços de Pacini Battaglia, banqueiro ítalo-suíço, que facilitava a lavagem do dinheiro destinado ao PSI, Democracia Cristã e administradores da estatal.[103]

A utilização da ENI para obter propinas também foi alvo de outra investigação conduzida em 1993 pelo procurador da República em Milão Fabio De Pasquale, não integrante do *pool* da Mãos Limpas. Nela foi identificado que, na criação de uma nova empresa de seguros entre a ENI e a SAI (seguradora de Salvatore Ligresti), esta última pagou 17 milhões de liras ao PSI e à DC para ganhar a concorrência.[104] Um dos beneficiados foi o presidente da ENI, Gabriele Cagliari. Outro foi Bettino Craxi, do PSI, na época primeiro-ministro.

Cagliari foi preso preventivamente em 26 de maio de 1993 e se suicidou na prisão – ou foi suicidado, como se verá mais adiante – quase dois meses depois, em 20 de julho de 1993. Ao final do processo, a viúva de Cagliari, Bruna Di Lucca, foi obrigada a restituir 12 milhões de liras que o marido guardava em uma conta na Suíça.

A estatal do petróleo também foi utilizada para desviar verbas por ocasião de sua fusão com a Montedison na criação da parceria público-privada Enimont. Como revelou Raul Gardini, mais de 152 milhões de liras foram distribuídos entre quase todos os partidos políticos italianos: DC, PSI, PLI, PSDI, Liga Norte, PCI e MSI.[105] As audiências deste processo criminal foram transmitidas ao vivo pela televisão italiana, e a população acompanhou os interrogatórios e os debates entre Antonio Di Pietro, acusados e advogados como se fossem capítulos de novela.[106]

No Brasil, uma trama envolvendo petróleo e corrupção veio à tona na Lava Jato, com o uso de dinheiro da Petrobras para financiar partidos políticos vinculados ao poder. Pode ser mera coincidência ou a confirmação da tese da maldição do petróleo de Michael Ross. Seja como for, uma coisa é clara: há um modo de agir semelhante no financiamento espúrio da política no Brasil e na Itália.

Depois da escalada dos anos 1970, o preço global do petróleo recuou para apresentar um novo *boom* entre 2000 e 2008. Como pontua Michael Ross: "Em janeiro de 1999, o petróleo era vendido por apenas US$ 10 o barril. Até junho de 2008, tinha subido para US$ 145 o barril".[107] Este novo momento de crescimento exponencial coincide com o período em que o PT assumiu o poder no Brasil promovendo o desmonte da riqueza da Petrobras em proveito próprio e de partidos aliados. Com isso não se quer dizer que apenas o PT tenha feito uso político da empresa. Como recorda Roberta Paduam: "O coronel Ozires Silva, ex-presidente da petroleira durante o governo Sarney, definiu bem a posição da empresa: 'O centro de decisão da Petrobras não fica na Avenida Chile [endereço da companhia no Rio de Janeiro]. Fica em Brasília'".

A autora também destaca que, em sua "imersão na história da petroleira, foi impressionante constatar a semelhança entre o *modus operandi* do esquema de corrupção criado durante o governo do presidente Fernando Collor de Mello e o originário dos governos petistas",[108] destacando que "o ex-tesoureiro de campanha de Collor, Paulo César Farias, também investiu contra a petroleira", naquilo que denomina de "primeira grande tentativa de assalto" à companhia.[109] Mas a autora avalia que o sucedido na era petista foi diferenciado:

> O grau e a natureza das intervenções, no entanto, variaram um bocado ao longo do tempo. Hoje, depois de dois anos de dedicação exclusiva a estudar a empresa, posso afirmar com segurança que nunca um governo planejou e executou um plano tão amplo de uso da estatal como ocorreu durante os mandatos do presidente Lula e da presidente Dilma Rousseff. Digo isso com a tranquilidade de quem não acreditou nessa tese antes de confrontá-la; de quem ajudou a eleger Luiz Inácio Lula da Silva para a Presidência em 2002; de quem não tem filiação partidária e nem se sente representada por qualquer partido político brasileiro; de quem não demoniza a esquerda, mas refuta como sendo "esquerda" os partidos que se intitulam como tal no Brasil; e de quem acredita que é preciso utilizar os melhores instrumentos de mercado para construir sociedades mais saudáveis e mais solidárias.[110]

Em países com arraigada cultura de corrupção, como Brasil e Itália, injeta-se muito dinheiro nas petrolíferas quando o preço internacional do barril sobe, permitindo, como recorda Nathalia Watkins, seguindo a trilha de Michael Ross, que os governos tenham mais dinheiro e assim possam "comprar mais poder popular". Com isso, "fica mais fácil ganhar eleições. Então, qualquer que seja o partido no poder quando a tarifa sobe, tende a se tornar mais popular e poderoso".[111] Tal situação representa uma ameaça à democracia.

Não é surpresa verificar que a fonte de dinheiro público que alimentou o bolso de empresários e políticos corruptos e os caixas de partidos políticos na Itália e no Brasil proveio em larga escala das estatais petrolíferas. O petróleo definitivamente não é apenas nosso, como pregava o *slogan* nacionalista usado na campanha que deu origem ao monopólio da exploração e à constituição da Petrobras pela Lei Federal nº 2.004, de 3 de outubro de 1953.

A Copa do Mundo é nossa ou das grandes empreiteiras?

Brasileiros e italianos são dois povos apaixonados por futebol. Tendo vivido na Itália por um ano e acompanhado de perto a Copa do Mundo de 1982 – sim, aquela do 3 a 2 para a Itália de Paolo Rossi –, arriscaria dizer que os italianos são até mais apaixonados do que nós brasileiros. Em Milão, até as igrejas católicas de bairro costumam ter estruturas próprias com campos de futebol abertos ao público, onde realizam campeonatos locais e conseguem atrair crianças, jovens e adultos com o esporte. Portanto, quando a Itália foi escolhida para sediar a Copa do Mundo de 1990 e quando o Brasil foi escolhido para sediá-la em 2014, a vibração lá e cá foram similares. Os desvios de verba para as reformas de estádios e as propinas para os partidos políticos também.

Na Itália foram inúmeros os problemas, desperdícios e heranças inúteis da Copa do Mundo de 1990. A começar pela lei especial aprovada para agilizar a construção de hotéis em Milão, da qual as empreiteiras teriam se aproveitado para abocanhar dinheiro público sem efetivar a contrapartida, até porque o prazo de seis meses entre a lei e a realização da Copa era muito curto para a obra.[112] Alguns hotéis foram iniciados e jamais concluídos, a exemplo do "máxi-hotel" chamado pejorativamente de "ecomonstro", localizado em Ponte Lambro, Milão, que teve o que restou de suas estruturas demolidas em 2012.

Um dos exemplos mais marcantes é o Estádio Delle Alpi, em Turim. Foram construídos três anéis de arquibancadas com 69.041 lugares para um estádio que só foi aproveitado em cinco partidas durante o mundial. Passados dezoito anos, em 2008 o estádio foi demolido para a construção de outro, da Juventus. Mas em 2012 o Estado italiano ainda pagava pelo primeiro.[113]

Também ficou patente o superfaturamento das obras de reforma do Estádio San Siro em Milão. A Torno, uma das dez maiores empreiteiras italianas, foi responsável pela obra, e parte do dinheiro obtido com o superfaturamento foi parar nas mãos de políticos italianos. Assim revelaria em detalhes Angelo Siontacchi, diretor-geral da Torno, preso na Mãos Limpas em 30 de abril de 1992. Não foi a primeira vez que a Torno envolveu-se em licitações fraudadas. A empresa havia participado da construção do túnel de Monte Bianco e de uma das linhas do metrô de Milão, e em ambos os casos houve suspeita de superfaturamento.[114]

Segundo levantamento da revista *Il Mondo* em maio de 1992, enquanto o Estádio San Siro levou dois anos para ser construído e consumiu mais de 180 bilhões de liras, o Estádio Olímpico de Barcelona, na Espanha, foi finalizado em dezoito meses ao custo de 45 bilhões de liras.[115] Em 5 de maio de 1992 foram presos Mario Lodigiani, vice-presidente da construtora Lodigiani, e Roberto Schellino, ex-diretor técnico da empresa Cogefar Impresit, coligada ao Grupo Fiat.[116] Foram várias as empreiteiras envolvidas na Mãos Limpas. Além das citadas, as construtoras Garampelli, Mazzalveri, Rovati e outras igualmente pagaram propina para políticos.[117]

No Brasil, os estádios construídos ou reformados para a Copa do Mundo de 2014 também ostentaram ampla margem de superfaturamento, chegando a custar 66% a mais do que havia sido previsto em 2010.[118] Segundo estão revelando as investigações da Lava Jato, as obras de construção de alguns estádios foram superfaturadas para atender a políticos que estavam no governo. Essa parece ser a situação, por exemplo, da Arena Pernambuco. De acordo com dados do Ministério dos Esportes,[119] os doze estádios da Copa do Mundo custaram R$ 8,333 bilhões, dos quais 3,815 bilhões provenientes de empréstimos junto ao BNDES.

Para ilustrar, tome-se o Estádio Nacional Mané Garrincha, em Brasília, construído pelo consórcio Andrade Gutierrez e Via Engenharia, com custo previsto de R$ 745,3 milhões e custo final de R$ 1,4 bilhão. Outro caso significativo é a Arena Corinthians, construída pela Odebrecht, orçada em R$ 820 milhões e com custo final de R$ 1,08 bilhão, dos quais R$ 400 milhões obtidos junto ao BNDES. Situação similar ocorreu com o Maracanã, reformado pelo consórcio Odebrecht e Andrade Gutierrez, com orçamento previsto em R$ 600 milhões, custo final de R$ 1,05 bilhão e empréstimo de R$ 400 milhões no BNDES.

As principais construtoras envolvidas nas obras estão com seus presidentes sob investigação na Lava Jato. Marcelo Odebrecht ficou preso preventivamente por dois anos e meio e já foi condenado a dezenove anos e quatro meses de reclusão. Em dezembro de 2016 fechou acordo de colaboração premiada junto com outros 77 executivos da construtora Odebrecht, de onde se extraiu que várias obras teriam sido superfaturadas para atender a políticos, implicando 415 políticos de 26 partidos diferentes. Marcelo Odebrecht permaneceu preso até 19 de dezembro de 2017, quando passou a cumprir outros dois anos e meio em regime de prisão domiciliar com monitoração por tornozeleira eletrônica.

O interessante é analisar o que sucedeu com os contratos públicos na Itália logo após o escândalo da Mãos Limpas. Como revela Alberto Vannucci, "o preço pago aos entes públicos caiu em média 40% a 50%. O prefeito de Milão, Gabriele Albertini, reconhece que, antes das investigações, um quilômetro de metrô custava 30 a 40 vezes mais do que custa hoje". Assim, prossegue Vannucci, "considerando que aos preços rebaixados as empresas presumidamente mantenham suas margens de lucro, conclui-se que aqueles 40–50% a mais consistiam numa pura e simples renda da corrupção".[120]

Esta também é a conclusão do professor e pesquisador Luca Ricolfi, avaliando que em cidades como Milão ou Turim, antes da Mãos Limpas, os contratos públicos eram celebrados em valores correspondentes ao dobro do preço de mercado. Isso foi demonstrado pela comparação entre contratos anteriores e os primeiros celebrados depois que as investigações vieram a público.[121]

O que também contribuiu para o decréscimo nos valores pagos após a Mãos Limpas foi que a operação provocou um "efeito antitruste", como anotou Guido Rossi, ex-presidente da Consob (Comissão Nacional para Empresas e Bolsa, algo como a Comissão de Valores Mobiliários brasileira), "rompendo o monopólio da intermediação financeira", com uma "abertura e maior transparência do mercado".[122] Esta também foi a percepção de Luigi Ferrajoli ao constatar: "A corrupção desencoraja os investimentos, torna impossível a concorrência, deforma as despesas públicas, mina pela raiz a democracia. É este o *spread* mais grave da Itália em relação aos outros países mais avançados: o enorme peso da corrupção, da evasão fiscal, da lavagem de dinheiro e do crime organizado".[123]

Combater eficazmente a corrupção implica arejar o mercado, ampliar a livre concorrência e diminuir os gastos públicos, permitindo que o dinheiro que antes ia para o bolso de políticos corruptos possa ser destinado à melhoria de vida da população carente. Mais do que isso: combater eficazmente a corrupção garante expandir a confiança da população nas relações com o Estado e até mesmo nas relações interpessoais. Garante, enfim, a manutenção do modelo democrático, como recordou Ferrajoli.

De resto, numa visão pragmática, na linha exposta por Massimo Donini, "a ideia de fundo é que, se você é honesto, você é competitivo na Europa e no mundo".[124] Por isso é relevante não cair na esparrela de quem procura vender a ideia absolutamente falaciosa de que a Lava Jato seria a causa do problema econômico pelo qual passa o país.

PARTE 2

MÃOS LIMPAS E LAVA JATO: NADA SE CRIA, TUDO SE COPIA

Em nenhum outro caso de corrupção institucionalizada a similitude de ação e reação é tão parecida como entre a Lava Jato e a Mãos Limpas. Os dois casos diferenciam-se dos demais pela complexidade e ramificação do envolvimento de diversos nomes do universo empresarial e político e pela semelhança no modo de agir dos envolvidos. São casos em que se identificam modelos de corrupção que praticamente anulam a ideia de democracia em sociedades muito semelhantes no modo de agir e assimilar esses processos.

Compreender que os dois casos diferem muito pouco no *modus operandi*, apresentando padrões de investigação e análise de consequências muito parecidos, é imprescindível para aprender com as lições que deles resultam. Ou melhor: para o Brasil aprender, enquanto há tempo, com as lições da Mãos Limpas. Aprender enquanto a Lava Jato está em curso e as reações de neutralização política de seus efeitos ainda não se concretizaram como aconteceu na Itália. É a impressionante similitude entre as investigações que torna interessante olhar para a Mãos Limpas e pensar em caminhos e soluções para que a Lava Jato não tenha a mesma sina da operação italiana.

Quanto mais se aprofunda a análise comparativa, mais se evidencia a semelhança entre Mãos Limpas e Lava jato. Ambas tiveram origem em casos menores que abriram caminho para outros mais significativos, revelados em escândalos sucessivos. Ambas registraram o efeito dominó das colaborações premiadas e reações de diversas ordens, de políticos, advogados e acusados. Mesmo separadas no tempo em mais de vinte anos, na história por momentos diferentes e no espaço por um oceano, não há muita variação na sucessão dos fatos, das teses e das consequências.

Aliás, é justamente sob este último aspecto – das consequências – que talvez ainda seja cedo para saber se o caminho da Lava Jato será o mesmo da Mãos Limpas. Considerando tudo o que ocorreu na Itália depois de 25 anos do início da operação em Milão, particularmente as reações legislativas para que tudo voltasse ao *status quo ante*, chega a ser preocupante imaginar o que pode acontecer no Brasil ao passar o calor do momento investigativo e arrefecer o interesse da mídia. Longe dos holofotes, as condutas de nossos políticos em geral não costumam ser modelos de ética, e o histórico de leis de anistia por senadores para senadores, como no caso do uso da Gráfica do Senado para imprimir santinhos eleitorais, é um precedente alarmante.

É importante ficar atento a tudo que sucederá no Congresso Nacional daqui para frente. Alguma coisa já se desenha, mas os políticos ainda parecem um tanto envergonhados de seus atos. O perigo aumenta à medida em que a poeira baixa e aí aumenta o risco do Brasil seguir a mesma sina da Itália. Compreender o que aconteceu lá, portanto, é fundamental para que não se repita aqui. Afinal, em terras tupiniquins, já alertava o Velho Guerreiro Chacrinha, parafraseando Lavoisier: "Nada se cria; tudo se copia".

Dando nome aos bois

O nome "Mani Pulite" (Mãos Limpas) nasceu da referência às letras "M" e "P", soletradas como "Mike" e "Papa" pelo alfabeto internacional da OTAN e utilizadas pelo procurador Antonio Di Pietro (usando o codinome Papa) e o policial que o ajudou a prender Mario Chiesa, o capitão Zuliani (usando o codinome Mike), para se comunicar via rádio sem revelar suas identidades.[125] Veio daí a inspiração de Di Pietro para Mani Pulite, talvez porque lhe remetesse ao famoso discurso proferido aos jovens italianos em 1980 pelo então presidente da república Sandro Pertini, um *partigiano* que atuou na resistência ao fascismo: "A política deve ser feita com as mãos limpas".[126]

Já o nome Lava Jato decorre de que a investigação no início apurava a conduta do doleiro Carlos Habib Chater, proprietário de um posto de gasolina – o Posto da Torre, em Brasília – usado para lavagem de dinheiro. O estabelecimento não tinha um lava a jato, mas o fato de que postos de gasolina costumam ter esse serviço, somado ao trocadilho com lavagem de dinheiro e que, com o volume de dinheiro que por ali transitava, a lavagem não seria de carros, mas de aviões a jato, levou a delegada da Polícia Federal Erika Mialik Marena a batizar a operação de Lava Jato.

Em entrevista ao canal de televisão GloboNews, Marena explicou que no dia da primeira ação policial ela precisava de um nome para registrar o caso no sistema de computadores e conversou com o delegado responsável, que não lhe deu nenhuma sugestão. A primeira coisa que lhe veio à cabeça foi que postos de gasolina costumam ter um lava a jato; então, na falta de algo melhor, resolveu colocar assim mesmo.[127] Se não ficasse bom, pensou ela, depois mudaria o nome. Em entrevista ao jornalista Vladimir Netto, a delegada detalhou a ideia:

> Pensei em Lava Jato obviamente por causa do posto de combustível, que era uma lavanderia, e porque eu tinha plena consciência de que não se tratava de coisa pequena. Não estavam lavando coisa pequena, não estavam lavando um carro. Se fosse comparar um carro e um jato, lavariam muito mais um jato. Não ficou faltando um "a" no lava a jato, foi uma brincadeira com a palavra.[128]

O certo é que dar nomes às operações policiais serve não apenas para facilitar a comunicação entre os investigadores no plano interno da atividade policial, pois são milhares de investigações em curso simultaneamente, mas também para facilitar a referência da mídia nos casos de repercussão. Dar nome aos bois, portanto, costuma ser uma providência de dupla funcionalidade comunicacional.

A imprensa elege seus heróis

A cobertura jornalística da Operação Mãos Limpas provocou um fenômeno interessante na Itália. Antes do escândalo vir a público, os jornalistas designados para cobrir casos de corrupção eram em sua maioria jovens com menos de trinta anos. Quando a investigação decolou, estes profissionais ficaram com medo de serem forçados por seus chefes a produzir notícias no limite de seus interesses econômicos e pessoais. Assim, resolveram cobrir a Mãos Limpas numa espécie de força-tarefa. Segundo relatam Barbacetto, Gomez e Travaglio, os jornalistas dos principais jornais da Itália, de colorações ideológicas diversas, a exemplo do *Corriere della Sera*, *la Repubblica*, *l'Unità*, *Il Giorno*, *Il Messaggero*, *il Giornale* e *il Manifesto*, trocavam informações e notícias para operar em "legítima defesa", evitando, tanto quanto possível, influências políticas internas e externas.[129]

Os jornais e revistas de Silvio Berlusconi divulgaram os resultados da Mãos Limpas sem filtrar as notícias enquanto a investigação não se voltou para o empresário. Em 12 de julho de 1993, o modo de Berlusconi relacionar-se com a operação mudou. Ele enviou um memorando de onze páginas aos diretores de seus jornais, intitulado "Avaliações dos comportamentos dos juízes da Tangentopoli". A ordem era atacar os investigadores.[130]

A união da imprensa em força-tarefa para evitar que paixões políticas e interesses econômicos dos proprietários dos jornais influenciassem na filtragem das notícias não se verificou no Brasil. Ao contrário, por aqui o que se vê é que, além de alguns jornais apresentarem notícias equilibradas, não tendenciosas, apenas relatando o que ocorre, outros meios de comunicação apoiam incondicionalmente a Lava Jato, não admitindo críticas, ao passo que outros tantos só criticam e veem defeitos na operação, sistematicamente taxando-a de abusiva e até mesmo utilizando de adjetivos desrespeitosos, sem muito freio inibitório na verve acusatória.

No Brasil boa parte dos jornais equiparou repúdio ou apoio ao governo da presidente Dilma Rousseff como apoio ou repúdio à Lava Jato, como se a investigação atuasse contra o governo ou a partir de interesses de outros grupos políticos, o que é absolutamente despropositado. Só a ignorância quanto ao modo de agir do Ministério Público ou uma paixão ideológica cega para fazer essa vinculação.

É bem verdade que na Itália, com o passar do tempo, parte da mídia mudou de lado e passou a criticar ferozmente a Mãos Limpas, como os veículos de Berlusconi, mas foi a própria imprensa que criou o clima de limpeza ética e moral que depois passou a lhe incomodar. Por vezes o que se vê é que os meios de comunicação criam e matam o monstro de acordo com o interesse de seus proprietários.

Antes de apontar os heróis eleitos pela mídia, cabe explicar por que um juiz de direito foi aclamado pela imprensa brasileira na Lava Jato, ao passo que na Itália da Mãos Limpas muito pouco se falou do juiz, com todas as atenções voltadas para os procuradores da República.

Na Itália o Ministério Público não é uma instituição autônoma, isolada e independente. Ele integra a magistratura. Não existe concurso público para o Ministério Público como ocorre no Brasil. Na Itália concorre-se para a magistratura e ao longo da carreira pode-se atuar como magistrado julgador, o que para nós seria o juiz, e como magistrado do Ministério Público, o que para nós seria o promotor de justiça (no âmbito dos estados) ou o procurador da República (no âmbito da União). Mas o detalhe é que ambos – juiz e promotor – são chamados de "magistrados" na Itália.

"Magistrado" para nós, brasileiros, remete apenas à função do juiz e não de promotor ou procurador da República. Assim, na tradução descontextualizada do italiano *magistrato* para o português "magistrado", bastou trocar o "t" pelo "d" e a imprensa brasileira procurou o juiz do caso. "Tradutor é igual a traidor", já dizia o provérbio italiano!

Na época do maxiprocesso contra a Máfia na Itália, nos anos 1980, a imprensa brasileira costumava referir-se ao "juiz Falcone", não atentando que Giovanni Falcone, coordenador da investigação, atuava como delegado de polícia, depois procurador da República, e não como juiz. Nos anos 1990, a imprensa referia-se aos "juízes da Mãos Limpas", ao "juiz Antonio Di Pietro" mas a tradução adequada seria "procuradores da República da Mãos Limpas". A diferença estrutural entre os dois países e a divergência na tradução das funções fez a imprensa brasileira buscar na figura do juiz Sergio Moro – e aqui é juiz mesmo – a figura-símbolo da Lava Jato, deixando os procuradores da República, delegados e agentes da Polícia Federal em segundo plano.

Não se está diminuindo a importância do juiz ou a importância decisiva das decisões deferindo medidas cautelares proferidas pelo juiz Moro no avanço da Lava Jato. O que se quer destacar é que o juiz, no Brasil e na Itália, não possui postura ativa na investigação. Não é dele a iniciativa de investigar, processar, dizer qual fato será julgado, definir quem será julgado, produzir acordos de colaboração premiada, produzir provas. O juiz é inerte, só age mediante provocação e deve aguardar que alguém solicite. Claro que é o juiz quem decide, e isso é importante, afinal de contas ele detém o poder jurisdicional. Mas o juiz só decide o que o Ministério Público, com o auxílio da Polícia Federal, leva até ele.

Cabe destacar que, no único caso em que o juiz Moro decidiu de ofício (isto é, sem provocação da Polícia ou do Ministério Público) – ao decretar a prisão temporária da esposa do marqueteiro João Santana –, o Superior Tribunal de Justiça anulou a decisão, dizendo justamente que ele não poderia ter decidido sem prévia provocação do Ministério Público.

No caso, o Ministério Público tinha pedido a prisão preventiva e não a prisão temporária – modalidades diversas de prisão cautelar.

Ainda que "alguns magistrados amem os holofotes da popularidade e encontrem satisfação ao próprio narcisismo quando se ocupam de casos destinados a ganhar a atenção da opinião pública", como destaca Renzo Orlandi ao tratar da Mãos Limpas,[131] os heróis da mídia – tanto na Mãos Limpas quanto na Lava Jato – não pediram para ser eleitos. Calhou de atuarem em casos envolvendo importantes personalidades da vida política e econômica dos respectivos países, naturalmente chamando a atenção da mídia. Não escolheram os casos em particular para deles se ocuparem, não sabiam o que viria pela frente quando as investigações tiveram início, não atuaram de forma diferente de como haviam atuado em casos anteriores.

Quanto a Moro, por exemplo, basta acompanhar seu esforço em não conceder entrevistas para perceber que o sucesso não se deu por escolha dele. Isso não significa que não tenha havido exposição excessiva dos atores processuais pela mídia, mas quem imagina que o ego possa estar sempre a serviço do gozo midiático fala mais a partir de si. O jornal *Gazeta do Povo*, em reportagem de Joana Neitsch, apresentou uma análise dos mitos e verdades em torno do juiz Moro, destacando, no ponto que interessa:

> Moro quase não dá entrevistas, mas fala bastante em palestras e participa de grandes eventos, como a premiação da revista *Time* em abril de 2016 e a premiação Brasileiros do Ano da revista *IstoÉ*, quando foi fotografado em um momento mais descontraído com Aécio Neves.
>
> Mas, apesar das aparições glamorosas, os amigos contam que Moro não gosta muito de badalação e que tem negado diversos convites por falta de agenda ou por questões éticas. No período eleitoral, por exemplo, teria evitado participar de eventos em que receberia homenagens de prefeituras ou de entidades que pudessem ser ligadas a alguma vertente política.[132]

Olhando de fora, pode-se dizer que talvez fosse mais adequado ao magistrado manter-se afastado das premiações e de alguns eventos que mesclam personalidades do mundo político. Com isso diminuiria a possibilidade da construção de imagens tortas e narrativas políticas em torno de sua pessoa, de sua função pública e da importância que representa para o caso em julgamento.

Por outro lado, não há como exigir um isolamento com pretensões de neutralidade no campo das palestras e de eventos acadêmicos dos quais sempre participou, pois, além de juiz, Moro é professor de direito processual penal, lecionando na graduação e também em cursos de pós-graduação de instituições de ensino superior (desde 2007, aprovado em concurso público, foi professor da Universidade Federal do Paraná, tendo pedido exoneração em março de 2018, sendo contratado em seguida pelo Unicuritiba – Centro Universitário Curitiba). É próprio da academia, até por exigência de pontuações no sistema CAPES (Coordenação de Aperfeiçoamento de Pessoal de Nível Superior, fundação vinculada ao Ministério da Educação, incumbida de formular políticas e avaliações dos cursos de pós-graduação no Brasil), incentivar a produção científica e a participação dos professores em eventos acadêmicos e outros abertos ao público em geral.

A partir disso, é preciso compreender a diferença entre ser juiz no Brasil e na Europa para analisar a crítica formulada por Geoffrey Robertson, advogado australiano e radicado na Inglaterra, contratado pela defesa do ex-presidente Lula para patrocinar seus interesses na Lava Jato no âmbito das medidas adotadas internacionalmente. Robertson criticou a postura de Moro por sua participação em eventos desta natureza, dizendo que isso jamais se verificaria com um juiz europeu.[133] Acontece que na Europa os juízes não costumam ser professores universitários. Ou melhor: excetuando-se os poucos lugares destinados aos professores universitários na composição de alguns tribunais, são eles que não costumam ser juízes, pois a profissão de professor naquele continente é de dedicação exclusiva, muito mais prestigiada do que na América Latina. Daí porque é natural, aos olhos de quem vivencia o mundo jurídico europeu, não considerar normal a mescla de magistratura com atividade acadêmica.

Vale transcrever aqui um trecho da reportagem do jornal espanhol *El País* a respeito de uma aula de Sergio Moro na Universidade Federal do Paraná, concomitante a um evento realizado para desagravá-lo naquela instituição de ensino. A reportagem do *El País* assistiu a aula clandestinamente, e o texto ilustra bem a posição do magistrado de tentar se manter longe dos holofotes:

> Segunda-feira, dia 4 de abril, 20h50. Centenas de curitibanos se concentram diante da Universidade Federal do Paraná, na praça Santos Andrade, de Curitiba, para acompanhar em dois telões um ato de professores de direito e alunos a favor do juiz Sergio Moro, da Operação Lava Jato, e pelo *impeachment* da presidenta Dilma Rousseff. Trata-se de uma resposta a uma manifestação contrária que se celebrou duas semanas antes, na qual chegaram a chamar Moro de fascista. Enquanto estão ali, mobilizados diante da imensa escadaria que leva ao acesso principal do edifício de arquitetura neoclássica, sustentado por seis colunas circulares gigantes, brancas e impolutas, o próprio Moro entra por um acesso lateral da universidade. Dirige-se a passos lentos, acompanhado por uns quatro seguranças, a um corredor do primeiro andar. Chega em silêncio e, com os olhos fixos no celular, espera junto à porta da sala na qual, às 21h em ponto, iniciará a sua aula de direito processual penal para os alunos do 4º período da graduação de direito – e para *El País*, que entrou de forma anônima. (...) Sua devoção pela sala de aula pode ser tanta que, ao ser nomeado assessor da ministra do STF Rosa Weber em 2012,

ele resolveu brigar na Justiça com a universidade na tentativa de compatibilizar suas tarefas docentes e seu novo posto.

Na sala de aula, ele caminha pelas fileiras de mesas azuis-claras até chegar ao tablado onde está a sua. Senta-se em cima do tampo, com as pernas abertas e as mãos entrelaçadas. Faz-se silêncio. O que se escuta agora é apenas a voz de Moro, com seu forte sotaque do interior do Paraná. Ainda não é o professor quem está falando, mas sim a figura pública. "Agradeço a manifestação, só que não posso participar... Sou juiz e temos uma série de limitações sobre o que podemos falar ou fazer. Então poderia ficar um pouco esquisito. Essa era a razão da minha ausência", justifica. E continua: "Sobre a manifestação que teve há duas semanas... Não sei quem participou ou não participou. Cada um tem suas preferências partidárias, ideológicas", afirma. "Agora, o que a gente tem colocado de maneira muito clara, ao menos a minha opinião é essa, é que uma coisa é uma questão de justiça, de direito, e outra coisa é uma questão de política. (...) Se o que a gente decide, o que a gente faz nos processos, tem consequências políticas, não é por isso que você vai deixar de decidir de maneira correta. A pretensão do juiz é sempre tentar fazer a coisa correta segundo a lei. Se alguns interpretam como sendo uma questão política, paciência... Não é essa a minha perspectiva." Em seguida, Moro destaca que as pessoas têm o direito de reclamar, mas pondera que fica "um pouco chateado quando a coisa se encaminha para a ofensa". Para ele, há uma certa turbulência que vai passar. "No que depender de mim, vocês não vão ouvir um discurso ofensivo... Mas também não vão ouvir um discurso de vítima. Estou fazendo o meu trabalho apenas. Claro que a gente fica chateado com algumas ofensas, mas enfim... Segue-se adiante." (...)

> Aos alunos, Moro continua a discorrer sobre a Mãos Limpas e ali se compreende a sua visão. "Esse negócio de política e justiça, de esquerda e direita, não tem nada a ver com esse assunto. Se você é um juiz e tem uma pessoa que é acusada de um crime, então você vai avaliar as leis e as provas. Não importa se ela é de esquerda, de direita, de centro, baixa, alta, gorda, magra", explica. "Alguma dúvida?" Após mais de meia hora de explicação, já não há mais nenhuma referência sobre a Lava Jato ou a Mãos Limpas. Moro retoma rapidamente a aula anterior sobre presunção de inocência e depois emenda no tema do dia, sobre o direito ao silêncio.[134]

Para complementar, seguem as sensatas observações do também magistrado e professor Alexandre Morais da Rosa, de linha teórica diversa daquela defendida por Sergio Moro, como ele mesmo afirma:

> As tentativas de desacreditar o juiz Sergio Fernando Moro em face de seus vínculos familiares e pretensões ocultas não são republicanas. Algumas matérias beiram o sensacionalismo. Moro passou no concurso público para juiz federal, trilhou sua carreira e conta com inamovibilidade e garantias que todos os magistrados em uma democracia precisam ter. O que podemos discutir são as premissas do seu modo de pensar e também suas decisões. Resvalar para sugestões de bastidores é complicado, até porque existem as exceções de suspeição e impedimento que pode(ria)m ser opostas pelos acusados. Além do que, Moro é professor de processo penal na UFPR, tendo sido juiz convocado no STF. Lamentavelmente, no Brasil, quando a compreensão do magistrado é diversa da nossa, muitas vezes, ao invés de discutirmos o conteúdo, parte-se para as qualidades do personagem. (...) Embora o subscritor pense profundamente diferente em muitos pontos, não pode deixar de reconhecer a sofisticação da abordagem de Moro e também

> sublinhar que os textos e decisões que publicou no decorrer de sua vida, como juiz e professor, mostram sua coerência teórica. (...) A leitura promovida por Moro do sistema processual é possível, embora não compartilhada pelo subscritor em muitos institutos, como deixei assentado no plano das ideias nos artigos anteriores. Todas as suas decisões estão fundamentadas e há tribunais constituídos no país para impugnação. A coerência de seu modo de pensar não é compatível com o que penso de processo penal, e, todavia, a noção de Moro é a majoritária. (...) Podemos concordar ou discordar, mas não podemos resvalar em críticas pessoais. Devemos apostar no direito e nas instituições, as quais devem confirmar ou rever as decisões, sem que a mídia possa tomar o lugar do julgamento conforme o direito. Criticável portanto é o julgamento pela mídia e não o julgamento com a mídia. Direito de informação não transfere o lugar da jurisdição para o *Jornal Nacional.* O que não podemos fazer é tornar os magistrados em mocinhos ou bandidos. A diversidade de opiniões é própria da democracia, e a construção do direito processual penal democrática é tarefa que não termina.[135]

Portanto, que ninguém se iluda em acreditar que as decisões tomadas na Lava Jato ou na Mãos Limpas possam ter sido orientadas exclusivamente por uma visão egocentrada, como já se ouviu por aí. Não se olvida que o inconsciente possa conduzir processos decisórios, mas não é possível reduzir tudo a isso. As análises processuais também são limitadas e pautadas pela técnica e pela lei. É possível identificar violações da lei, é possível delas discordar tecnicamente, mas não é possível reduzir tudo à simplificação de psicanalisar até mesmo o não psicanalisável.

De qualquer sorte, ser a atenção da mídia nacional e internacional em caso de extrema complexidade e responsabilidade profissional e pessoal, ainda que no início possa dar alguma satisfação narcísica, facilmente revela-se um fator de significativo incômodo, pois interfere no cotidiano de forma a causar muito mais desconforto do que um possível prazer egocêntrico.

É possível dizer que, para a investigação em si, pela sua magnitude, o apoio popular é importante quando opera como controle social externo do atuar jurisdicional. Não à toa a Constituição da República brasileira estabelece, em duas ocasiões distintas, a necessidade de se preservar e garantir a publicidade: quando refere que "a lei só poderá restringir a publicidade dos atos processuais quando a defesa da intimidade ou o interesse social o exigirem" (artigo 5º, LX) e quando determina que a "administração pública direta e indireta de qualquer dos poderes da União, dos estados, do Distrito Federal e dos municípios obedecerá aos princípios de legalidade, impessoalidade, moralidade, publicidade e eficiência" (artigo 37). Vale mais uma vez invocar a frase icônica de Louis Brandeis, juiz da Suprema Corte norte-americana na primeira metade do século 20: "A luz do sol é o melhor desinfetante".

Porém, como destacado, "a luz do sol" também cobra um preço invertido na mesma medida, despertando paixões e ódios numa irracionalidade de massa que exige do magistrado, do procurador da República e do delegado de polícia a necessidade de gastarem energia com temas que fogem ao processo. Os rótulos, as ofensas e as representações caminham ao lado dos elogios e dos aplausos. Para aqueles que ganham os holofotes da mídia, o desgaste emocional é muito grande, as atenções constantes de todos e as consequentes comparações mostram-se ambivalentes, ainda mais quando não se escolheu estar naquela posição de excessiva exposição midiática. Neste cenário, infelizmente, é quase inevitável a polarização sectária em torcidas apaixonadas.

Ame ou odeie: Do apoio popular à cegueira da polarização

Na Itália, o apoio popular e a repercussão desfrutados pela Operação Mãos Limpas praticamente constrangeram o Parlamento italiano a revogar a regra que proibia que um senador ou deputado pudesse ser investigado criminalmente sem prévia autorização da casa legislativa correspondente. O apoio se deu desde praticamente os primeiros dias após o que então se chamava de Caso Chiesa vir à tona.

A primeira grande manifestação popular em favor da Mãos Limpas ocorreu em 12 de maio de 1992, pouco mais de dois meses depois de seu início. Cerca de 20 mil pessoas saíram às ruas para apoiar a investigação em frente ao Palácio da Justiça.[136] O procurador da República Antonio Di Pietro era exaltado em bandeiras que estampavam: "Di Pietro, você é melhor que Pelé",[137] o que dá bem o tom da paixão futebolística italiana mesclada ao anseio popular por mudanças na política corrupta.

A coisa ganhou tal proporção que surgiram bens de consumo – um sabão com a marca Mãos Limpas, relógios com o trocadilho de Hora Legal, adesivos e camisetas com dizeres como "Milão ladra, Di Pietro não perdoa", vendidas em festa promovida em homenagem à Operação Mãos Limpas, chamada de "Di Pietro Party".[138] Os gritos de guerra nas manifestações destacavam os principais investigadores do caso, os procuradores da República Antonio Di Pietro e Gherardo Colombo: "Colombo, Di Pietro, não voltem atrás", "Di Pietro, Colombo, vão até o fim".

No Brasil, como já destacado, as atenções voltaram-se para o juiz Sergio Moro. Desde máscaras de carnaval até samba e pagode foram criados para exaltar a Lava Jato. No início o brasileiro se mostrou tão entusiasmado quanto o italiano e praticamente não havia divergências quanto à necessidade das investigações serem conduzidas até fim, alcançando quem tivesse que ser alcançado.

Porém, as coisas misturaram-se ao processo eleitoral de 2014 e à polarização da disputa entre os candidatos à Presidência Dilma Rousseff, do PT, e Aécio Neves, do PSDB. Mesmo após a vitória de Dilma nas urnas, a divisão entre apoiadores da presidente e do Partido dos Trabalhadores e seus adversários (não necessariamente simpáticos a Aécio Neves ou ao PSDB) passou a nortear as discussões em torno da Lava Jato. Como se a investigação espelhasse de alguma forma os anseios dos contrários ao Partido dos Trabalhadores ou representasse uma ameaça orquestrada contra o PT.

As manifestações de rua acabaram juntando o apoio à Lava Jato e a Moro a protestos contra a presidente Dilma e seu partido. Foram várias manifestações de rua nesse sentido, em inúmeras capitais e cidades do interior, sendo a maior delas em 13 de março de 2016, quando mais de um milhão de pessoas se aglomerou ao longo da avenida Paulista em São Paulo. Essas manifestações que também se dirigiam contra a presidente provocaram reações de seus simpatizantes e de integrantes de movimentos populares de apoio ao PT, que passaram a igualmente promover manifestações de rua e a difundir pelas mídias sociais protestos e discursos contra a Lava Jato e a atuação daquele que foi eleito representante de tudo quanto se produziu no caso: o juiz Moro.

A polarização das reações de apoio e repúdio à Lava Jato foi equivocadamente vinculada e reduzida às pessoas contrárias à manutenção do PT no governo e aos apoiadores do partido. O contrários ao PT foram chamados pejorativamente de "coxinhas", em alusão ao salgadinho tradicional da culinária brasileira que costuma ter pouco recheio, numa alusão a quem teria pouca massa encefálica e não conseguiria refletir sobre os complexos problemas sociais. Os apoiadores do PT que passaram a ser contrários à Lava Jato foram tachados de "petralhas", apelido dado a partir da obra *O país dos petralhas*, do jornalista Reinaldo Azevedo, em trocadilho envolvendo os Irmãos Metralha, criminosos das histórias em quadrinhos da Disney.

Na Itália ocorreu fenômeno similar de ruptura social entre simpatizantes e opositores do governo. Como recorda Luigi Ferrajoli, analisando os processos da crise da democracia política italiana, "o primeiro fator de crise é constituído por um processo dúplice", assim sintetizado:

> De um lado, a homologação dos condescendentes, de outro, o aviltamento dos dissidentes; de um lado, a máxima verticalização e concentração dos poderes, de outro, a máxima divisão e desagregação da sociedade; de uma parte, o crescimento do conformismo favorecido pela indiferença política, de outra, a promoção, no meio de uma crise econômica que requer a máxima unidade, de uma pluralidade de fraturas na sociedade e de rupturas da solidariedade social. À homologação organicista e identitária que está na base do populismo e do culto do chefe corresponde, em nível social, a lógica da exclusão sob a bandeira da oposição amigo/inimigo. Quem não se identifica com a vontade popular expressa pelo chefe é um potencial inimigo: um comunista, um pessimista, um anti-italiano, um antidemocrático e antipatriótico, em todo caso privado de legitimação, pois não eleito pela maioria.[139]

A análise de Ferrajoli para a realidade italiana vale também para o que está passando a sociedade brasileira, pois, como complementa o autor: "Em todos os casos, é um inimigo que mente e faz complô. Por isso vêm reexumadas velhas categorias da propaganda fascista: são pessimistas as críticas da imprensa e as polêmicas da oposição; são eversivos os processos e as investigações judiciárias; são traidores os expoentes políticos discordantes mesmo dentro da própria maioria do governo".[140] E, prossegue o autor: "Ao mesmo tempo, qualquer crítica, ataque ou insucesso é fruto de um complô. Em particular, são conspirações tramadas nas sombras – gerenciadas pelos comunistas ou mesmo pelas centrais estrangeiras – os processos penais ou mesmo as revelações escandalosas sobre a vida dissoluta e sobre os abusos de poder do chefe".[141]

O efeito no Brasil é apenas invertido em relação ao "inimigo", em quem se coloca toda a culpa. Trata-se de uma posição alimentada a partir de quem está no poder, por evidente, mas o resultado é praticamente o mesmo, pois, como conclui Ferrajoli: "A Itália, por causa destas campanhas, está se tornando um país envenenado pelo medo, pelo ódio aos diferentes e pelo desprezo aos mais fracos".[142]

A polarização excessiva também é prejudicial à apuração do caso, pois muitos acreditam que os investigadores e o juiz possam de fato agir a partir de paixões ideológicas, o que é um evidente disparate. Muitos críticos esquecem até que o que ocasionou a investigação foram dados concretos de corrupção sistemática e institucionalizada. É preciso então relembrar como os fatos se deram e como se desenvolveram independentemente de qualquer posição político-partidária ou ideológica. Para tanto, interessa partir do princípio, como se diz popularmente, ou seja, compreender que na Mãos Limpas e na Lava Jato tudo começou quase por acaso, quase como se fosse mais um caso lateral, sem importância, de mais um "ladrãozinho" qualquer.

É só mais um ladrãozinho

Em que pese já tivesse havido algumas investigações preliminares de corrupção em setores públicos de Milão, considera-se que a Operação Mãos Limpas teve início às 17 horas de 17 de fevereiro de 1992 com a prisão em flagrante de Mario Chiesa por crime de concussão (extorsão praticada por funcionário público). Chiesa, político vinculado ao PSI (Partido Socialista Italiano), era presidente de um famoso asilo para anciãos chamado Pio Albergo Trivulzio e tinha pretensões de se tornar prefeito de Milão.[143]

Segundo relata José Luiz Del Roio, Mario Chiesa aceitou o cargo contrariado, em obediência à determinação do então primeiro-ministro da Itália, Bettino Craxi, e acatando também o conselho de um amigo que lhe recordara o que costumava dizer outro importante político italiano, Giulio Andreotti, líder da DC (Partido da Democracia Cristã): "Não recuse jamais nenhum cargo, mesmo insignificante; depois se verá o que é possível fazer".[144] No interrogatório, Chiesa esclareceu que o cargo no Trivulzio lhe foi originariamente outorgado em 1986 como uma espécie de recompensa por ter sido preterido a alçar voos políticos mais altos no PSI. Em 1990, ele quis candidatar-se a cargo eletivo, mas foi demovido da ideia por Bettino Craxi, que lhe disse que deveria apoiar o filho de Craxi e para tanto deveria permanecer à frente do Trivulzio, auxiliando a bancar as despesas eleitorais.[145]

Ao ser preso, Mario Chiesa havia cobrado propina de 10% do valor do contrato de renovação de prestação de serviços de uma pequena empresa de limpeza industrial cujo proprietário era Luca Magni.[146] (O valor da propina corresponde a cerca de 3,5 mil euros em moeda de hoje.)[147] O jovem empresário, cansado dos repetidos achaques, procurou o então procurador da República Antonio Di Pietro, que constatou o flagrante e prendeu Chiesa quando este recebia o dinheiro.

Os detalhes da prisão revelaram como a corrupção havia se tornado rotineira no Trivulzio: na ocasião do flagrante, Mario Chiesa pediu para ir ao banheiro antes de ser levado embora. Ele queria se livrar de mais dinheiro que tinha no bolso – a propina cobrada de outro empresário momentos antes. Chiesa rasgou e jogou as notas no vaso sanitário. Mas, como era muito dinheiro, só conseguiu entupir o vaso.[148]

A prática de corrupção por Mario Chiesa, como ele revelou em interrogatório, remontava a 1974: quando estava à frente do Hospital Luigi Sacco, vinculado à Universidade de Milão, ele recebeu propina pela primeira vez – o equivalente a 10% do valor de um contrato, em dinheiro. Desde então, Chiesa recebera propina de pelo menos quatorze empresas em diversas ocasiões. Ele informou ter pago propina a outras nove pessoas e diversos políticos ao longo daqueles anos.[149]

No início a imprensa deu pouco destaque ao que então se chamava Caso Chiesa. Como recorda Paolo Posteraro, a notícia saiu escondida na página 21 do *la Repubblica* e na página 40 do *Corriere della Sera*.[150] Mesmo assim, no dia seguinte à prisão de Chiesa, o PSI apressou-se em divulgar um comunicado externando "absoluto desconhecimento de todos os aspectos em relação às acusações levantadas pelo magistrado contra o engenheiro Chiesa".[151] Duas semanas depois, em 3 de março de 1992, Bettino Craxi concedeu entrevista ao canal televisivo Tg3, classificando Mario Chiesa como um *mariuolo*, ou seja, um "ladrãozinho":

> Preocupo-me em criar as condições para que o país tenha um governo que enfrente os tempos difíceis que teremos pela frente e dou de cara com um ladrãozinho que faz uma sombra sobre toda a imagem de um partido que, em Milão, em cinquenta anos – e não em cinco, mas em cinquenta anos – nunca teve um administrador condenado por crimes graves contra a administração pública.[152]

Craxi mediu bem as palavras ao tentar salvar seu partido dizendo que o PSI "nunca teve um administrador condenado". Na verdade, havia um antecedente bastante rumoroso envolvendo Antonio Natali, considerado mentor político de Craxi e também "inventor do sistema científico da divisão de propinas em Milão".[153] Natali era um dos principais líderes do Partido Socialista Italiano e, como presidente da Metropolitana de Milão, estatal que gerenciava o metrô na cidade, foi preso preventivamente em 22 de março de 1985, acusado de concussão por ter exigido 488 milhões de liras da construtora Icomec durante a ampliação da Linha 1 entre 1976 e 1980.[154]

Com a pronta solidariedade e intervenção política de Craxi, já então primeiro-ministro da Itália, doze dias depois, em 2 de abril de 1985,[155]

Natali obteve prisão domiciliar.[156] Mais alguns dias, em 20 de abril, conseguiu eliminar também essa restrição.[157] Quando a acusação foi formalizada, em 1987, Natali fora eleito senador e conseguiu que o Senado não autorizasse o processo, com "aplausos da direita e da esquerda", como constou dos anais da casa. Natali estava também envolvido no escândalo do Banco Ambrosiano.

O cinismo das afirmações de Craxi somente ganhou concretude com o passar dos dias. É bem provável que essa forma de lidar com o caso, abandonando seu comparsa à própria sorte e tentando desvincular a si e ao PSI de qualquer relação com o episódio, é que tenha levado Mario Chiesa a contar tudo o que sabia do envolvimento de Craxi e outras personalidades do mundo político e empresarial em corrupção.

No Brasil, esquivar-se dos escândalos de terceiros com a desculpa de que não se sabia de nada costuma ser uma estratégia muito empregada no meio político. Serve de exemplo o que sucedeu no início das investigações do famoso caso do Mensalão, no qual deputados federais foram acusados de receber propinas mensais para votar em favor de projetos de lei de interesse do governo Lula.

Em 14 de maio de 2005, foram filmadas cenas numa sala dos Correios do chefe do Departamento de Contratação e Administração de Material, Maurício Marinho, recebendo propina de R$ 3 mil. As imagens foram levadas ao ar no *site* da revista *Veja* e depois ganharam as televisões do país. Maurício Marinho ainda revelava na gravação que havia um esquema de desvio de verbas nos Correios favorecendo políticos do PTB (Partido Trabalhista Brasileiro).

No vídeo, disponível no YouTube, Marinho diz: "Nós somos três aqui, que trabalhamos fechado. Os três são designados pelo PTB, Roberto Jefferson". O então deputado federal Roberto Jefferson, à época presidente do PTB, foi cobrado a respeito, até porque os Correios estavam sob o comando de seu partido, aliado do PT. Em 6 de junho de 2005, Jefferson deu entrevista à *Folha de S.Paulo* explicando como se dava a distribuição dos cargos nas empresas estatais: "O PT tem participação muito maior que a dos outros partidos da base. Tem 20% da base e 80% dos cargos. Mesmo o IRB: o PTB tem a presidência, mas todos os cargos abaixo são do PT. A Eletronorte: o presidente, doutor Roberto Salmeron, é um dos melhores quadros do PTB. Mas, de novo, toda estrutura abaixo é do PT".[158]

Na mesma entrevista, Roberto Jefferson procurou esquivar-se do que havia sido dito por Maurício Marinho, dizendo nada ter a ver com tudo aquilo, mas revelou que o PT pagava propina mensal a parlamentares para votarem a favor de seus projetos. "Um pouco antes de o Martinez [José Carlos Martinez, presidente do PTB morto em outubro daquele ano em acidente aéreo] morrer, ele me procurou e disse: 'Roberto, o Delúbio [Soares, tesoureiro do PT] está fazendo um esquema de mesada, um mensalão, para os parlamentares da base. O PP, o PL, e quer que o PTB também receba. R$30 mil para cada deputado'."

Vieram novas notícias de propina nos Correios, e foi instalada uma CPI no Congresso Nacional. Em 26 de junho de 2005, depondo no Conselho de Ética da Câmara dos Deputados, num rompante de sinceridade Roberto Jefferson resolveu contar que havia recebido uma mala com R$ 4 milhões das mãos do empresário Marcos Valério. Logo depois, em depoimento na CPI dos Correios, revelou que outros deputados haviam feito saques da conta de Marcos Valério numa agência do Banco Rural, no 9º andar do Brasília Shopping, como recorda o jornalista Lúcio Vaz, que testemunhou o depoimento e o relata no livro *Sanguessugas do Brasil*.[159]

A Operação Lava Jato também teve como ponto de partida um caso menor, relacionado ao pagamento de um veículo Land Rover ao diretor da Petrobras Paulo Roberto Costa por intermédio do doleiro Alberto Youssef e à suspeita de lavagem de dinheiro. Interessante abrir um parêntese aqui para anotar que esta não foi a primeira vez que um Land Rover foi dado de presente em atos de corrupção na era petista.

Ainda no primeiro governo do ex-presidente Lula, em 2005, Silvio Pereira, o "Silvinho", então secretário-geral do Partido dos Trabalhadores, foi presenteado com um Land Rover por um diretor da GDK, empresa que depois muito lucrou em contratos com a Petrobras. A GDK, segundo o jornalista Ivo Patarra no livro *Petroladrões*, doara R$ 100 mil para a campanha de Lula à Presidência em 2002; no ano seguinte, faturou R$ 145 milhões em contratos com a Petrobras. Em 2004, a GDK "abocanhou R$ 512 milhões" e em 2005 fechou outros cinco contratos com a Petrobras no valor de R$ 272 milhões.[160]

Depois de fazer acordo de suspensão condicional do processo com o Ministério Público Federal no caso do Mensalão, onde era acusado de formação de quadrilha, Silvio Pereira sumiu da cena política. Reapareceu nos noticiários ao ser preso temporariamente na 28ª fase da operação Lava Jato, em abril de 2016, por suspeita de "ter participado da operação de empréstimo a pedido do Partido dos Trabalhadores para silenciar o empresário Ronan Maria Pinto, que teria informações sobre o assassinato do ex-prefeito de Santo André Celso Daniel".[161] Silvio Pereira, os empresários da GDK, o empreiteiro Leo Pinheiro e o ex-diretor da Petrobras Renato Duque foram denunciados pelo Ministério Público Federal em novembro de 2016 por corrupção passiva e lavagem de dinheiro.[162] O processo está em curso. Fecha-se o parêntese.

De volta ao início da Lava Jato: desde 2009, a Polícia Federal investigava o ex-deputado federal José Janene, do PP (Partido Progressista), por lavagem de dinheiro em Londrina, no Paraná.[163] Em julho de 2013, mediante autorização judicial de Sergio Moro, que à época atuava na 13ª Vara Criminal da Justiça Federal, com competência para julgar crimes financeiros de interesse da União ou transnacionais em todo o Paraná, a Polícia Federal interceptou telefonemas entre os doleiros Carlos Habib Chater e Alberto Youssef.

Nas gravações e num *e-mail* de Youssef para Paulo Roberto Costa, descobriu-se que o doleiro havia "doado" um Range Rover Evoque, no valor de R$ 250 mil, para o diretor de Abastecimento da Petrobras. Passou-se então a investigar também Paulo Roberto Costa sobre o motivo de ter sido agraciado com o veículo pelo já conhecido doleiro. Anos antes, Alberto Youssef havia sido condenado pelo juiz Moro em outro caso de ampla repercussão nacional, envolvendo corrupção e evasão de divisas em 1998 no Banestado (Banco do Estado do Paraná).

Conforme registra o Ministério Público Federal, em 17 de março de 2014 têm início as primeiras diligências ostensivas da Lava Jato propriamente dita, com o cumprimento de 81 mandados de busca e apreensão, 18 mandados de prisão preventiva, 10 mandados de prisão temporária e 19 mandados de condução coercitiva. Em 20 de março de 2014, Paulo Roberto Costa é preso cautelarmente e são feitas buscas e apreensões em sua residência e no escritório de sua empresa Costa Global.

Em abril de 2014, seguindo o modelo de investigação por grupo de procuradores adotado na Itália, é formada a força-tarefa da Lava Jato, integrada por 14 procuradores da República, 10 delegados da Polícia Federal e 57 policiais federais e auditores da Receita Federal. Em 19 de janeiro de 2015 foi criada uma segunda força-tarefa na Procuradoria-geral da República para conduzir as investigações dos políticos com foro privilegiado no Supremo Tribunal Federal.

Cabe aqui um novo parêntese, agora sobre a importância do modelo de força-tarefa na investigação do crime organizado. A explicação é do professor italiano Renzo Orlandi referindo-se à Operação Mãos Limpas, mas se aplica à Lava Jato:

> Evidentes as vantagens do trabalho em grupo: se um dos investigadores, por alguma razão, faltasse (devido a doença, morte ou designação para outra função), a memória da investigação permaneceria nos membros restantes do grupo.

> Além disso, a força-tarefa investigativa – se bem coordenada – é menos exposta a campanhas sensacionalistas ou ataques diretos que réus poderosos são muitas vezes capazes de organizar contra uma única pessoa. Finalmente, o grupo de investigadores dá ao exterior uma imagem de firmeza associada à ideia de um agir desinteressado e distante do protagonismo que normalmente acompanha (e muitas vezes com razão) o juiz solitário na luta contra o crime.[164]

De volta à Lava Jato: em 19 de maio de 2014, Paulo Roberto Costa foi colocado em liberdade por decisão do ministro Teori Zavascki, do STF, que estava tomando pé das investigações, pois o processo fora encaminhado a ele pelo foro privilegiado de alguns nomes nas conversas travadas com Alberto Youssef (André Vargas, do PT, e Luiz Argôlo, do SDD, eram deputados federais). Quando o processo retornou ao primeiro grau, a liberdade de Costa não durou muito. O Ministério Público da Suíça descobriu US$ 23 milhões em contas das empresas *offshore* Aquila Holding Ltd., Elba Services Ltd., Glacier Finance Inc., International Team Enterprises Ltd., Larose Holdings S.A., Omega Partners S.A., Quinus Services S.A., Rock Canyon Invest, Sagar Holding S.A., Santa Clara Private Equity, Santa Teresa Services Ltd. e Sygnus Assets S.A., gerenciadas por Paulo Roberto Costa e seus familiares naquele país.[165] Levando em conta que o dinheiro na Suíça era fruto de corrupção envolvendo contratos da Petrobras e que o ex-diretor não havia revelado ter dupla cidadania (brasileira e portuguesa, com passaporte português em seu poder), em 11 de junho de 2014, Sergio Moro, atendendo pedido do Ministério Público Federal, decretou novamente a prisão preventiva.[166]

Iniciava-se a maior investigação criminal de delitos do colarinho-branco jamais realizada no Brasil. A Operação Lava Jato é comparável em tamanho, complexidade e investigação e reações apenas à Operação Mãos Limpas na Itália.

Do abandono à delação: "Quero esvaziar o saco"

Mario Chiesa, o "ladrãozinho" do asilo para idosos de Milão, não era um nome estranho aos ouvidos atentos do procurador Antonio Di Pietro. Em outubro de 1991, meses antes da prisão em flagrante, o jornalista Nino Leoni escreveu um artigo no jornal *Giorno* denunciando o direcionamento dos funerais do Pio Albergo Trivulzio para uma determinada empresa e afirmando que Chiesa recebia dinheiro para isso. Chiesa processou o jornalista por calúnia, mas o caso chamou a atenção de Di Pietro, pois ele já havia sido informado em *off*, por outro empresário, que a corrupção grassava no setor público de Milão.

Di Pietro resolveu investigar o direcionamento dos funerais no Trivulzio. Pensou: ou se trata de calúnia do jornalista, como alega Mario Chiesa, ou de concussão.[167] Chiesa, portanto, já era investigado quando a nova notícia de concussão culminou na prisão em flagrante em 17 de fevereiro de 1992. Na primeira investigação estava em curso inclusive a obtenção de provas mediante quebra de sigilo bancário.

Não demorou muito para o Ministério Público de Milão chegar às contas bancárias de Chiesa na Suíça. O procurador Di Pietro descobriu duas contas camufladas com os nomes Levissima e Fiuggi – referência a duas famosas marcas italianas de água mineral. Di Pietro provocou Chiesa dizendo que "a água mineral havia acabado".[168] O recado foi entendido. Em 24 de março de 1992, três semanas depois da entrevista de Craxi tachando Chiesa de ladrãozinho, os jornais italianos divulgaram que o advogado de Chiesa, Nerio Diodà, havia entrado em contato com Di Pietro com a proposta de "esvaziar o saco" numa colaboração premiada.[169]

Mario Chiesa começou revelando que desde 1979 o Pio Albergo Trivulzio era utilizado para captar propinas pelo PSI. Depois falou das fraudes na construção da linha de metrô de Milão e do superfaturamento na reforma do Estádio San Siro para a Copa do Mundo de 1990.[170] Com as informações de Chiesa teve início uma investigação que cresceu em progressão geométrica na obtenção de novas e consistentes provas contra outros suspeitos, promovendo o desmonte de um esquema de corrupção envolvendo políticos e empresários jamais visto na Itália. Sobre as contas secretas na Suíça com volume expressivo de dinheiro da corrupção, Chiesa revelou que parte do montante não era dele.

Chiesa passou tanta informação ao procurador Di Pietro que foi chamado pela imprensa de "o Pavarotti dos arrependidos".[171] Seu modo de negociar com os investigadores contaminou os demais envolvidos, que também resolveram colaborar com as investigações, promovendo um efeito dominó no alcance de novos fatos.

Muitos colaboraram porque se sentiram abandonados pelos colegas de partido, como esclareceu Piercamillo Davigo:

> Eles confessavam porque tinham certeza de que o sistema do qual faziam parte havia falido e porque sentiam-se abandonados por seus partidos. Uma vez, um suspeito detido perguntou-me: "O que os jornais disseram sobre minha prisão?". Dei-lhe os jornais que tinha em mãos. Ele leu o artigo sobre si mesmo: tinha sido qualificado por seus líderes como "uma maçã podre isolada". Imediatamente ele me disse: "Ah, é? Agora, doutor, descreverei ao senhor o resto do cesto".[172]

O ex-sindicalista socialista Loris Zaffra, após abrir o jogo com os procuradores de Milão, queixou-se do abandono dos companheiros de partido:

> E, depois de tantos dias preso, percebi que eu estava lutando uma batalha perdida. A reação do sistema era absolutamente hipócrita. O pobre Sergio Moroni tinha razão quando falou, na carta escrita antes do suicídio, sobre a "roda da fortuna": se você foi preso, azar o seu. Havíamos discutido sobre isso com Moroni no verão

> passado. Ele tinha sofrido muito com o cordão sanitário que se formou em torno dele. A Tangentopoli também expôs, além do funcionamento das propinas, a deslealdade das relações políticas. Você foi preso? Azar o seu, entre no cesto das maçãs podres. Os outros, que não dividem os erros e as responsabilidades com você, afastam-se. Inaceitável.[173]

Mario Chiesa, ao saber de sua condenação definitiva por concussão, deu declaração reveladora do quanto se sentiu abandonado por Bettino Craxi, dizendo: "A quem me acusou de ser um 'ladrãozinho' que jogava uma sombra sobre todo um partido, eu poderia rebater que, se eu era isso, então quem o dizia era Ali Babá".[174]

No Brasil também foi por colaborações premiadas que a investigação ganhou corpo. E é possível dizer que em alguns casos ela decorreu de um misto de sentimento de abandono por parte de alguns investigados e busca de uma válvula de escape para a situação enfrentada.

O ex-deputado federal André Vargas, por exemplo, deixou transparecer sua mágoa em depoimento prestado na CPI da Petrobras pelo fato do PT tê-lo abandonado quando sua prisão preventiva foi decretada, dizendo que escreverá um livro sobre o tema. E observou: "Sêneca, pensador italiano, disse que as grandes injustiças se corrigem com tempo, paciência e silêncio".[175]

No caso de Paulo Roberto Costa a ideia de abandono não seria lógica, pois ele não pertencia a nenhum partido político, não obstante tivesse sido apadrinhado pelo Partido Progressista (PP). Levando em conta o início da investigação, é possível imaginar que sua sensação fosse outra, oposta à ideia de que corresse o risco de efetiva condenação. Costa ficou preso por 59 dias e foi solto por decisão do ministro do Supremo Tribunal Federal Teori Zavascki, que liminarmente colocou em xeque a competência do juízo de primeiro grau para o caso. Naquele momento, o ex-diretor da Petrobras deve ter imaginado o que boa parte da população brasileira pensou, isto é, que mais um importante caso envolvendo desvio de verbas públicas em altas esferas do poder estatal seguiria o tradicional modelo de reversão de decisões das instâncias inferiores e de anulações de provas e de processos.

Era isso que se verificava quase que sistematicamente em casos equivalentes, a exemplo da Operação Diamante, de 2003, anulada pelo STJ no HC 88.825; Operação Chacal, de 2004, anulada pelo STF no HC 106.556; Operação Sundown/Banestado, de 2006, anulada pelo STJ no HC 76.686; Operação Boi Barrica/Faktor, de 2006, anulada pelo STJ no HC 191.378; Operação Dilúvio, de 2006, anulada pelo STJ no HC 142.045; Operação Suíça, de 2006, anulada pelo STJ no HC 131.225; Operação Satiagraha, de 2008, anulada pelo STJ no HC 149.250; Operação Castelo de Areia, de 2009, anulada pelo STJ nos HCs 137.349 e 159.159; e Operação Poseidon, de 2012, anulada pela Justiça Federal nos autos nº 2009.34.00009482, como bem recorda Diogo Castor de Mattos em sua dissertação de mestrado.[176]

Nada mais natural do que Paulo Roberto Costa acreditar que o destino de seu processo também seria a nulidade ou a prescrição. Tanto que passou a se manifestar, primeiro em entrevista à *Folha de S.Paulo* e depois em depoimento na CPI da Petrobras, dizendo-se indignado com a acusação que considerava infundada, achando um absurdo tudo aquilo, frisando não compreender como tinham inventado aquela história.

A postura de Costa começou a mudar após o ministro Teori Zavascki decidir pelo desmembramento do processo, remetendo-o ao juiz Moro, que decretou novamente sua prisão preventiva pelo descobrimento de uma conta milionária na Suíça e risco de fuga. A pressão aumentou em 22 de agosto de 2014, quando foram cumpridos 11 mandados de busca e apreensão e um de condução coercitiva na 6ª fase da Operação Lava Jato. Os alvos foram diversas empresas de consultoria e assessoria, dentre elas a Consultoria Pragmática, que teria contratos com a Petrobras – e pertencia à filha de Paulo Roberto Costa, Arianna Azevedo Costa Bachmann; seu genro, Humberto Sampaio de Mesquita; e Marcelo Barboza Daniel.[177]

No mesmo dia, Costa se reuniu com a advogada Beatriz Catta Preta, especialista em acordos de colaboração premiada, e anunciou que resolvera fazer acordo. Com isso, seu então advogado, Nélio Machado, informou ao jornal *O Globo* que deixaria o caso, pois era contra qualquer acordo de colaboração premiada. Na véspera, Machado havia impetrado novo *habeas corpus* no Tribunal Regional Federal da 4ª Região em favor do cliente, acreditando em sua inocência.[178] Costa contratou Catta Preta e seguiu adiante no intento de colaborar.

Cinco dias depois, em 27 de agosto de 2014, foi firmado o primeiro acordo de colaboração premiada da Lava Jato, permitindo ampliar significativamente o quadro de envolvidos.[179] Só nesta colaboração premiada de Paulo Roberto Costa foram elaborados 80 anexos e colhidos os respectivos depoimentos, sendo que cada um deles correspondia a uma notícia de crime diferente.[180] Os delitos relatados envolviam três governadores, dez senadores e quatorze deputados federais.

Paulo Roberto Costa revelou que a Petrobras havia sido loteada em suas principais diretorias pelos três principais partidos no poder: PP, PT e PMDB. Relatou também a existência de um cartel das maiores empreiteiras do país, que sistematicamente fraudavam licitações da Petrobras, fosse mediante ajuste entre elas, fosse mediante pagamento de propina aos diretores da estatal e aos políticos e partidos que apadrinhavam e mantinham estes gestores nos respectivos cargos.

A partir dessas colaborações premiadas a Operação Lava Jato adquiriu novo *status*. A investigação-mãe, para esclarecer a possível lavagem de dinheiro em que um ex-diretor da Petrobras havia ganho um veículo de presente de um conhecido doleiro, começava a gerar sua gigantesca prole.

A cada pena que se puxa, sai uma galinha: O efeito dominó das colaborações premiadas

Com o abandono dos "ladrõezinhos" pelos comparsas e o consequente "esvaziamento dos sacos", em pouco tempo já eram dezenas os investigados pelos procuradores de Milão, depois centenas. Ao longo de três anos, mais de quatro mil personagens da vida pública e privada foram investigados por envolvimento em corrupção, licitações fraudulentas, desvios de verba, financiamentos ilícitos de partidos, fraudes contábeis e lavagem de dinheiro.

Os primeiros políticos presos na Operação Mãos Limpas foram os socialistas Carlo Tognoli, ministro do Turismo e Espetáculo, e Paolo Pillitteri, prefeito de Milão, ambos investigados por receptação. Pillitteri, cunhado do então primeiro-ministro Bettino Craxi, também era suspeito de corrupção.

Tognoli se disse indignado com a prisão, assumindo o papel de injustiçado:

> Uma intimação sugere que Chiesa tenha me dado dinheiro em 1984–85. Especifico que não se trata, como alguns rumores sustentavam, de um pedido de autorização para proceder, mas de uma intimação. Não sei por que e em qual ocasião eu teria recebido o suposto dinheiro, mas quero afirmar, com absoluta certeza, que nunca recebi nada antes ou depois disso. Considero-me totalmente alheio a esses fatos.

É certo que a chamada "intimação" que Carlo Tognoli menciona equivale, guardadas as proporções, a algo como ser indiciado no inquérito policial brasileiro e não representa de fato um atestado de culpa. Mas também é certo que ao final do processo veio a condenação definitiva de Tognoli, sendo provados, portanto, os fatos a ele atribuídos.[181]

Como destacado no início, uma vez preso em flagrante, Mario Chiesa resolveu abrir o jogo e se favorecer da colaboração premiada. Aquilo que parecia um caso isolado de corrupção num abrigo para idosos alastrava-se para diversos outros atores públicos e privados, de maior envergadura, envolvidos em práticas similares.

Em espaço de tempo relativamente curto, a força-tarefa da Mãos Limpas – chamada na Itália de "pool di Mani Pulite" – coordenada pelo procurador-geral Francesco Saverio Borrelli e seu vice, Gerardo D'Ambrosio, e conduzida pelos procuradores da República Antonio di Pietro, Gherardo Colombo e Piercamillo Davigo (depois também por Francesco Greco, Tiziana Parenti e Ilda Boccasini), avançou por diversas frentes, investigando inicialmente "as direções dos partidos socialistas, democrata-cristão, e posteriormente dos sociais democratas, liberais e republicanos", além do "Partido Democrático da Esquerda", bem como "vereadores, secretários municipais e regionais, médios, grandes e enormes empresários privados, dirigentes de empresas municipais e estatais".[182] Como o escândalo da investigação ganhava os jornais e as ruas, vários empresários temerosos de serem os próximos a sofrer mandados de prisão cautelar apresentaram-se espontaneamente aos investigadores para depor e delatar outros casos.

Com os investigados aumentando em progressão geométrica, a cidade de Milão, que nos anos 1980 ficou conhecida pelo *slogan* publicitário da famosa bebida local Amaro Ramazzotti – "Milano da bere" ("Milão para beber", em alusão à sua vida boa, otimista, pulsante e eficiente) –, ganhou do jornalista Piero Colaprico, do *la Repubblica*, o apelido pejorativo de Tangentopoli (Propinolândia). Aqui no Brasil, o procurador-geral da República Rodrigo Janot, por ocasião do julgamento que decidiu pelo recebimento da primeira denúncia criminal no Supremo Tribunal Federal contra o presidente da Câmara dos Deputados, Eduardo Cunha (PMDB), em 2 de março de 2016, usou a mesma expressão para a realidade política brasileira: "Propinolândia".[183] Em 14 de setembro de 2016, no oferecimento da denúncia contra o ex-presidente Lula e outros por lavagem de dinheiro com o apartamento tríplex na praia de Guarujá, o procurador da República Deltan Dallagnol usou uma variação, chamando o sistema criminoso investigado de "Propinocracia".

Assim como a Mãos Limpas, a Lava Jato registrou uma sequência de acordos para abrir o jogo e receber penas menores. Depois que o ex-diretor da Petrobras Paulo Roberto Costa celebrou acordo de colaboração premiada com o Ministério Público Federal, o segundo da fila foi o doleiro Alberto Youssef, apresentando 58 novos fatos que mereceram ser apurados. Foi um verdadeiro efeito dominó: a cada novo acordo, novos envolvidos, novos fatos e novas provas. Seguiram-se as colaborações premiadas de Júlio Camargo e Augusto Ribeiro de Mendonça Neto, ambos do grupo empresarial Toyo Setal, depois a de Pedro Barusco, gerente executivo da Petrobras, e inúmeros políticos, empreiteiros e diretores da Petrobras, totalizando 71 acordos em dezembro de 2016. Somaram-se outros 77 novos acordos de colaboração premiada com os diretores da Odebrecht, homologados em 30 de janeiro de 2017 pela presidente do Supremo, ministra Carmen Lúcia, ainda no recesso forense e em decorrência da morte do ministro Teori Zavascki. Depois vieram outros, com os empresários da JBS, os irmãos Wesley e Joesley Batista. Em agosto de 2018 já haviam sido fechados 175 acordos de colaboração premiada.[184]

Se no início a investigação centrava-se na Petrobras, em pouco tempo as notícias de crimes passaram a envolver outras estatais, a exemplo da Eletrobras, Eletronuclear e Transpetro. Houve casos também nos ministérios do Planejamento e da Saúde.

A proliferação de informações envolvendo outros órgãos e empresas públicas levou à decisão monocrática do ministro Teori Zavascki de separar da investigação original a notícia de crime envolvendo a senadora Gleisi Hoffmann (PT) no âmbito do Ministério do Planejamento (que, com a nova distribuição no STF, ficou sob a relatoria do ministro Dias Toffoli). Em 23 de setembro de 2016, já com Dias Toffoli como relator, a Suprema

Corte confirmou a decisão monocrática de Teori Zavascki, mantendo o desmembramento do caso da senadora Gleisi.

Por 8 votos a 2, o STF decidiu também separar a investigação entre quem tinha foro privilegiado (caso da senadora) e quem não gozava da prerrogativa. Porém, estes últimos não tiveram seu caso remetido ao juízo de primeiro grau de Curitiba, como queriam os investigadores da Lava Jato, mas para São Paulo. Quebrou-se assim a investigação que desde o início estava concentrada em Curitiba. A partir daí se abriram novos flancos em São Paulo, Rio de Janeiro e Distrito Federal. Para tentar manter o ritmo das investigações e a compreensão do todo do caso foram formados grupos de investigadores nestes locais nos moldes da força-tarefa original.

Foi com a colaboração premiada de Sérgio Machado, ex-presidente da Transpetro, firmada em maio de 2016, que a decisão do ministro Teori e do STF foi tomada. Essa colaboração dá uma ideia clara do alcance da Lava Jato e do efeito dominó: as cerca de 400 páginas de depoimento ampliaram as investigações para diversos partidos políticos em diversas esferas de governo. Sérgio Machado relatou o envolvimento de 28 políticos de diversas legendas, entre os quais se destacam o atual presidente da República, Michel Temer, (PMDB); o então presidente do Senado, Renan Calheiros (PMDB); os senadores Romero Jucá (PMDB), Aécio Neves (PSDB), Edison Lobão (PMDB) e Jáder Barbalho (PMDB), os deputados federais Jandira Feghali (PCdoB) e Heráclito Fortes (PSB), o ex-deputado federal Gabriel Chalita (PDT), o ex-ministro do Turismo Henrique Alves (PMDB), o ex-presidente da República José Sarney (PMDB), o ex-deputado federal Cândido Vaccarezza (ex-PT, agora PTdoB), a ex-senadora Ideli Salvatti (PT) e o vice-governador do Rio de Janeiro, Francisco Dornelles (PP). Em sua decisão monocrática, o ministro Teori Zavascki, atendendo pedido do procurador-geral Rodrigo Janot, também autorizou que estes políticos fossem investigados no âmbito do STF.[185]

Assim como na Itália, no Brasil a investigação começou com um caso pequeno e alcançou proporções inicialmente inimagináveis. É como declarou o ministro Teori Zavascki, surpreso com a quantidade de informações e linhas de investigação que surgiam a cada acordo de colaboração premiada que ele homologava no STF: "A cada pena que se puxa, sai uma galinha".

Vítimas de golpes pós-modernos?

As similitudes entre Mãos Limpas e Lava Jato alcançam também as dificuldades, reações e discursos de defesa dos líderes políticos que governavam os dois países: na Itália, os primeiros-ministros Bettino Craxi e Silvio Berlusconi; no Brasil, a então presidente Dilma Rousseff e seu mentor político, o ex-presidente Luiz Inácio Lula da Silva.

Na Itália dos anos 1990, Bettino Craxi acreditava que não seria alcançado pelos investigadores da Mãos Limpas, pois, além de ser primeiro-ministro, sua força política era equivalente à força de um presidente. O mesmo se deu com Silvio Berlusconi a partir da segunda metade da década de 1990.

As narrativas italianas da época e as atuais narrativas brasileiras sobre as ligações e ilações entre a Lava Jato e o *impeachment* de Dilma Rousseff e a investigação envolvendo o ex-presidente Lula igualmente não se distanciam muito. Craxi, depois de surpreendido com a investigação que se voltava contra ele, enveredou na construção da imagem de vítima de um "golpe pós-moderno", como denominou o que aconteceu até sua fuga para a cidade de Hammamet, na Tunísia. Em suas "cartas de Hammamet", o ex-primeiro-ministro escreveu:

> O "golpe pós-moderno" que, aliás, ainda está em curso, não é somente o trabalho da "seita" dos juízes e dos seus apoiadores midiáticos e políticos, internos e internacionais.

> Quando se examina o fenômeno um pouco mais a fundo, existe, em primeiro lugar nos órgãos do Estado, uma hierarquia que deve ser levada em conta. Existiram e existem teóricos, estrategistas, operadores e seus auxiliares, os técnicos e até mesmo os operários. (...) Quais foram os *trailers* de um filme do aparelho do Estado que participaram, sabendo muito bem o que estavam fazendo, e, assim, com ânimo "golpista", em operações de gênero "golpista"? (...) O "golpe pós-moderno" trilhou o seu caminho. Valores democráticos, direitos dos cidadãos, princípios constitucionais foram ao fundo do poço. (...) O "golpe" pressupõe a existência dos golpistas, que são e foram de vários tipos, categoria e natureza. "Golpistas" também foram oficiais e agentes dos *carabinieri*, da polícia, da Receita Federal? Ou mercenários profissionais? Quem são eles? É claro que começaram a aparecer os primeiros nomes. Alguns com mais frequência, outros menos.[186]

Craxi insistiu na tese do "golpe pós-moderno" em outro texto:

> Continuo a pensar e esperar que, uma vez caído o muro da intangibilidade, da exaltação acrítica e da auréola de santidade e infalibilidade de tantos falsos mitos, deverá, antes ou depois, tomar corpo o esclarecimento de outros fatos, para além daqueles que citei, de outras circunstâncias, dc outras relaçoes da mesma natureza e do mesmo porte ou de porte ainda muito mais grave, de modo a se poder escrever por inteiro o capítulo das discriminações, das proteções ilegais, das violações de lei que ficaram impunes.
>
> Ao mesmo tempo, não poderão deixar de atrair os lineamentos de um desenho ainda mais geral, de uma estratégia política definida com todas as características próprias daquilo que foi definido como um "golpe pós-moderno".[187]

O curioso é que, enquanto Craxi denunciava o "golpe pós-moderno" contra o Partido Socialista Italiano (PSI), um importante integrante de seu partido opositor, Massimo D'Alema, depois também investigado pela Mãos Limpas e também primeiro-ministro da Itália, sustentava a ideia de "golpe" contra o Partido Comunista Italiano (PCI), mais adiante transformado em Partido Democrático da Esquerda (PDS).[188] A tese foi vendida de forma tão insistente pelos investigados, mesmo que de lados políticos opostos, que alguns autores italianos ainda hoje argumentam que a Mãos Limpas teria sido um "golpe de Estado judiciário".[189]

Com a saída de cena de Craxi, assumiu o poder Silvio Berlusconi. E também ele se utilizou da tese de ser vítima de um "golpe judiciário" quando os processos começaram a chegar ao fim. Em 2003, quando saiu a sentença condenatória de seu ex-ministro da Defesa Cesare Previti, Berlusconi publicou carta dizendo-se uma nova vítima de golpe, assim como Bettino Craxi havia sido:

> Dez anos mais tarde tentam novamente. A sentença de Previti, ainda *sub judice*, por não aguardar a decisão do Supremo Tribunal sobre a recusa do colégio julgador, caiu exatamente no décimo aniversário do dia mais negro da democracia italiana. O seu objetivo não é fazer justiça, como demonstra todo o curso do julgamento e a violência com que foi construído o pelourinho para um deputado do partido Força Itália, mas aquela de golpear as forças que obtiveram o mandato de governar e renovar a Itália, segundo os princípios da democracia liberal corroídos naqueles anos de partidarismo que fizeram tantos danos ao nosso país. O nosso dever é, portanto, de reagir, e de reagir a tempo. (...) Em uma democracia liberal os magistrados politizados não podem escolher, com uma lógica golpista, o governo que preferem. Este direito pertence aos eleitores. E os eleitos devem ser capazes, de acordo com a lição constitucionalista de 1948, de discernir entre

> inquéritos válidos, relativos a um deputado ou um senador como qualquer outro cidadão, e aqueles que são fruto de prevenção, de parcialidade ideológico-política e de suspeitas de espírito persecutório. Este é o nosso caso, e, se o caso é este, soam hipócritas os apelos para abaixar o tom. Devemos elevar o tom da nossa democracia, bloqueando a nova ordem alargada do justicialismo e impedir que seja consumado, pela terceira vez, um furto de soberania. Restaurar imediatamente as imunidades violadas, lutando pela liberdade e pela decência.[190]

É impressionante como falar em golpe passa a ser uma válvula de escape para tentar apagar os desvios de comportamento e ressignificar a fórceps algo muito próximo da bandalheira institucionalizada no trato corrupto da coisa pública. Qualquer semelhança com discursos correntes em terras tupiniquins pode ser mera coincidência, até porque a narrativa do golpe envolvendo o *impeachment* da ex-presidente Dilma Rousseff nem sempre esteve diretamente relacionada à Lava Jato. Mas não passa despercebido que os discursos na Itália e no Brasil mais uma vez se aproximam na reação da classe política envolvida em evidentes atos ilícitos.

É importante analisar o que sucedeu com Bettino Craxi na Itália da Mãos Limpas para ver se é possível identificar algum fundo de sinceridade em sua indignação. No curso das investigações, Craxi foi traído primeiro politicamente por um de seus amigos mais próximos, Claudio Martelli, então ministro da Justiça e um dos poucos a entrar na casa do primeiro-ministro e ter a liberdade para abrir a geladeira, como relataram Anna Craxi, esposa de Bettino, e seu amigo Silvano Larini.[191] Em 12 de setembro de 1992, Martelli recomendou publicamente que Craxi abandonasse o poder, fosse para casa e deixasse o lugar de primeiro-ministro para ele.

O cenário estava tão desfavorável para Craxi que até seu filho, Vittorio Michele Bobo Craxi, em declaração em 10 de setembro de 1992, procurou se desvincular da imagem negativa do pai, dizendo publicamente:

"Não renego tudo que meu pai fez, mas nunca me considerei craxiano. Ninguém é indispensável".

Depois foi a vez de Salvatore Ligresti abrir o jogo contra o amigo Bettino. Ligresti, além de maior empreiteiro e empreendedor imobiliário da Itália, proprietário à época de praticamente 70% das áreas edificáveis de Milão, também era sócio da Pirelli, da Ferruzzi, da Olivetti e de inúmeras outras empresas e bancos. O empresário foi preso em 16 de julho de 1992 e permaneceu 126 dias na cadeia. Depois de negado um recurso contra sua prisão preventiva na Corte de Apelação, fechou acordo de colaboração premiada e foi colocado em prisão domiciliar em 25 de novembro de 1992.[192] No acordo de colaboração, Ligresti afirmou que desde 1987 seu grupo econômico mantinha relações de interesse mútuo com o PSI de Bettino Craxi, tendo repassado algo equivalente a US$ 500 mil em dinheiro.[193]

Para complicar a situação, outro amigo, Silvano Larini, pessoa de família rica, mas que por amizade auxiliou Craxi no recolhimento das propinas e que havia fugido da Mãos Limpas para o exterior, não aguentou a pressão da condição de foragido e se entregou ao procurador Antonio Di Pietro na fronteira da Itália com a França em 17 de fevereiro de 1993. Larini contou que carregava malas cheias de dinheiro e entregava a Bettino Craxi em mãos. Revelou também a conta conjunta que Claudio Martelli e Craxi possuíam na Suíça, contendo US$ 7 milhões.[194] Era a mesma conta que Gherardo Colombo havia identificado na investigação da loja maçônica P2 nos anos 1980, mas cujos titulares não conseguira descobrir devido ao deslocamento de competência de Milão para Roma.[195]

A primeira *informazione di garanzia*, documento da legislação italiana que significa que alguém está sendo formalmente investigado, apresentando os fatos sob investigação e abrindo possibilidade ao suspeito de acompanhar as investigações com um advogado de defesa, foi entregue a Bettino Craxi em 15 de dezembro de 1992. O documento continha 40 imputações iniciais: 17 por corrupção; 3 por receptação; 20 por financiamento ilícito de partidos. Craxi era apontado como destinatário final de propinas confessadas pelos empreiteiros e políticos até então ouvidos.[196]

Craxi deixara o cargo de primeiro-ministro em fevereiro de 1993 e respondia a processo interno na Câmara dos Deputados que discutia se autorizaria ou não seu processo criminal pelo Ministério Público de Milão. Seu último discurso na tentativa de evitar a autorização foi em 29 de abril de 1993. Craxi acusou todos os partidos de se beneficiarem do financiamento ilícito e lançou um desafio aos presentes:

> Os partidos, em particular aqueles que contam com aparatos grandes, médios ou pequenos, jornais, atividades de propaganda, promocionais e associativas, e com estes muitas e várias estruturas políticas e operativas, recorreram e recorrem ao uso de recursos adicionais de forma irregular ou ilegal. Se grande parte desta matéria deve ser considerada matéria puramente criminal, então grande parte do sistema seria um sistema criminal.
>
> Não creio que exista alguém nesta sala, responsável político de importantes organizações, que possa se levantar e pronunciar um juramento em sentido contrário ao quanto afirmo: cedo ou tarde os fatos se encarregariam de declará-lo mentiroso.[197]

Ninguém no Parlamento italiano ousou contradizer a provocação de Craxi. A carapuça, ao que parece, serviu. No mesmo discurso, Craxi acusou os procuradores da Mãos Limpas de "promover um processo de criminalização dos partidos e da classe política". O tom do discurso foi assimilado pela maioria de seus pares, pois a Câmara dos Deputados negou autorização a quatro dos seis pedidos até então formulados pelo Ministério Público para investigá-lo por corrupção, receptação e financiamento ilícito de partidos. Os comparsas de Craxi celebraram a decisão do Parlamento. Entre eles Silvio Berlusconi, que fez uma visita ao amigo levando-lhe uma garrafa de champanhe para brindar e à saída declarou aos jornalistas: "Estou contente por essa votação da Câmara porque sempre fui amigo e admirador de Craxi".[198]

No entanto, no dia seguinte ao famoso discurso no Parlamento, em 30 de abril de 1993, Craxi passou por uma célebre humilhação pública quando deixava o Hotel Raphael, sua residência em Roma. Do lado de fora, uma multidão o recepcionou aos gritos de "ladrão" e lançou uma chuva de moedas em sua direção. A cena foi filmada por emissoras de televisão e está disponível no YouTube. A multidão enaltecia o procurador Di Pietro e cantava em coro uma paródia da música "Guantanamera", com a letra adaptada para: "Quer também estas? Bettino, quer também estas?", abanando notas de dinheiro no ar.[199]

Foi o início do que Bettino Craxi teria que enfrentar junto ao público e aos procuradores da Mãos Limpas. Aquelas foram as primeiras seis de outras vinte *informazioni di garanzie* que seriam entregues a Craxi nos próximos meses. Em 4 de agosto de 1993, a Câmara dos Deputados autorizou quatro investigações contra Craxi. A última se deu em 16 de outubro de 1993, quase concomitantemente com a mudança da Constituição italiana, que a partir de 29 de outubro de 1993 não mais exigiria prévia autorização do Parlamento para proceder contra deputados e senadores.

Em 16 de janeiro de 1994, o presidente da República, Oscar Luigi Scalfaro, anunciou a decisão de dissolver o Parlamento e convocar novas eleições. Craxi perdia ali toda a imunidade parlamentar. As investigações poderiam avançar livres de empecilhos, e ele poderia inclusive ser preso preventivamente.[200]

Aqui cabe um parêntese. Quem assumiu o poder como primeiro-ministro da Itália em seguida foi o empresário Silvio Berlusconi, recém-ingressado na vida política. A situação vivida pela Itália a partir disso lembra a famosa frase do personagem Tancredi no romance *Il Gattopardo*, de Giuseppe Tomasi di Lampedusa: "Se quisermos que tudo fique como está, é preciso que tudo mude".[201]

Para Craxi tudo mudou mesmo. A traição dos amigos, a ingratidão do filho que havia ingressado na política se valendo do sobrenome famoso, a formalização de diversas investigações criminais, a perda de imunidade parlamentar, a cobrança e humilhação públicas seguramente pesaram muito para Craxi tomar a decisão de abandonar a tudo e a todos. Sob o risco de prisão preventiva ou mesmo de condenação definitiva à prisão, em 5 de maio de 1994 Bettino Craxi fugiu para o exterior, exilando-se em Hammamet, na Tunísia.

Foragido, Craxi teve mandados de prisão cautelar expedidos e respondeu a diversos processos criminais à revelia. Morreu impune, de infarto, em 19 de janeiro de 2000.[202]

Por ocasião de sua morte já haviam sido proferidas duas condenações definitivas, somando pena de 10 anos por corrupção e financiamento ilícito (5 anos e 6 meses pelas propinas do caso ENI–SAI, em 12 de novembro de 1996; e 4 anos e 6 meses pela corrupção no caso do metrô de Milão, em 20 de abril de 1999). Nos demais processos, o ex-primeiro-ministro já havia sido condenado, com confirmação junto ao Tribunal de Apelação, a 3 anos por financiamento ilícito de partidos mediante propinas para facilitar o repasse de ações da *joint-venture* público-privada Enimont (fusão de uma parte da estatal de petróleo ENI e da Montedison, controlada pelo Grupo Ferruzzi), em 1º de outubro de 1999; a outros 5 anos e 5 meses por corrupção no caso ENEL, em 22 de janeiro de 1999; e a mais 5 anos e 9 meses pela falência fraudulenta do Banco Ambrosiano (esta anulada pela Corte de Cassação em 15 de junho de 1999). Tinha ainda outra sentença de primeiro grau a uma pena de 4 anos, proferida em 13 de julho de 1998, prescrita em 26 de outubro de 1999, por ocasião do julgamento da apelação, relacionada ao caso All Iberian.[203] Craxi foi absolvido em dois casos: Intermetro e o metrô de Lima, no Peru.

Pelo cenário acima, é impossível aceitar a tese de "golpe pós-moderno" de Craxi.

No Brasil, o discurso segue o mesmo enredo de que a Lava Jato estaria a serviço de um "golpe pós-moderno". Dado o que a Lava Jato já revelou, insistir na tese de golpe por meio da investigação parece sem sentido, pois equivaleria a aceitar a existência de um conluio de diversos integrantes da Polícia Federal, Receita Federal, Tribunal de Contas da União, Ministério Público Federal e do Poder Judiciário como um todo (do primeiro grau, passando pelo TRF 4, STJ e Suprema Corte), somados ao conjunto majoritário dos parlamentares. É de se imaginar onde e quando teriam se reunido todos estes agentes públicos para tramar o golpe. Quanto ao envolvimento do ex-presidente Lula, seus processos são mais bem detalhados no apêndice desta edição.

A lavanderia preferida

Lavar dinheiro significa dar uma aparência de origem lícita a bens, direitos ou valores provenientes de atividade criminosa, dissimulando ou ocultando sua origem. A expressão "lavagem de dinheiro" surgiu no auge da Lei Seca, nos anos 1920, em Chicago, Estados Unidos, quando a Máfia norte-americana usou a contabilidade de uma rede de lavanderia de roupas para dar aparência de legitimidade ao dinheiro do comércio clandestino de bebidas alcoólicas. A expressão se consolidou inclusive no âmbito jurídico, pois também remete à ideia de dinheiro "sujo" parecer "limpo".

Mesmo sendo uma prática já identificada desde, pelo menos, a primeira metade do século passado, sempre foi considerada uma conduta não punível na maioria dos países, algo como mero gozo do produto do crime. Na Itália a conduta passou a ser prevista como crime em 1978, quando foi acrescido um novo artigo no Código Penal italiano, o 648–bis, enquanto no Brasil somente vinte anos depois, em 1998.

Na primeira versão da legislação italiana, a lavagem de dinheiro era apenas decorrente de roubo qualificado, sequestro ou extorsão mediante sequestro praticado por terceira pessoa. Em 1990, acrescentaram tráfico de drogas como crime capaz de gerar riqueza a ser lavada. E em 9 de agosto de 1993 foi tipificada a lavagem de dinheiro proveniente de quaisquer outros delitos. A desvinculação de um rol de crimes antecedentes facilitou a utilização desta figura penal para novas condutas de lavagem de dinheiro provenientes de corrupção ou desvio de verbas públicas, identificadas na Mãos Limpas a partir da data de modificação da lei.

Antonio Di Pietro considera que este alargamento do tipo penal de lavagem se deu quase sem querer pelo Parlamento italiano, mais para atender tratados internacionais de prevenção e repressão ao tráfico de drogas e de armas e atividades correlatas do que pensando na lavagem em crimes do colarinho-branco.[204] Mesmo assim, a lei deu um impulso para permitir o alcance penal das condutas identificadas na Mãos Limpas, ampliando o uso de cartas rogatórias para buscar provas em contas-correntes de envolvidos não só em corrupção, mas também daqueles que praticavam apenas a lavagem do dinheiro, como doleiros e banqueiros.[205]

Na Itália, somente em 2014 a chamada "autolavagem" passou a ser crime. Neste caso, o autor do delito antecedente (por exemplo, corrupção ou peculato) é o mesmo a praticar a lavagem, ocultando ou dissimulando a origem do dinheiro por ele obtido criminosamente.

Existem inúmeras maneiras de promover lavagem de dinheiro, e qualquer empresa pode se prestar a tanto. Basta injetar dinheiro na conta bancária e justificar contabilmente um acréscimo de negócios que nunca ocorreu.

No entanto, os políticos parecem preferir algo com aspecto mais seguro, como a utilização do sistema bancário global. Para tanto, na Mãos Limpas e na Lava Jato os envolvidos nos desvios de verba pública e corrupção se valeram sistematicamente da abertura de contas-correntes em nome de empresas *offshore* em bancos estrangeiros, notadamente na Suíça.

Convém notar que *offshores* nada mais são do que empresas abertas em países diferentes do domicílio do titular. A princípio não há nada de ilegal em abrir uma *offshore*. O problema é quando a empresa é de fachada, servindo exclusivamente para lavar dinheiro. Este costuma ser o padrão tanto na Mãos Limpas quanto na Lava Jato.

A preferência pela Suíça talvez se explique por uma espécie de tradição ainda romântica da classe política e sobre o que os bancos suíços já representaram. Desde a Revolução Francesa, notadamente ao longo do século 19, a Suíça cultiva a fama de país que preza pelo sigilo bancário. Essa imagem foi reforçada pela lei federal nº 8, de 1934,[206] que regulamentou a operação dos bancos do país, inclusive autorizando contas secretas, isto é, nas quais o titular não é identificado, sendo referido apenas com um número. Essa medida serviu para proteger depósitos de judeus alemães pouco antes de eclodir a Segunda Guerra Mundial.[207] A fama foi ampliada também pelo fato de a Suíça ter ficado neutra ao longo das duas grandes guerras mundiais que abalaram a Europa na primeira metade do século 20. Com isso o olhar de doleiros, empresários e políticos voltou-se para os bancos suíços, amplamente utilizados na lavagem de dinheiro desviado tanto na Itália quanto no Brasil.[208]

Mas o modelo de sigilo bancário suíço vem mudando nos últimos tempos, principalmente depois da criação do Fórum Global para a Transparência e Troca de Informações Tributárias em 2009, pela Organização para a Cooperação e Desenvolvimento Econômico (OCDE), do qual Suíça, Itália e Brasil fazem parte.[209] A mudança de postura dos bancos suíços também tornou-se realidade mediante pressão dos Estados Unidos, que no mesmo ano encontraram contas de oito mil contribuintes norte-americanos na Suíça não declaradas ao fisco.[210]

Aliás, a cooperação do Ministério Público suíço com as autoridades brasileiras na Lava Jato bem demonstra um certo empenho em mudar a imagem de paraíso fiscal. Segundo o Ministério Público suíço, até o início de 2015 foram identificadas 300 contas bancárias, em 30 diferentes bancos do país, relacionadas à Lava Jato.[211]

Na Itália e no Brasil a preocupação dos envolvidos nos delitos era criar condições para usar o dinheiro de licitações fraudulentas, desvios de verba, corrupção e concussão sem chamar a atenção, aparentando legitimidade. Na Mãos Limpas, foi no curso da investigação envolvendo a petrolífera estatal ENI que veio à tona o nome de Pierfrancesco Pacini Battaglia. Até então um inexpressivo banqueiro da cidade de Pisa, Battaglia operava em Genebra, na Suíça, com um banco denominado Karfinco, por onde passou boa parte do dinheiro desviado da ENI.

Guardadas as proporções, Pacini Battaglia atuava de modo equivalente ao doleiro Alberto Youssef da Lava Jato. Segundo Paolo Ciaccia, administrador da Saipem, empresa do grupo ENI, Pacini Battaglia era uma "espécie de fiador do sistema dos partidos" e se encarregava de lavar o dinheiro no exterior. Ciaccia relatou ao Ministério Público italiano que foi Battaglia que o cooptou para o esquema de corrupção e desvio de verbas públicas:

> Quando Pacini Battaglia me disse: "Você não pode ficar fora do sistema. Você vem comigo até Genebra, e eu abro pra você uma conta na qual creditarei a sua cota de propina", compreendi, então, que deveria me tornar uma pessoa chantageável porque o sistema tinha necessidade de pessoas chantageáveis, pois elas assim constituíam a máxima garantia para a sobrevivência do próprio sistema.[212]

Com esse grau de influência e importância nos negócios espúrios da política italiana, Pacini Battaglia foi definido como aquele que estava "um degrau abaixo de Deus". A Suíça era um caminho quase obrigatório para os negócios ilícitos italianos, desde aqueles em favor de Bettino Craxi até as propinas a magistrados de Roma nos anos 1990.[213]

Pierfrancesco Pacini Battaglia foi condenado definitivamente a 6 anos de reclusão em 2005.[214] Descontou um pouco da pena em razão da prisão domiciliar e depois foi beneficiado pelo indulto.

Eis que, em 3 de abril de 2016, vêm a público os resultados da maior investigação jornalística de que se tem notícia na história, denominada "The Panama Papers". A investigação foi coordenada pelo Consórcio Internacional de Jornalistas Investigativos, fundado em 1997, e foi fruto da cooperação de 190 jornalistas de 65 países.[215] Nela foi revelado que milhares de empresas *offshore* de fachada, de propriedade atribuída a laranjas, mas gerenciadas de fato por inúmeras personalidades do universo empresarial e político mundo afora, vinham sendo criadas e utilizadas desde 1977 no Panamá.

Com os Panama Papers foi possível compreender melhor a mecânica da lavagem de dinheiro em todo o globo via *offshores* de fachada. Segundo o que se apurou, grandes bancos em paraísos fiscais como Suíça, Luxemburgo, Principado de Mônaco, Ilhas Jersey, dentre outros, solicitavam ao escritório de advocacia Mossack Fonseca, com sede no Panamá, a abertura de *offshores* para seus clientes. Segundo o Consórcio Internacional de Jornalistas Investigativos que elaborou e divulgou os Panama Papers, "mais de 500 bancos, suas subsidiárias e ramificações registraram algo como 15.600 empresas de fachada (*shell companies*) com o escritório Mossack Fonseca".[216] Destas,107 novas *offshores* foram criadas para atender a 57 investigados na Lava Jato.[217]

Com os desdobramentos da Lava Jato e com as colaborações premiadas dos doleiros Claudio Barbosa e Vinicius Claret, presos no Uruguai, teve início, em maio de 2018, a operação Câmbio, desligo, responsável por identificar uma rede internacional de doleiros operando em paralelo ao sistema bancário oficial. O que se divulgou das investigações é que esses doleiros operavam com mais de três mil empresas *offshores* em 52 países e desde 2011 movimentaram cerca de US$ 1,6 bilhão.

Na Itália, a lavagem de dinheiro via empresas com sede no Panamá e contas na Suíça também foi uma realidade nos anos 1990.[218] A Operação Mãos Limpas expediu a primeira carta rogatória (documento enviado de um país para outro pedindo informações ou providências probatórias em investigação criminal) à Suíça em 15 de maio de 1992. Visava obter informações a respeito de possíveis contas bancárias de 24 políticos e empresários.[219] Houve aí uma espécie de encontro dos dois grandes responsáveis pelas maiores investigações criminais já realizadas na Itália. Na época, o responsável na Itália por receber, analisar e reenviar as cartas rogatórias à Suíça, atuando no Ministério da Justiça como diretor-geral das Questões Penais, era ninguém menos do que Giovanni Falcone, que, ao longo dos anos 1980, conduzira, ao lado do colega Paolo Borsellino, o maxiprocesso contra a Máfia em Palermo. Falcone seria morto em atentado mafioso oito dias depois, em 23 de maio de 1992, e Borsellino morreria dois meses depois em novo atentado da Máfia.

Voltando à Lava Jato, além do que os Panama Papers revelaram, as investigações brasileiras também descobriram vários depósitos na Suíça de ex-diretores da Petrobras, doleiros, políticos e empreiteiros. Sem nenhuma surpresa, em sua grande maioria os depósitos utilizavam empresas *offshore* em nome de laranjas e procurações outorgadas aos reais beneficiários.

O ex-diretor de Abastecimento da Petrobras Paulo Roberto Costa revelou no acordo de colaboração premiada ter recebido US$ 23 milhões em propina da Odebrecht, depositados em contas na Suíça. Segundo o Ministério Público Federal, a Odebrecht também usava contas na Suíça para pagar propina a outros ex-diretores da Petrobras: Renato Duque, Pedro Barusco, Jorge Zelada e Nestor Cerveró.[220]

O caso de Pedro Barusco ilustra o que ainda pode vir a ser identificado, pois ele sequer era um diretor dos mais importantes na hierarquia da Petrobras. Ocupava um cargo que se pode considerar de terceiro escalão para baixo na estatal, vinculado à Diretoria de Serviços, e revelou que tinha em depósitos na Suíça o absurdo valor de R$ 100 milhões. Depois se anunciou que eram R$ 182 milhões que estavam sendo repatriados. E, segundo detalhou o procurador Deltan Dallagnol na ocasião, ainda faltavam outros R$ 118 milhões das diversas contas que Barusco mantinha na Suíça.[221] Ou seja: em valores totais, os depósitos representavam o triplo do inicialmente calculado.

Se o sujeito que ocupa um cargo intermediário tem R$ 300 milhões em propina no exterior, é fácil compreender por que a Petrobras praticamente quebrou nos últimos anos. Em 21 de maio de 2008, a empresa valia R$ 510 bilhões no mercado. Passados apenas seis anos, no momento em que se iniciava a Lava Jato, em 17 de março de 2014, o valor de mercado da Petrobras havia caído para R$ 160 bilhões, uma redução de 68%, conforme Vladimir Netto.[222] Só com a compra desastrosa da Refinaria de Pasadena, o Tribunal de Contas da União estima prejuízo de US$ 792 milhões.[223] Por maior que seja uma empresa, não há como suportar uma gestão temerária, com diretores corruptos colocados em posições estratégicas mediante apadrinhamento político igualmente corrompido e inúmeras licitações fraudulentas orquestradas por empreiteiros que corromperam a todos.

Na lavanderia Suíça, constatou-se que os doleiros Alberto Youssef e Fernando Antonio Falcão Soares, o "Fernando Baiano", tinham contas lá, valendo-se também de empresas *offshore*, a exemplo da Hayley de Fernando Baiano e da Devonshire de Youssef. O empreiteiro Júlio Gerin de Almeida Camargo, da Toyo Setal, confirmou em acordo de colaboração premiada que possuía contas no Uruguai e na Suíça (as contas Valeia e Pelego) das *offshores* Piemont Investment Ltd., Blackburn Venture, Persempre, Volare, Vigela Associated S/A e Piemont Old, por onde movimentou cerca de US$ 74 milhões, repassando verbas para contas de Renato Duque e Nestor Cerveró na Suíça e também para a conta da *offshore* Hayley, de Fernando

Baiano.[224] Cabe ressaltar que Renato Duque não aparecia como titular de conta-corrente na Suíça, mas pela colaboração premiada foi possível identificar que a *offshore* Drenos, com conta naquele país, era controlada por ele.

Outro caso de repercussão foi o de Eduardo Cunha (PMDB), ex-presidente da Câmara dos Deputados. Segundo constou da decisão de recebimento da denúncia oferecida contra ele no Supremo Tribunal Federal, em voto do ministro Teori Zavascki proferido em 22 de junho de 2016, há provas da materialidade do delito, consistentes em "documentos e extratos bancários (fls. 3–59 – apenso 8) que indicam pagamentos realizados no exterior pela Petrobras à Lusitania Petroleum e para a *offshore* denominada Acona International Investments, que tinha como beneficiário João Augusto Rezende Henriques e, por fim, outra transferência desta (*offshore* Acona International Investments) para conta do *trust* Orion SP, que tinha como beneficiário Eduardo Consentino da Cunha, ora denunciado".[225]

O detalhe relevante é que praticamente não há como descobrir essa forma sofisticada de lavagem de dinheiro sem que alguém de dentro do esquema abra o jogo. Daí a importância do regramento que permite promover acordos de delação/colaboração premiada nesse nicho de crime organizado.

Enfim, passados mais de vinte anos da Mãos Limpas, a Suíça segue protagonista na lavagem de dinheiro global na Lava Jato.

PARTE 3

REAÇÕES

Do que se sabe até agora da Operação Lava Jato e do que se descobriu na Operação Mãos Limpas, há uma pequena divergência nos esquemas de desvio de verba e pagamento de propina aos políticos e seus partidos.

Na Itália ficou claro que o dinheiro desviado (de 3% a 4 % nas construções e 13,5% nos trabalhos na planta) costumava ser direcionado para uma espécie de caixa único de todos os partidos, de direita e de esquerda. Segundo constou de sentença condenatória dos processos da Mãos Limpas, o dinheiro do caixa único era dividido entre os partidos na seguinte proporção: 37,5% para o PSI (Partido Socialista Italiano), 18,75% para o PCI–PDS (Partido Comunista Italiano, Partido Democrático da Esquerda) ou às vezes para a DC (Democracia Cristã), 17% para o PSDI (Partido Socialista Democrático Italiano) e 8% para o PRI (Partido Republicano Italiano).[226] Para o público os partidos apresentavam-se como rivais; nos bastidores, eram sócios no desvio de verbas do Estado.

As explicações dos partidos envolvidos no esquema de propina, além de não os isentar de culpa em absoluto, foi desmascarada involuntariamente por eles mesmos. Como recordam Barbacetto, Gomez e Travaglio, a Democracia Cristã disse que o dinheiro era para "financiar a democracia", ao passo que o Partido Socialista Italiano disse que era para combater "o avanço dos comunistas". Além do cruzamento anular os álibis opostos, também se viu que "às vezes era o democrata-cristão ou o socialista a levar o dinheiro para o comunista. Outras vezes, o contrário".[227]

Na Lava Jato, ainda que vários partidos de situação e oposição tenham recebido verbas desviadas dos cofres públicos em licitações fraudulentas, não se identificou uma combinação entre eles e, por evidente, quem estava no poder beneficiou-se mais. Assim, ainda que vários partidos tenham se aproveitado das fraudes licitatórias, e ainda que uma mesma empresa construtora tenha pago propina a partidos de correntes ideológicas diversas, cada um agiu a seu modo. Ao menos até o presente não se tem notícia na Lava Jato de que os partidos tenham combinado a divisão das propinas cobradas dos empreiteiros, como ocorria na Itália.

Por outro lado, é certo que, tanto na Itália quanto no Brasil, quase todos os partidos estão envolvidos em esquemas de desvio de verbas, e isso provoca respostas de solidariedade entre eles. As reações foram muito similares lá e aqui, com a diferença de que, na Itália, alguns suicídios de investigados facilitaram as críticas aos procuradores da Mãos Limpas, ampliaram a solidariedade entre os corruptos e contribuíram para justificar, perante a opinião pública, as reformas legislativas que neutralizaram a descoberta dos delitos.

Reações suicidas e homicidas

Os investigados pela Mãos Limpas já estavam se articulando em uma campanha de desmoralização dos investigadores quando ganharam aliados inesperados. As críticas de natureza política contra os procuradores adquiriram força com o suicídio de alguns envolvidos nas investigações.[228] Segundo estudo realizado pelo senador italiano Fernando Dalla Chiesa, apresentado ao Parlamento como "Suicídios da Tangentopoli", teriam sido 31 suicídios entre 1992 e 1994 (onze em 1992, dez em 1993, dez em 1994). Mas não há como vinculá-los todos à Operação Mãos Limpas. Aliás, dos 31 listados, pelo menos dez não eram sequer investigados pela Mãos Limpas, a exemplo de Franco Franchi e Renato Amorese.[229]

Ademais, há quem diga que alguns suicídios não foram suicídios, mas homicídios. Seria esse o caso, segundo o magistrado Mario Almerighi,[230] das mortes de Sergio Castellari, Raul Gardini e Gabriele Cagliari, todos os três implicados no escândalo de propinas na estatal petrolífera ENI. Castellari e Gardini morreram no dia em que deveriam depor no Ministério Público, e Cagliari, na antevéspera.[231]

A morte de Sergio Castellari, consultor da ENI, no dia em que era esperado para prestar o primeiro depoimento ao procurador Orazio Savia em Roma, é recheada de dados que indicam que ele foi morto em vez de ter se suicidado. Castellari desapareceu na manhã de 18 de fevereiro de 1993, e seu corpo foi encontrado no dia 25 de fevereiro de 1993, numa região rural próxima de onde ele residia sozinho depois de ter se separado da esposa.

Por volta das 20h do dia anterior, Castellari estivera com seu advogado, Luigi Di Majo, para receber orientação jurídica a respeito do depoimento, e haviam combinado de almoçar juntos. No curso da investigação da morte, o advogado relatou ao Ministério Público não ter tido "a menor sensação de que o doutor Castellari pudesse trazer consigo uma vontade suicida".[232]

Depois do encontro, Castellari foi dormir na casa de um amigo, Vittorio Cavallari, onde também encontrou-se com o filho Giovanni. Segundo Giovanni, seu pai disse que teria dois encontros pela manhã, antes de depor: "Um com amigos e outro com um importante personagem político". Questionado pelo filho, Castellari respondeu: "Dos amigos não posso falar... o outro é Andreotti".[233] E teria explicado o motivo da visita: "Andreotti era o ministro *ad interim* quando aconteceram os fatos pelos quais serei interrogado amanhã à tarde pelo Ministério Público. É meu dever conversar com ele a esse respeito".[234]

Naquela mesma noite, Castellari ainda conversou com a ex-esposa, Miranda De Bartolomeis, que depois declarou: "Na ocasião, meu marido me pareceu muito combativo e determinado a esclarecer sua posição.

Mas isso não me surpreendeu. Conheço Sergio há quarenta anos e posso assegurar que ele nunca sofreu de depressão e nem manifestou intenções suicidas".[235]

No dia seguinte Castellari foi aos encontros matutinos e, por volta das 11h30, encontrou-se novamente com a ex-esposa. Segundo ela, Castellari estava visivelmente nervoso e se disse preocupado com a possibilidade de ir preso.[236] Dali saiu de carro e foi para sua casa, em Sacrofano, de onde telefonou para uma pessoa não identificada. Seu caseiro, Mario Selis, ouviu parte da conversa, na qual Castellari disse: "Me ajude, estou enforcado". Em seguida entrou no quarto, arrumou uma mala, ligou para sua mãe e lhe disse que por dois dias "não se faria vivo, mas que ela não deveria se preocupar".

Do relato de Mario Almerighi, baseado nos autos da investigação, extrai-se a sequência do que aconteceu dali em diante.[237] Castellari tentou falar com o advogado novamente, mas não o encontrou. Deixou recado de que não iria ao depoimento no Ministério Público, dizendo que sabia o que deveria fazer.

Dias depois, a família recebeu quatro cartas de despedida que teriam sido entregues por Castellari ao amigo Silvio Botta. Uma destinada à ex-esposa e filhos, outra a seu irmão e cunhada e outras duas a jornalistas conhecidos. A seguir encontraram o veículo de Castellari, e nele havia dois bilhetes: um dizendo que gostaria de ser enterrado naquela localidade, e outro dizendo à ex-esposa que talvez tivesse salvo seu outro filho.

Tudo levava a crer que se tratava de suicídio. Porém, são inúmeros os detalhes que colocam a morte sob outro ângulo. A começar pelas cartas recebidas pela família, que não eram originais, mas fotocópias. Depois, o fato de que as buscas ao corpo levaram alguns dias, e nelas foi usado um helicóptero que sobrevoou toda a região, mas não encontrou o cadáver. Somente depois de cinco dias o corpo foi localizado próximo à residência de Castellari, num campo arado. Porém, o piloto do helicóptero assegura que sobrevoou aquela região diversas vezes e, pela experiência em atividades desta natureza, tem certeza de que o corpo não estava no local até o dia em que foi encontrado. Ou seja: tudo indica que o corpo foi colocado no local depois.

Moradores das proximidades que tinham o costume de caminhar pela região acompanhados de cachorros asseguraram que nada de estranho foi identificado naqueles dias, nem mesmo pelos cães de olfato apurado. Outro habitante das redondezas disse que, dois dias antes de encontrarem o corpo, foi avistado um helicóptero voando muito baixo à noite, exatamente na região em que Castellari foi achado. E há muito mais a reforçar as dúvidas de suicídio.

Almerighi observa que não há como Castellari ter dado um tiro na cabeça (detalhe: o orifício de bala era na nuca)[238] com uma pistola 9mm e depois ter limpado as digitais, puxado novamente o cão da arma e guardado no bolso, como revelaram as investigações.[239] Além disso o projétil não foi encontrado no local, mesmo usando-se detector de metais em toda a área.

A cena do crime apresentou mais incongruências. Os sapatos de Castellari estavam com as solas limpas, não obstante o corpo estivesse num local cujo acesso exigia percorrer a pé ao menos trezentos metros de terra recém-arada e lamacenta em razão das chuvas recentes. Na sola de borracha dos sapatos havia apenas cascalho. Não bastasse, alguns dedos da vítima estavam amputados, e ainda foi encontrado um cigarro ao lado do corpo. Neste cigarro foi identificada saliva com DNA de outra pessoa, uma mulher. Tudo descarta a hipótese de suicídio, como atestou Almerighi:

> Mesmo que o cadáver tenha sido encontrado dentro de um terreno lamacento, as solas dos sapatos estavam limpas. A pistola foi encontrada enfiada na cintura, sem impressões digitais de nenhum gênero. Os dedos cortados, o rosto totalmente desfigurado e uma parte da calota craniana faltando.[240]

Todavia a investigação foi arquivada, e a morte foi atribuída a suicídio. Houve quem acreditasse que o cadáver nem fosse de Castellari, pois o tamanho não era compatível com algumas fotografias dele e o rosto estava desfigurado. Cogitou-se até que ele tivesse fugido para a América do Sul, onde tinha parentes e uma propriedade no Paraguai. Como seu irmão tinha uma empresa em São Paulo, os relatos davam conta de que pudesse ter vindo para o Brasil, onde teria feito uma cirurgia plástica com médicos amigos de seu filho.[241] Mas nada disso foi objeto de aprofundamento investigativo, e o Ministério Público requereu o arquivamento do inquérito nos seguintes termos:

> Considerando que o resultado das investigações não revelou elementos úteis para uma reconstrução diferente dos fatos, nem elementos para a identificação de quaisquer terceiros desconhecidos manipuladores da reconstrução da morte, tampouco elementos úteis para a continuidade da investigação preliminar, sendo razoavelmente fundada a natureza suicida de Sergio Castellari; por estas razões, nos termos do artigo 415, § 1º, do Código de Processo Penal, requer-se ao juiz para investigações preliminares o arquivamento deste procedimento penal.[242]

A juíza Adele Rando, em 11 de junho de 1999, não concordou com o pronunciamento do Ministério Público, deixando claro que o caso lhe parecia homicídio e não suicídio. Mesmo assim, manteve o arquivamento por entender não ser possível aprofundar as diligências para elucidar a morte.[243] Contudo, ao que se sabe do quanto apurado na investigação, havia ainda muitas circunstâncias a esclarecer. O pedido de arquivamento foi, portanto e para dizer o mínimo, precipitado.

Os outros dois dirigentes da ENI, Gabriele Cagliari e Raul Gardini, morreram respectivamente nos dias 20 e 23 de julho de 1993. As mortes também chamaram a atenção por não parecerem suicídios e ainda hoje geram polêmica.

Após a morte de Cagliari foi divulgada uma carta atribuída a ele, acusando os investigadores de quererem sua "morte civil". Seguem alguns trechos:

> Segundo estes magistrados, a cada um de nós deve, então, ser precluso qualquer futuro, mesmo a vida, também naquilo que eles chamam de nosso "ambiente". A vida, dizia eu, porque o seu ambiente, para cada um, é a vida: a família, os amigos, os colegas, os conhecidos locais e internacionais, os interesses sobre os quais eles e seus cúmplices pretendem colocar as mãos. Muitos já sustentam, com efeito, que aos inquiridos como eu deveria ser proibida qualquer possibilidade de trabalho não apenas na administração pública ou parapública, mas também nas administrações das empresas privadas, como se faz às vezes com os falidos. Quer-se, enfim, criar uma massa de mortos civis, desesperados e perseguidos, assim como está fazendo o outro cúmplice infame da magistratura que é o sistema carcerário. A convicção que tenho é que os magistrados consideram o cárcere nada mais do que um instrumento de trabalho, de tortura psicológica, no qual as práticas possam ser amadurecidas, ou moldadas, indiferentemente, mesmo se se trata da pele da gente. O cárcere não é outra coisa senão um zoológico para animais sem cabeça nem alma. (...) Como dizia, somos cães num canil, do qual cada procurador pode retirar para exercitar-se e demonstrar que é o melhor ou o mais severo do que aquele que tinha se exercitado alguns dias ou algumas horas antes. (...) Estão destruindo as bases de fundo e a própria cultura do direito, estão percorrendo, de forma irrevogável, a estrada que leva ao seu Estado autoritário, ao seu regime totalmente antissocial. Eu não quero estar.[244]

É bom ressaltar que Cagliari, embora tivesse sido preso em razão das investigações da Mãos Limpas em março de 1993, desde 26 de maio de 1993 estava preso preventivamente em decorrência da investigação conduzida pelo procurador da República Fabio De Pasquale, não integrante da força-tarefa da Mãos Limpas, como já referido no capítulo sobre desvio de verbas e corrupção na ENI.[245] O advogado de Cagliari atribuiu sua morte a uma promessa de liberdade que teria sido feita verbalmente por De Pasquale e que não teria sido cumprida.[246]

O estranho nesse caso é que uma primeira carta teria sido escrita por Cagliari em 3 de julho, quase um mês antes de sua morte, e entregue aos familiares no dia 5 com a recomendação de somente abri-la quando ele retornasse à casa. A segunda carta, cujos trechos foram acima reproduzidos, revelando o intento suicida, teria sido entregue à esposa de Cagliari em 10 de julho. Na mesma ocasião, outra carta teria sido encaminhada a seu advogado, finalizando assim: "A vergonha do meu estado atual, que se segue à mudança repentina da situação geral do país, é a principal razão para esta decisão. (...) Tomei a única decisão que a dignidade e o orgulho me impõem".[247]

O mais estranho é que, se tanto a esposa quanto o advogado estavam sabendo do intento suicida com vários dias de antecedência, por que não tomaram providências? A esposa sequer o visitou no cárcere. Ainda que se possa entender que Cagliari não quisesse receber visitas da família pela humilhação do lugar e das circunstâncias,[248] diante do intento suicida, essa determinação por óbvio não mereceria anuência da esposa. Ela e o advogado não se preocuparam em comunicar às autoridades a pretensão suicida de que tiveram ciência.

O advogado foi ouvido na investigação da morte e afirmou: "Cagliari nunca me deu a sensação de ser uma pessoa frágil ou mesmo de que pudesse ter cultivado a ideia de encerrar a própria existência".[249] Essa afirmação soa incompatível com alguém que tivesse ciência da carta de despedida.

A versão oficial é de que a morte ocorreu no chuveiro da cela e que Cagliari teria se suicidado por asfixia com um saco plástico na cabeça. A perícia médico-legal constatou feridas no rosto, osso esterno fraturado e um grande hematoma na nuca, além de outras lesões assim descritas: "Decotado o couro cabeludo nota-se intensa infiltração hemorrágica de sua fáscia profunda em uma área de cerca de 5cm x 2cm, disposta na região parietal e occipital esquerda (...). Infiltração hemorrágica do plastrão esternal com fratura do esterno ao nível do terceiro espaço intercostal (...). Infiltração hemorrágica da face esterno-costal do pericárdio".[250] Poderiam ser lesões provocadas pela queda de Cagliari ao perder a consciência pelo sufocamento. Porém, os colegas de cárcere e os agentes penitenciários ouvidos como testemunhas informaram que, quando Cagliari foi socorrido, o saco plástico em sua cabeça estava inflado.[251] O perito ouvido na investigação atestou que, se o saco estava inflado, Cagliari ainda estava vivo – e respirando.[252]

O perito foi além, garantindo que as equimoses no rosto tinham características cromáticas não compatíveis com a hora da morte. Para haver equimose é preciso que o sangue esteja em circulação, sendo que leva um tempo para a formação.[253] A presença das equimoses reforçam a suspeita de que Cagliari ainda não estava morto quando foi encontrado com o saco plástico na cabeça. As lesões no osso esterno podem ser decorrentes de massagem cardíaca como tentativa de reanimação – ou de agressão.

Na cadeia foi voz corrente que Cagliari teria sido assassinado. Um preso escreveu uma carta ao procurador da República responsável pelo caso relatando essa versão.[254] Houve também quem acreditasse que Cagliari teria planejado simular um suicídio para tentar uma prisão domiciliar, combinando com outro preso que lhe auxiliaria na empreitada, socorrendo-o antes da morte por sufocamento, mas por alguma razão o preso o teria matado.[255]

O fato é que há muito não esclarecido na morte de Cagliari. A investigação, no entanto, foi arquivada como suicídio, e "a hipótese abstratamente formulável, segundo a qual alguém – eventualmente mantendo um comportamento omissivo – tenha podido contribuir para transformar uma simulação de tentativa de suicídio num suicídio efetivo não encontra, neste estado, nem mesmo o consolo de possíveis pistas de investigação nos registros adquiridos".[256]

Na imprensa a morte foi apresentada como de responsabilidade dos investigadores de Milão. E reforçou a estratégia de acusar os acusadores das Mãos Limpas.

Três dias depois da morte de Cagliari, vem a notícia do suicídio de Raul Gardini na véspera de seu depoimento. Junto com seu advogado, Gardini havia decidido contar tudo o que sabia aos procuradores da Mãos Limpas. O detalhe é que Gardini foi encontrado deitado em sua cama, como se houvesse saído do banho matutino, com um tiro na lateral da cabeça, mas a base do crânio estava quebrada e havia equimoses abaixo do olho esquerdo.[257] Não havia pólvora em suas mãos, nem no lençol, nem no travesseiro, nem no roupão que vestia, enfim, em lugar algum do cadáver ou nas proximidades, o que é pouco provável quando o tiro é junto ao corpo, como num suicídio. Na arma também não foram encontradas impressões digitais de ninguém.[258]

Há ainda uma série de incongruências nos relatos dos funcionários da casa onde Raul Gardini residia, principalmente quanto ao horário da morte e da ligação para pedir uma ambulância. Os familiares que estavam noutra cidade ficaram sabendo da morte por volta das 7h30, mas a ambulância só foi chamada pelo mordomo da casa por volta das 9h. Aliás, não ficou bem explicado por que levaram o corpo numa ambulância, mais de uma hora e meia depois da morte, impedindo que a perícia, que só chegou depois, trabalhasse com a cena do crime intacta. Não bastasse, havia uma janela aberta no quarto e uma cápsula de projétil a três metros de distância da cama.[259] Foram feitos dois disparos pela pistola, o que é incompatível com a hipótese de suicídio na cama.

Nenhum funcionário da casa ouviu os tiros. O suposto bilhete de despedida encontrado na gaveta da mesinha ao lado da cama, considerado prova do suicídio e onde estava escrito apenas "obrigado", na verdade era uma nota de agradecimento pelos presentes de Natal do ano anterior.[260] Tudo leva a crer que se tratou de homicídio, porém a investigação foi mais uma vez precipitadamente arquivada como suicídio.

Em agosto de 2006, treze anos depois, a investigação foi reaberta. A procuradoria da região de Catalnissetta obteve informações de que a Cosa Nostra estaria envolvida na morte, já que Raul Gardini tinha ligações com mafiosos. Nada foi provado.[261] A esposa de Gardini nunca se conformou com a tese de suicídio.

Ao que se sabe alguns suicídios de fato ocorreram, sendo que os primeiros, ainda em 1992, chocaram pelo ineditismo e pela proximidade entre si: Franco Franchi, coordenador administrativo do USL 75, em 23 de maio de 1992; Renato Amorese, ex-secretário do PSI, em 16 de julho de 1992; Giuseppe Rosato, da província de Novara, em 21 de julho de 1992; Mario Luciano Vignola, da província de Savona; Mario Comaschi, empreendedor;[262] Mario Majocchi, empreiteiro e vice-presidente da Associação dos Construtores, em 27 de julho de 1992; Sergio Moroni, deputado socialista, em 2 de setembro de 1992.[263] Das cartas de despedida, duas merecem atenção.

O ex-secretário do PSI Renato Amorese deixou quatro cartas, uma delas para o procurador Antonio Di Pietro, dizendo: "Agradeço por sua sensibilidade, mesmo no correto rigor de suas funções".[264] Ele fora inquirido por Di Pietro como testemunha alguns dias antes, mas já antevia que a investigação alcançaria também seus atos ilícitos. Pelo teor da carta, Amorose não atribuiu o suicídio aos investigadores, mas sim à vergonha de ser descoberto, tanto que sua filha Eleonora, três meses depois da morte do pai, assinou uma carta de apoio à Mãos Limpas, como recordam Barbacetto, Gomez e Travaglio.[265]

Já o deputado socialista Sergio Moroni deixou uma carta para o presidente do Parlamento, na qual, não obstante confessasse sua participação nos esquemas de desvio de verbas e financiamento ilícito de partidos, se dizia injustiçado porque não teria ficado com o dinheiro para si. "Não é justo que isso aconteça por meio de um processo breve e violento, pelo qual a roda da fortuna atribui a simples indivíduos o papel de vítimas de um sacrifício."[266] O detalhe é que, quando Moroni suicidou-se, era deputado e tinha imunidade parlamentar, ou seja, não podia sequer ser processado sem autorização de seus pares. Restou assinalado na sentença confirmada pelo Tribunal de Apelação e pela Corte de Cassação ao fim do processo movido contra os cúmplices de Moroni nos desvios de verbas que ele recebeu para si cerca de "200 milhões de liras, em mãos, numa pasta de escritório embrulhada em jornal".[267]

Ao saber da morte de Moroni, Bettino Craxi aproveitou para lançar a acusação de que os procuradores haviam "criado um clima infame".[268] Outros passaram a acusar os procuradores da República de "assassinos", a exemplo do deputado Vittorio Sgarbi.[269] Este já vinha atacando o *pool* da Mãos Limpas há algum tempo, chegando a dizer no Parlamento, por ocasião da inquirição de Enzo Carra no tribunal, em 19 de fevereiro de 1993: "Temos de prender os juízes".[270]

Se os suicídios dos investigados ocorreram em boa parte pela vergonha que estes sentiram ao serem descobertos, há o registro de um último caso, já em 1997, que destoa dos demais. Foi o do empresário Ambrogio Mauri, proprietário de uma fábrica de ônibus urbanos, cuja história é contada em livro de Monica Zapelli, *Un uomo onesto: Storia di Ambrogio Mauri, l'uomo che morì per aver detto no alle tangenti* (Um homem honesto: história de Ambrogio Mauri, o homem que morreu por ter dito *não às propinas).*[271]

Relata a autora que, numa palestra proferida em 1992 por Antonio Di Pietro a empresários na cidade de Monza, arredores de Milão, Ambrogio Mauri estava presente. Incomodado com a hipocrisia de seus colegas que ouviam o procurador exortá-los a fazerem sua parte no combate à corrupção, mas não explicitavam seu modo de agir, Mauri pede a palavra. Levanta-se e diz a Di Pietro que ele "deve mudar de profissão". E emenda: "*Já explico por quê*". Vira-se de costas para Di Pietro e, olhando para os colegas, pergunta: "Poderia levantar a mão aquele de nós que nunca pagou, ao menos uma vez, a um gerente de compras de alguma empresa estatal?".[272] A reação da plateia foi um sorriso silencioso, e apenas Mauri levantou a mão. Então virou-se para Di Pietro e disse que ou todos ali eram manetas, ou tinha razão ele: o procurador deveria mudar de profissão.

Como destacaram ironicamente Barbacetto, Gomez e Travaglio, "Mauri possuía o péssimo vício de não pagar propinas". O empresário, que não aceitava pagar propinas para realizar contratos em Milão, ficou entusiasmado com o avanço da Mãos Limpas, mas sofreu represálias assim que os resultados das investigações não foram capazes de inibir a corrupção e a concussão.

Ambrogio Mauri escreveu um bilhete pouco antes de morrer, dizendo: "Depois da Tangentopoli tudo voltou a ser como antes". Pedindo desculpas à esposa, afirmou: "Se eu tivesse sido mais flexível, as coisas teriam sido diferentes", como quem diz: se eu fosse corrupto, estaríamos bem. Ao saber da morte de Mauri, Di Pietro teria comentado: "As vítimas da Tangentopoli não são os pagadores de propina suicidas ou que assumem o papel de perseguidos, mas, sim, os italianos honestos que nunca se acostumaram com a lei da propina, pagando com suas vidas".[273]

No Brasil da Lava Jato até agora se tem notícia de apenas duas tentativas de suicídio de investigados. Branislav Kontic, assessor do ex-ministro da Casa Civil e da Fazenda Antonio Palocci, teria tentado suicídio na prisão, no dia 1º de outubro de 2016, ingerindo comprimidos de antidepressivo.[274]

Segundo reportagem de *O Globo* de 24 de janeiro de 2017, Othon Silva, ex-presidente da Eletronuclear, também teria tentado suicídio em agosto de 2016, logo após ter sido condenado pelo juiz Marcelo Bretas, da 7ª Vara Criminal do Rio de Janeiro, a 43 anos de reclusão por corrupção, lavagem de dinheiro, evasão de divisas e organização criminosa, em processo desmembrado da Lava Jato.

Em outubro de 2017, Luiz Carlos Cancellier de Olivo, reitor da Universidade Federal de Santa Catarina, suicidou-se em caso de ampla repercussão. O reitor ficara preso cautelarmente por um dia e meio em razão de suspeita de "embaraçar investigação de infração penal que envolva organização criminosa" no contexto da investigação de suspeita de desvio de verbas na universidade. Dezoito dias após ser solto, muito abalado com a prisão e com a indevida exposição midiática, jogou-se do sétimo andar de um *shopping* em Florianópolis. Não há relação com a Lava Jato, porém, como quem conduzia a investigação era a delegada Erika Mialik Marena, que atuou na força-tarefa em Curitiba, amplos setores da mídia e da comunidade jurídica relacionaram os dois casos. Muitos sustentaram que o método utilizado na investigação em Florianópolis decorreria do quanto experimentado na Lava Jato. Criticou-se principalmente o fato de que a prisão cautelar teria sido desnecessária. É certo que, ainda que não na mesma proporção do que sucedeu na Itália, as críticas à Lava Jato se acirraram em razão desta morte.

Na Itália, as mortes chocaram a opinião pública. Políticos e empresários investigados aproveitaram a comoção para dar início a uma série de acusações contra os investigadores.

Reações jurídicas

Com as investigações da Mãos Limpas avançando rapidamente, alcançando inúmeras pessoas e revelando provas absolutamente consistentes contra os envolvidos, foram diversas as estratégias dos investigados e seus advogados. As reações concentraram-se em atacar o uso da prisão cautelar como abusivo e vinculado à pretensão de levar a acordos de colaboração premiada. O "suicídio" de Cagliari e sua "carta de despedida", comentados no capítulo anterior, serviram amplamente para sustentar esse discurso.

O procurador da República Gherardo Colombo rebateu os ataques, esclarecendo que os investigados deparavam com provas robustas de seus crimes e diante disso resolviam falar. "As confissões ocorriam ou porque a pessoa submetida à investigação já havia se decidido a fazê-las, ou por respeito ao princípio de não contradição, por exigência de respeito à lógica: diante de tantas evidências não poderiam fazer outra coisa senão confessar."[275] Especificamente quanto à prisão preventiva, Gherardo Colombo esclarece o ponto de vista do Ministério Público italiano:

> Nos encontrávamos diante de fatos particularmente graves, propinas em somas frequentemente elevadas em troca de impressionantes infidelidades por parte dos funcionários públicos. Os riscos de contaminação, ou de fuga, ou de reiteração eram significativos (geralmente as pessoas envolvidas haviam cometido não um, mas uma série de fatos ilícitos). Em tudo isso não é que os números das prisões da Mãos Limpas fossem elevados em relação às prisões por outros crimes. Em Milão são presas em flagrante de crimes nem sempre excepcionalmente graves cerca de vinte pessoas ao dia (para se ter uma ideia, na Lombardia, em 2009, entraram na prisão cerca de quinze mil pessoas: grande parte destas foram presas em Milão). Creio que em termos gerais, na Mãos Limpas, foram presas, ao longo de, pelo menos, três anos, cerca de mil pessoas. Tratava-se de um percentual não elevado se comparado ao número geral de prisões. (...) Nas investigações foram envolvidas cerca de cinco mil pessoas: enviamos a juízo cerca de 3,2 mil pessoas; os atos de outras 1,2 mil foram transferidos para

> outras procuradorias; para outras ainda se pediu o arquivamento ou a absolvição. (...) De resto, deve-se considerar que confissões foram feitas também por parte de quem estava em liberdade.[276]

Questionado pelo entrevistador Franco Marzoli em tom similar às críticas dos advogados, de que quando alguém confessava acabava quase sempre solto, Colombo ponderou:

> Em seguida às confissões, ao contributo à reconstrução dos fatos, as exigências da prisão cautelar eram menores. Quem contava como foram feitas as coisas por um lado se tornava inconfiável ao ambiente no qual o crime havia sido planejado e elidia com isso o perigo de que pudesse continuar a cometer crimes, eliminava o perigo de contaminação probatória porque não se limitava a admitir os fatos, mas fornecia também os elementos de confirmação (a conta-corrente na qual eram feitas as operações, por exemplo), removia o perigo de fuga porque o comportamento no processo conduziria provavelmente a penas não particularmente graves.[277]

A tese de vincular as prisões cautelares à estratégia de forçar confissões e colaborações premiadas ganhou fôlego e consistência no Brasil por ocasião das manifestações do procurador da República Manoel Pastana quando emitiu pareceres nos *habeas corpus* que tramitaram no Tribunal Regional Federal da 4ª Região no início da Lava Jato, em 2014. Pastana – que não participava da força-tarefa da Lava Jato – argumentou que a prisão preventiva também seria válida para influenciar o ânimo do preso em colaborar, o que revela a pretensão de usar esse instrumento excepcional com finalidade espúria.[278]

Os advogados dos investigados, neste ponto com razão, criticaram a argumentação do procurador. Porém, foram além e procuraram transformar a manifestação isolada em ilustração do verdadeiro motivo das prisões cautelares em primeiro grau na Lava Jato. No entanto, as decisões de Sergio

Moro, que atua como juiz das garantias na Lava Jato em primeiro grau – e também as decisões dos tribunais que ratificaram as decisões de prisão cautelar –, não reproduziram esse tipo de fundamentação, pautando-se nas hipóteses legais.

Vale o registro de que, na Lava Jato, de março de 2014 a agosto de 2018, foram decretadas 227 conduções coercitivas, 115 prisões preventivas, 121 prisões temporárias e seis prisões em flagrante,[279] das quais, até meados de 2017, apenas onze haviam sido revertidas nos tribunais superiores. Foram realizados 175 acordos de colaboração premiada, sendo que mais de 80% deles com acusados soltos.

A percentagem de concessão de *habeas corpus* no STF aumentou em decorrência de uma nova postura de interpretação do ministro Gilmar Mendes, relator da Lava Jato no Rio de Janeiro, quando do julgamento do *habeas corpus* do empresário Jacob Barata Filho (investigado pela suspeita de distribuir R$ 500 milhões em propinas a políticos) em agosto de 2017. Diferentemente do que a interpretação sumulada do Supremo recomendava (súmula 691), Gilmar Mendes passou a analisar pedidos de *habeas corpus* que ainda não haviam sido apreciados pelas instâncias inferiores do Poder Judiciário.

De abril de 2017 a agosto de 2018, 37 investigados no braço da Lava Jato no Rio de Janeiro foram colocados em liberdade por decisão de Gilmar Mendes. Alguns deles, em duas ocasiões distintas. O ministro Dias Toffoli também concedeu liminar em *habeas corpus* de ofício para soltar o ex-ministro José Dirceu, mesmo ele já tendo sido condenado em duas instâncias. A decisão foi confirmada em 22 de agosto de 2018 pela maioria da segunda turma do STF, em votos vencedores de Dias Toffoli, Gilmar Mendes e Lewandowski. Votaram contra os ministros Edson Fachin e Celso de Mello.

Há ainda uma parcela de acordos em que os colaboradores seguiram presos preventivamente, como o doleiro Alberto Youssef e o empreiteiro

Marcelo Odebrecht. Houve também quem resolveu fazer acordo de colaboração somente depois de obter a liberdade, como o empreiteiro Ricardo Pessoa.

Com isso não se quer dizer que todas as prisões preventivas tenham sido acertadas. A regra no processo penal brasileiro, à luz da Constituição da República, é responder ao processo em liberdade, pois as pessoas são presumidamente inocentes até serem condenadas após julgamento. Assim, a prisão cautelar é uma medida excepcional e não pode ser aplicada sem embasamento concreto, seja de risco de fuga, seja de risco de reiteração do comportamento delitivo, seja de risco de atrapalhar a produção de provas no processo.

Neste aspecto, o caso de Renato Duque, ex-diretor da Petrobras, é ilustrativo da flexibilidade da interpretação de "risco concreto" pelo Poder Judiciário. Duque foi preso preventivamente a pedido do Ministério Público Federal e por decisão do juiz Sergio Moro em primeiro grau. A decisão pautou-se essencialmente pelo risco de fuga, considerando que Duque possuía muito dinheiro em contas no exterior, sem que se soubesse exatamente onde e sem que os recursos estivessem bloqueados judicialmente. Seu advogado impetrou *habeas corpus* no Tribunal Regional Federal da 4ª Região e no Superior Tribunal de Justiça, ambos sem sucesso. Na terceira tentativa, no Supremo Tribunal Federal, obteve decisão favorável em decisão monocrática do ministro Teori Zavascki.[280] Em 3 de dezembro de 2014 Renato Duque foi colocado em liberdade.

Na petição deste *habeas corpus* foi anotado que se estava "invertendo a regra do jogo para torturar, de maneira psicológica, jurisdicionados presumidamente inocentes, com a ameaça ou manutenção de ilegal custódia".[281] Este argumento exagera ao mencionar tortura. Ainda que a pessoa presa preventivamente não esteja numa situação de conforto e sofra com a ausência de liberdade, essa condição, dentro da hipótese legal, não pode ser equiparada à tortura. Não foi por conta deste fundamento que o *habeas corpus* foi concedido, mas por outro mais plausível: o simples fato de possuir contas-correntes no exterior é pouco para intuir risco de fuga. A decisão de Teori Zavascki foi confirmada pela Segunda Turma do STF.

Se um juiz e diversos ministros de tribunais entenderam que a prisão preventiva era necessária e deles divergiu um ministro do STF, o que se percebe é que há ampla margem de interpretação. Vê-se que a pouca clareza da lei brasileira nos requisitos e hipóteses da prisão preventiva contribui para diferentes linhas de interpretação. Isso não é salutar para a democracia, pois o poder de decretar a prisão cautelar de alguém – frise-se: uma prisão antes da culpa formada – não deveria ficar ao sabor de interpretações subjetivas oscilantes.

É interessante acompanhar o que aconteceu com Renato Duque após a soltura em 3 de dezembro de 2014. Ele foi preso preventivamente de novo, mais uma vez por decisão de Sergio Moro, em 16 de março de 2015, por reiteração do comportamento delitivo.

Moro sustentou que a Polícia Federal e o Ministério Público haviam descoberto que Duque cometera novos crimes de lavagem de dinheiro, mesmo com as investigações em curso. No segundo semestre de 2014, ele teria esvaziado as contas de empresas *offshore* que controlava na Suíça – Tammaroni Group e Loren Ventures – e ocultado o dinheiro nas contas das *offshores* Milzart Overseas e Pamore Assets, ambas no Principado de Mônaco e gerenciadas por procuração em nome dele. Para lá foram 20,5 milhões de euros (cerca de R$ 70 milhões à época). Duque também transferira muito dinheiro para contas-correntes de *offshores* em Hong Kong e nos Estados Unidos, muito provavelmente também controladas por ele.

O fato dos valores elevadíssimos estarem em nome de diferentes *offshores* (no caso, evidentes empresas de fachada em nome de laranjas), em diferentes bancos de diversos países, com sucessivas transações entre elas, tem o nítido propósito de evitar o rastreamento e a recuperação do dinheiro. Soma-se a isso o detalhe destacado na decisão monocrática de prisão preventiva, de que o dinheiro não havia sido declarado ao fisco brasileiro e Renato Duque negava possuir contas no exterior.

Assim, a prisão visava evitar que Duque prosseguisse com as transferências para outras contas em paraísos fiscais, dificultando a recuperação do dinheiro público desviado. Ou seja, visava evitar mais lavagem de dinheiro, a exemplo daquelas realizadas com a Lava Jato em curso e amplamente divulgadas nos meios de comunicação.[282] Desta vez, a prisão preventiva foi mantida pelas instâncias superiores, inclusive pela Segunda Turma do Supremo Tribunal Federal em decisão proferida no dia 23 de fevereiro de 2016, da qual se extraem as seguintes passagens:

> Ao contrário do que ocorria com o decreto de prisão preventiva original, a decisão que decretou a segunda preventiva destacou a necessidade de custódia do agente não apenas em razão da mera existência de "contas secretas" no exterior, mas também em elementos concretos que indicam a utilização dessas contas bancárias na suposta prática de crimes de lavagem de dinheiro ao menos até o segundo semestre de 2014, quando já era pública e notória a investigação dos fatos delitivos.
>
> Considerando que a suposta reiteração delitiva do paciente está relacionada a crimes de lavagem de dinheiro, pouco importa que esteja "aposentado e fora da Petrobras há três anos", uma vez que a condição especial de empregado da sociedade de economia mista, por óbvio, não é elementar exigida para a subsunção ao tipo penal em referência. (...) Além disso, haveria registro de transferências de valores das contas supostamente mantidas pelo paciente em Mônaco a outras contas nos Estados Unidos e em Hong Kong que podem ainda estar sob seu controle e fora do alcance de autoridades brasileiras, de modo que existe "risco concreto da prática de novos atos de lavagem por parte de Renato Duque em relação aos ativos secretos ainda não bloqueados".[283]

Assim, não é correta a ideia de que as prisões preventivas fossem decretadas para forçar acordos de colaboração premiada, como sustentaram vários advogados. É esclarecedora a informação dada em setembro de 2016 pelo coordenador da força-tarefa da Lava Jato em Curitiba, o procurador da República Deltan Dallagnol: "Mais de 70% dos 70 acordos de colaboração foram feitos com investigados soltos, que nunca foram presos. Ou seja, a grande maioria dos acordos não vieram de prisões. A Lava Jato prende quando a prisão é excepcionalmente necessária para proteger a sociedade. Ponto". E complementou: "Só 21 de 239 acusados estão presos (9%). Só 8 acusados (3%) estão presos sem condenação".[284]

Em outra entrevista, Dallagnol comentou:

> A vinculação entre prisões e colaborações, feita por críticos, também é falaciosa porque há inúmeros casos no Brasil com prisões preventivas mantidas por meses sem que os réus tenham decidido colaborar, inclusive na Lava Jato. Prisões, definitivamente, não causam colaborações – a prisão não é condição nem necessária, nem suficiente para a colaboração. Além disso, se as prisões tivessem sido usadas na Lava Jato para obter colaborações, seria natural esperar que, após a prisão, o réu fosse procurado pelo Ministério Público com uma oferta tentadora. Contudo, em absolutamente todos os casos de colaboração na Lava Jato, a iniciativa foi do advogado, como estratégia de defesa, e jamais do Ministério Público.[285]

Na Itália,[286] como no Brasil, também houve quem comparasse a colaboração premiada de presos às torturas ocorridas na ditadura (fascista no caso da Itália e militar no caso do Brasil) ou até com o que ocorria com acusados de participação em atos de terrorismo pelos Estados Unidos, mantidos em cativeiro numa espécie de limbo jurídico em Guantánamo, na ilha de Cuba.[287] Tais comparações são despropositadas, pois na colaboração premiada ninguém é forçado a dizer o que sabe e a tortura física nas ditaduras italiana e brasileira, assim como nos prisioneiros em Guantánamo, não é minimamente equiparável ao que sucede com os investigados da Lava Jato presos preventivamente.

A colaboração é na verdade mais um instrumento à disposição da defesa. Quando a prova contra o acusado é absolutamente robusta, ele pode usar a colaboração em seu favor para obter uma pena menor, mas apenas se desejar. Se não estiver de acordo, seja porque não considera a colaboração moralmente aceitável, seja por acreditar que possa ser equiparada à tortura, a saída é simples: recusar-se a fazer acordo. A colaboração premiada ocorre somente quando o acusado opta por ela.

O empresário Marcelo Odebrecht, dono da maior construtora do país, preferiu aguardar o resultado do processo sem acordo de colaboração premiada. Segundo a imprensa, somente depois da condenação em primeiro grau a 19 anos e 4 meses de reclusão, em 8 de março de 2016, o empreiteiro resolveu fazer acordo, fechado em dezembro de 2016. Contudo, a colaboração não implicou em soltura imediata, e Marcelo Odebrecht permaneceu preso até dezembro de 2017.[288] De resto, ninguém pode ser forçado a colaborar; se isso fica evidenciado, a prova é ilícita.

O juiz Sergio Moro, responsável pela homologação dos acordos de colaboração premiada da Lava Jato, rebate as acusações com ironia: "Engraçado que essa crítica não vem do delator, mas de outros. Como você pode dizer que uma pessoa foi coagida se o próprio confesso não fala nada disso? Se um criminoso resolve colaborar, não é por sinceridade. É porque ele quer um benefício legal. A única ameaça que tem sido feita a essas pessoas é o devido processo legal. Não vejo substância para essa crítica, até porque vários firmaram acordo de colaboração quando estavam soltos".[289]

Por outro lado, alguns questionamentos jurídicos podem ser considerados procedentes. Por exemplo, a divulgação indevida das conversas telefônicas da então presidente Dilma Rousseff com o ex-presidente Lula (havia em tese envolvimento da presidente em crime e, só por isso, a competência para analisar e eventualmente divulgar o conteúdo era do Supremo Tribunal Federal e não do juiz Moro).

Também serve de exemplo de possíveis abusos interpretativos da legislação processual penal a ampla utilização de conduções coercitivas na Lava Jato. Segundo os dados da operação, foram realizadas 227 conduções coercitivas até 19 de dezembro de 2017. A mais polêmica envolveu o ex-presidente Lula, e foi somente a partir daí que o procedimento passou a ser questionado de forma mais incisiva pelos advogados. Mas as críticas não mudaram a forma de decidir do juiz Sergio Moro, que continuou determinando a condução coercitiva de outros investigados para prestar declarações, somente cessando com esse proceder quando o ministro Gilmar Mendes, em decisão liminar depois confirmada pela maioria de 6 a 5 do Supremo, decidiu proibir as conduções coercitivas no país.

O Código de Processo Penal autoriza a condução coercitiva dos acusados (artigo 260), das vítimas (artigo 201, §1º), das testemunhas (artigo 218) e dos peritos (artigo 278), mas condiciona a medida à prévia intimação e recusa em comparecimento dos intimados. Promover condução coercitiva como primeira opção é violar a legislação que somente a autoriza após o desatendimento de prévia intimação. Não bastasse, é possível dizer que, se a intimação do investigado ou do acusado for para simples interrogatório, especialmente quando já se tenha os dados de sua qualificação e caso ele já tenha registrado nos autos que não pretende declarar nada como forma de defesa, a condução coercitiva passa a ser contrária ao direito ao silêncio e à não autoincriminação assegurado pela Constituição.

Outras teses, no entanto, pecam pelo exagero, fruto muito mais de paixão ideológica do que de análise técnica. É o caso das críticas ao oferecimento da denúncia contra o ex-presidente Lula, sua esposa e outras pessoas por possível corrupção e lavagem de dinheiro pelo recebimento de um apartamento triplex na praia de Guarujá, em São Paulo. Muito foi dito que a denúncia seria tecnicamente nula ou que faltaria ao Ministério Público o que se chama de "justa causa" (lastro probatório mínimo a suportar a narrativa imputada ao acusado). Não é verdade. Sem emitir juízo de valor definitivo, pois o caso está sendo apreciado pelo Poder Judiciário, basta ler a denúncia, que é pública, para perceber que, embora não siga uma técnica de imputação das melhores, pois por vezes avança para narrativa argumentativa, o texto descreve os fatos em tese delituosos e aponta elementos de convicção preliminares – como é próprio desta fase – que permitem a incriminação nos termos em que foi formulada.

Houve também ampla crítica à exposição midiática do oferecimento da denúncia, até porque se anunciou a plenos pulmões, em entrevista coletiva, que se estava diante de uma organização criminosa e que ela seria chefiada por Lula. Tal fato não foi objeto de imputação naquela denúncia por ser apurado em inquérito policial que tramita no STF pela presença de personagens com foro privilegiado. A forma de exposição realmente não foi adequada, pois não convém fazer imputações públicas sem formalização correspondente na denúncia.

Ainda que alguns atos dos procuradores e do juiz Sergio Moro possam ser objeto de questionamento jurídico – e é natural que a defesa questione tudo –, não parece proporcional promover afirmações alarmistas como as de que, em razão de ações que podem ser consideradas violadoras da estrita legalidade (ainda que orientadas pela independência funcional em suas interpretações), a democracia brasileira esteja em risco e o país caminhe a passos largos para uma nova ditadura. Na Itália o mesmo discurso foi adotado nos anos 1990 – com igual intensidade alarmista e, em certa medida, até panfletária. Para ilustrar, seguem as declarações do senador Enrico La Loggia em 21 de novembro de 1996:

> Terá, enfim, um juiz em Berlim? Até quando será possível utilizar medidas penais para atacar o líder da oposição em um sistema democrático e em um Estado de direito como o nosso? Que os

> cidadãos italianos sejam avisados, assim inicia o caminho da ditadura. Já aconteceu. Acontecerá aqui também?[290]

A ditadura não se implantou na Itália. Muito menos está se implantando de novo no Brasil.

Para compreender o exagero de querer vincular tudo a uma suposta atuação política dos delegados e agentes da Polícia Federal, dos auditores da Receita, dos procuradores da República, do juiz e dos tribunais que mantêm as decisões de primeiro grau, vale transcrever um trecho da decisão do magistrado inglês Simon Brown quando julgou recurso de Silvio Berlusconi (movido em nome de sua empresa Fininvest) contra a expedição de cartas rogatórias dos investigadores da Mãos Limpas à Inglaterra:

> Se bem entendo a argumentação dos requerentes [a Fininvest], esses sustentam que uma das duas séries de ações judiciárias atualmente em curso na Itália – pelas doações ilícitas de 10 bilhões ao senhor Craxi – é política [...]. As doações políticas ilegais são um crime político? [...]. Não estou de acordo. Me parece mais um crime contra a lei ordinária promulgada para garantir um ordenamento correto do processo democrático na Itália – crime nada diferente, digamos, de votar duas vezes nas eleições. Certamente, é um crime cometido em contexto político. Ao meu ver, porém, isso não se constitui crime político [...]. O crime em questão foi cometido para influenciar a política do governo: não se pagam clandestinamente grandes quantias de dinheiro a um partido político sem um objetivo [...]. Não aceito de forma alguma que o desejo da magistratura italiana de desmascarar e punir a corrupção na vida pública e política e o conflito que isso criou entre os juízes e os políticos daquele país operem de tal modo a transformar os crimes em questão em crimes políticos. É um uso incorreto de linguagem definir a campanha dos magistrados

> como atitude para "fins políticos", ou as suas ações com relação ao senhor Berlusconi como perseguição política.[291]

É possível aqui fazer novamente um exercício mental de comparação entre as duas realidades: sugere-se ao leitor que releia a fala do juiz inglês, trocando "Itália" por "Brasil" e trocando as referências a "Craxi" e "Berlusconi" por "Lula" e que tire as conclusões quanto ao grau de similitude entre as argumentações lançadas na Mãos Limpas dos anos 1990 e aquelas agora trazidas na Lava Jato.

Reações violentas

Como as redes criminosas do colarinho-branco e da Máfia são muito próximas na Itália, não tardaram a surgir ameaças contra a vida dos investigadores da Mãos Limpas e seus familiares. Barbacetto, Gomez e Travaglio relatam que a Cosa Nostra de Palermo já havia direcionado sua atenção para os investigadores do Ministério Público em Milão:

> A Cosa Nostra atacou no Sul, matando Falcone e Borsellino, mas está pronta para agir também no Norte. Vários anos mais tarde, alguns colaboradores da justiça, incluindo Giovanni Brusca e Maurizio Avola, relatarão que, no projeto mafioso de assassinatos em massa, também se encontrava (como resume a sentença de apelação sobre o atentado de Capaci) "o plano, ao qual Riina havia aderido, para a eliminação de Antonio Di Pietro, para deslocar do Sul para o Norte a ação repressiva do Estado". Imediatamente após a morte de Borsellino, um mafioso da Catânia, Eugenio Galea, sugere a Brusca a possibilidade de matar o promotor da Mãos Limpas e indica também a pessoa que poderia realizar a operação: Santo Mazzei, "competente em Milão" e capaz de mover-se facilmente pela cidade. Galea pede a Brusca a ajuda dos palermitanos para convencer Mazzei

e recebe o sinal verde diretamente de Riina. Porém, o projeto é interrompido repentinamente porque, em novembro de 1992, por razões completamente diferentes, Santo Mazzei é preso.[292]

O interessante é que as tratativas de matar Di Pietro reúnem personagens próximos a Silvio Berlusconi, como revelou o mafioso Maurizio Avola em acordo de colaboração premiada. Avola informou que Nitto Santapaola (que, como já visto, aproximou-se de Berlusconi a partir do episódio da bomba em sua casa) compareceu ao encontro em que se discutiu o assassinato de Di Pietro. "O homicídio era querido e solicitado pelo grupo político-empresarial presente", declarou Avola, citando Cesare Previti, ex-ministro de Defesa no governo Berlusconi, e o banqueiro ítalo-suíço Pierfrancesco Pacini Battaglia entre os participantes.[293] Previti negou ter participado da reunião. Avola contou ter ouvido de Eugenio Galea que estavam esperando um sinal forte de Dell'Utri e de Michelangelo Alfano, um grande maçom, que ele disse não conhecer.

A partir de fevereiro de 1993, uma organização terrorista mafiosa chamada Falange Armada começou a ameaçar Di Pietro e seus filhos de morte.[294] O investigador recebia bilhetes a todo instante com os dizeres: "Di Pietro tem os dias contados"[295] ou "Di Pietro é um homem morto"[296]. Há quem diga que a Falange Armada na verdade era apenas um despiste da Cosa Nostra, uma espécie de operação e não uma estrutura mafiosa à parte, contando inclusive com pessoas de dentro do Estado.[297] Certo dia, a escolta de Di Pietro sofreu um acidente automobilístico suspeito que deixou a todos em alerta, até porque uma das ameaças era de que o atentado seria com um carro-bomba, nos moldes das ações mafiosas que mataram os procuradores Falcone e Borsellino em Palermo em 1992.[298]

Ao final de 1993 foi divulgada uma notícia – depois desmentida pelo procurador-geral Borrelli – de que Di Pietro estaria interrogando um arrependido da Cosa Nostra sobre as relações entre a Máfia e as propinas de

Milão. Na ocasião, o chefão siciliano Giuseppe Madonia disse que, assim que o procurador pusesse os pés na Sicília, lhe seria "feita a cabeça".[299]

Os italianos não costumam dissociar corrupção de violência, notadamente quando misturam-se corrupção e estruturas mafiosas, seja da Cosa Nostra, seja da chamada Falange Armada. No Brasil até onde se sabe não temos essa forte vinculação do crime organizado de estilo mafioso com aquele do colarinho-branco. Mesmo assim, no curso da Lava Jato, começaram a surgir ameaças de morte aos membros do Estado, a uma advogada e até mesmo a quem está sendo investigado e firmou acordo de colaboração premiada.

As primeiras ameaças foram dirigidas ao procurador-geral da República Rodrigo Janot em fevereiro de 2015, quando ele estava para divulgar uma lista com o nome dos políticos que seriam investigados na Lava Jato no âmbito do Supremo Tribunal Federal.[300] As ameaças foram detectadas pelo setor de inteligência da Polícia Federal. Na mesma época, a residência de Janot em Brasília foi invadida e o que chamou a atenção do procurador-geral foi que inúmeros objetos de valor, inclusive armas, não foram roubados. Apenas o controle remoto do portão da garagem foi levado.[301]

Também houve ameaças ao juiz Sergio Moro, que em março de 2016 enfim aceitou andar sob escolta da polícia, visto que conversas captadas em redes sociais e até na interceptação telefônica do ex-presidente Lula revelaram riscos.[302] A cautela em cercar-se de segurança parece ser mais para evitar um atentado de algum maluco contra algum integrante da força-tarefa. Além do mais, não se pode desprezar a nebulosa morte do ex-prefeito de Santo André Celso Daniel, do PT, atribuída há tempos a membros do mesmo partido.[303]

Conforme reportagem da *IstoÉ*,[304] por conta de sua atuação como advogada de determinados réus no caso Lava Jato, Beatriz Catta Preta teria recebido ameaças concretas, até mesmo sob a mira de revólveres, e este teria sido o motivo dela deixar o país. A mesma reportagem também cita ameaças sofridas pelo empresário Hermes Freitas Magnus, o que teria provocado sua fuga do país.

Como o clima é tenso e a situação envolve muito dinheiro desviado por pessoas sem muitos escrúpulos, todo cuidado é pouco.

Reações políticas

Na Itália, ao lado das reações jurídicas houve aquelas de cunho político que, com igual força, pretenderam colocar em xeque as investigações do *pool* de Milão. Em pouco mais de cinco meses do início, Bettino Craxi, que havia se declarado indignado com a corrupção de Mario Chiesa, que qualificou de "ladrãozinho", abriu o jogo ao público num estudado rompante de sinceridade, em famoso discurso proferido na Câmara dos Deputados em 3 de julho de 1992. Pela força do que representa, vale a pena transcrever:

> À sombra do financiamento irregular dos partidos e do sistema político florescem e se entrelaçam casos de corrupção e de extorsão que devem ser definidos, provados e julgados como tais. No entanto, precisamos dizer aquilo que todos sabemos: boa parte do financiamento público é irregular ou ilegal e nenhum partido é capaz de atirar a primeira pedra.[305]

A ideia de Craxi era jogar todos na lama: se todos fazem a mesma coisa, todos se salvam.[306] A corrupção era tão generalizada – e Craxi sabia disso – que Di Pietro, como já destacado, cunhou uma expressão para se referir ao que identificou nas investigações: "doação ambiental".

Do que já veio à tona no Brasil, estratégia similar parece estar em curso desde a época do escândalo do Mensalão (pelo menos desde 2005 em diante). O PT, que permaneceu no poder de 2003 a 2016 e neste período foi responsável, junto com partidos aliados, pela indicação dos diretores da Petrobras envolvidos em desvio de verba e lavagem de dinheiro para abastecer a si mesmos e aos partidos, insiste na tecla de que a corrupção é um mal geral e que o caixa dois é feito por todos os partidos.

O então presidente Lula, em 15 de julho de 2005, sob o impacto apenas do Mensalão, concedeu entrevista a uma emissora de televisão na França na qual afirmou: "O que o PT fez do ponto de vista eleitoral é o que é feito no Brasil sistematicamente. Eu acho que as pessoas não pensaram direito no que estavam fazendo, porque o PT tem na ética uma das suas marcas mais extraordinárias. E não é por causa do erro de um dirigente ou de outro que você pode dizer que o PT está envolvido em corrupção".[307]

A afirmação de que todos fazem, que não deixa de ser em grande parte verdadeira, tinha – e tem – pretensões similares àquelas de Bettino Craxi na Itália, isto é, considerar-se legitimado ou protegido pela generalização e envolver o máximo de políticos de diferentes frentes, provocando a união da classe na busca de soluções políticas para os crimes praticados.[308] Há que se fazer uma ressalva: na Itália as propinas eram pagas sistemática e simultaneamente a vários partidos mediante uma centralização da verba desviada. Os partidos se cotizavam, mesmo os inimigos. Nos bastidores dividiam a propina e à luz dos holofotes se acusavam mutuamente. No Brasil, ainda que vários partidos tenham recebido propina, inclusive de linhas ideológicas diversas, não se identificou um conluio de bastidores entre todos eles, e a preferência de pagamento era dos partidos do governo federal e da base aliada (PT, PP e PMDB).

Também é muito similar ao discurso Craxi a afirmação de Lula de que a culpa é "de um ou outro dirigente", mas não do Partido dos Trabalhadores. Aliás, há uma evidente contradição na frase, pois primeiro afirma que todos fazem, mas depois procura isentar o PT, que teria "na ética uma das suas marcas mais extraordinárias". Se é certo que ao menos antes de assumir o governo o PT orientava seu discurso e prática por uma postura ética, sendo responsável por barrar projetos de lei e emendas à Constituição que ampliavam os privilégios dos detentores do poder, sabe-se hoje, por tudo que veio à tona no Mensalão (ação penal 470, STF) e está vindo à tona na Lava Jato, que o discurso do partido como oposição muitas vezes não se efetivou na prática quando chegou ao comando do país.

Voltando à Itália, os investigados, além de tentar passar ar de normalidade ao caixa dois dos partidos, também adotaram estratégia comum quando surpreendidos em escândalos de corrupção sem muita margem para contestar provas claras: iniciar uma campanha de ataque aos investigadores, invertendo os polos de acusação e procurando desmoralizá-los. A primeira grande manifestação contra os procuradores de Milão foi patrocinada nos jornais pelos políticos socialistas, visando defender o ex-sindicalista Loris Zaffra, preso em 30 de julho de 1992, acusado de receber propina de 50 milhões de liras.

O detalhe é que, depois da prisão de Mario Chiesa, Zaffra tornara-se o preferido de Craxi e seu grupo para ocupar a cadeira de prefeito de Milão; assim, sua prisão repercutiu negativamente no plano político do PSI. O advogado de Zaffra aproveitou para dizer que seu cliente era vítima de perseguição. Zaffra concordou em colaborar com a investigação, mas permaneceu 150 dias em custódia cautelar.[309]

Mesmo acuado, enquanto tinha força política Bettino Craxi promoveu uma cruzada contra a Mãos Limpas. Começou a dizer que possuía um dossiê contra os procuradores da República que o investigavam e que, quando o material viesse a público, "contaria horrores".[310] Há relatos de oferecimento de dinheiro a dois amigos de Antonio Di Pietro para afirmarem que o procurador era usuário de drogas. Basilio Rizzo, conselheiro comunal do Partido Verde, denunciou que um ex-oficial da polícia estava percorrendo a Itália em busca de informações contra Di Pietro.[311]

Craxi passou a se referir aos procuradores de Milão como "togas vermelhas", acusando-os de comunistas. Massimo D'Alema, vice-secretário do PDS (Partido Democrático da Esquerda), seguiu a mesma trilha, referindo-se aos investigadores como "o soviete de Milão", dizendo que "julgam, decidem, fazem tudo sozinhos".[312] Cabe recordar que o Muro de Berlim havia caído há apenas três anos, em 1989, e os ânimos globais em torno da Guerra Fria ainda estavam muito acesos.

O interessante é que também Berlusconi, em 1995, voltou a acusar os investigadores de Milão e de Nápoles de "togas vermelhas". A intenção, destaca Luigi Chiara, era a mesma de Craxi: reforçar perante a opinião pública que tudo não passava de perseguição política de procuradores comprometidos com linhas ideológicas contrárias à de Berlusconi.[313] Um destes procuradores, Agostino Cordova, bem esclarece como eram manipuladas e mesmo esquizofrênicas as acusações de natureza política contra os investigadores:

> Quando eu estava em Palmi e prendia os socialistas, chamavam-me de democrata-cristão; depois, eu prendia os democratas-cristãos e me chamavam de socialista. Depois me passei por membro da Refundação Comunista. Em Nápoles, chamaram-me logo de fascista. Agora sou um comunista.[314]

O procurador-geral Saverio Borrelli em inúmeras ocasiões precisou vir a público desmentir que os investigadores atuavam pautados por interesses políticos. Numa entrevista em 27 de novembro de 1992, indagado pelo jornalista Marco Branco, do jornal *l'Unitá*, se não era verdade o que havia escrito Rossana Rossanda, jornalista e fundadora do Partido Comunista Italiano, de que "haveria um jogo político às costas dos procuradores", Borrelli desabafou:

> O senhor está em condições de me dizer qual seria este jogo político? Vamos querer fazer psicanálise em mim e em meus substitutos para descobrir quais seriam as intenções ocultas, das quais nem mesmo nós estamos cientes.[315]

Em 9 de janeiro de 1993, voltando a ser questionado sobre o tema, Borrelli disse:

> Estas atribuições de finalidades políticas aos magistrados são fruto de uma distorção cultural, infelizmente muito difundida em nosso país, graças à qual ninguém parece mais disposto a crer que os outros cumpram o próprio dever exclusivamente em obséquio ao próprio dever institucional e em conformidade com a consciência profissional. Dito em poucas palavras: é o vício da teoria da conspiração. É irritante ver que se atribuem, a cada passo dado, intenções diferentes daquelas que se cultivam no templo da própria consciência.[316]

Percebe-se que havia uma narrativa dos políticos investigados procurando impor aos investigadores um atuar político. Construiu-se e se vendeu na mídia a ideia de que, se os procuradores da República agiam daquele modo, só podia ser por razões políticas e não por mero cumprimento do dever.

É a clássica desculpa do político surpreendido em atos ilícitos: por trás da investigação, há uma motivação político-ideológica de vertente contrária ao que ele prega. A intenção da Mãos Limpas era "criminalizar a política", disse Massimo D'Alema (que em 1998 tornou-se primeiro-ministro) em pronunciamento à Associação Nacional de Construtores, em 1º de junho de 1995:

> É necessária uma clara demarcação entre a política e a ação judiciária: é a política que deve resolver os problemas do país [...]. Um magistrado tem o dever de perseguir quem recebe propinas, mas não o administrador que decide construir uma ponte ou uma estrada, porque quem julga essas escolhas são os eleitores [...]. É necessário permitir que o país retome seu desenvolvimento, deixando de criminalizar uma parcela da economia italiana ou apenas a classe política.[317]

O mesmíssimo discurso ecoou por aqui. Várias autoridades do Estado, parlamentares, blogueiros e simpatizantes do PT repetiram o discurso de que a Lava Jato teria como objetivo a "criminalização da política". Jacques Wagner, ministro da Casa Civil do governo Dilma Rousseff, declarou em entrevista no dia 14 de março de 2016 que o juiz Sergio Moro estaria "quase chegando no seu objetivo, da criminalização da política. Alguma vez teve algo tão espetaculoso durante tanto tempo?".[318] Em 15 de maio de 2016, o senador do PT Paulo Rocha disse na tribuna do Senado: "A Operação Lava Jato está sendo usada para criminalizar a política e quem está no poder".[319]

O ministro do Supremo Tribunal Federal Dias Toffoli repetiu discurso similar em 16 de setembro de 2016, dois dias depois do Ministério Público Federal formalizar denúncia criminal contra Lula, sua esposa e outros acusados por corrupção e lavagem de dinheiro envolvendo o apartamento tríplex na praia de Guarujá: "Se criminalizar a política e achar que o sistema judicial vai solucionar os problemas da nação brasileira com moralismos, com pessoas batendo palma para doido dançar e destruindo a nação brasileira e a classe política... é o sistema judicial que vai salvar a nação brasileira?".[320]

Também se vê por aqui a estratégia de atrelar a atuação da Lava Jato a uma corrente político-ideológica. A diferença é que a acusação é para uma corrente inversa à das "togas vermelhas" italianas. Os investigados e seus simpatizantes querem fazer crer que o juiz Sergio Moro, os policiais federais e os procuradores da Lava Jato atuam conforme ideais políticos de direita e somente contra o Partido dos Trabalhadores. Trata-se de ilação absolutamente sem sentido, pois imaginar que dezenas de pessoas concursadas, de diferentes instituições (Polícia Federal, Ministério Público, Auditoria da Receita Federal e magistratura) e que se reuniram, em parte, em força-tarefa antes mesmo de se antever qualquer participação ampla e efetiva do PT, é forçar uma teoria conspiratória sem respaldo na realidade. Não se deve esquecer que a Lava Jato teve início com envolvimento de doleiros e políticos vinculados ao PP (Partido Progressista) e somente depois das primeiras colaborações premiadas veio à tona a participação de integrantes do PT e de outros partidos.

A tese de perseguição política foi por muito tempo sustentada com base no fato de o então presidente da Câmara dos Deputados, Eduardo Cunha, não ser preso pela Lava Jato. Vale relembrar que Cunha é do PMDB, na época partido aliado do PT, formando a base do governo federal. Porém, depois de se ver envolvido nas investigações da Lava Jato e de ser alvo também de processo de cassação do mandato por ter mentido na CPI da Petrobras, Cunha resolveu dar encaminhamento ao processo de *impeachment* de Dilma e passou a ser considerado inimigo público do PT. Quando Cunha teve o mandato cassado e perdeu a imunidade parlamentar, o juiz Sergio Moro decretou sua prisão preventiva em 19 de outubro de 2016 a pedido da Polícia Federal e do Ministério Público. Aí foram definitivamente desconstruídas as teses de que a atuação da Lava Jato seria contra um determinado partido político ou segundo as pretensões políticas de oposição ao governo petista.

Há outro ponto em comum entre Mãos Limpas e Lava Jato, ainda que paradoxal em certos aspectos. Os integrantes das forças-tarefas foram acusados de atuar em nome de agências de inteligência estrangeiras – da CIA e do FBI norte-americanos e, no caso italiano, até da KGB soviética. Para quem gosta de teoria da conspiração é um prato cheio.

A filósofa e professora Marilena Chauí gravou um vídeo, amplamente divulgado a partir de 3 de julho de 2016, no qual garante que o objetivo da Lava Jato é retirar do Brasil a soberania do petróleo descoberto no pré-sal, entregando a exploração das jazidas a empresas norte-americanas, o que se daria pelas mãos do juiz Moro, treinado pelo FBI especificamente para este propósito.[321] Como não há embasamento algum, o absurdo desse tipo de vinculação somente se explica em razão de possível "quadro mental paranoico", no qual "as hipóteses prevalecem sobre o próprio fato", para usar a expressão do jurista italiano Franco Cordero,[322] ou de cegueira ideológica, ou ainda de tentativa descontrolada de atribuir à ação regular das instituições brasileiras um motivo econômico ilegítimo, como a não acreditar que os investigadores da Polícia Federal e do Ministério Público e o juiz Sergio Moro possam agir simplesmente no cumprimento do dever.

O fato de alguém considerar que os procuradores da Itália e do Brasil possam ter abusado de pedidos de prisão preventiva e que os juízes tenham decidido de forma exagerada em alguns casos não implica automaticamente em atuação política das instituições da Justiça. Como bem lembrou Loris Zaffra, preso na Mãos Limpas, discordando da ideia de atuação política dos juízes e de que extorquissem falsas confissões: "No final das contas, o réu diz a verdade. Pode ser difícil admitir, mas é assim".[323]

Na Itália, a tese da atuação política dos investigadores foi levada à Corte Europeia dos Direitos Humanos por Bettino Craxi (Caso nº 63226/2000), alegando que os procuradores da República teriam provocado a "midiatização de suas funções" e que o julgamento seria político e midiático. Em 14 de junho de 2001, a acusação foi rejeitada:

> A Corte observa que o interesse da mídia italiana pelo caso do Metrô de Milão e a importância que este adquiriu aos olhos da opinião pública resultaram da posição de destaque ocupada pelo requerente e seus corréus, do contexto político em que o alegado crime ocorreu, bem como da natureza e da gravidade deste.
>
> A Corte considera inevitável, numa sociedade democrática, que comentários por vezes duros sejam feitos pela imprensa sobre um caso sensível que, a exemplo deste do recorrente, coloque em mesa a moralidade dos administradores públicos e suas relações entre o mundo da política e dos negócios. (...) Em todo o caso, a Corte considera que as provas apresentadas pelo recorrente não permitem pensar que os membros do Ministério Público excederam seus poderes para prejudicar a imagem pública do requerente e do PSI. A este respeito, deve-se recordar que o requerente foi

> condenado por corrupção e não por suas ideias políticas e que nada nas decisões judiciais tomadas no âmbito do caso do Metrô de Milão permite concluir que elas foram influenciadas por outros elementos que não os fatos relevantes subjacentes às acusações.[324]

Como se vê dos trechos acima, as alegações de Bettino Craxi a respeito da atuação do Ministério Público italiano se equivalem àquelas sobre o Ministério Público brasileiro na Lava Jato. A decisão da Corte Europeia de Direitos Humanos delimitou os espaços da retórica reativa defensiva e do que se apresentava de fatos e provas contra o acusado.

O ex-presidente Luiz Inácio Lula da Silva buscou abrigo no Alto-Comissariado das Nações Unidas para os Direitos Humanos, vinculado à ONU (Organização das Nações Unidas), conforme anunciaram seus advogados em 28 de julho de 2016. Foi argumentado que o juiz Sergio Moro violou os direitos e garantias de Lula no episódio da condução coercitiva e da divulgação das gravações telefônicas dele e da ex-presidente Dilma Rousseff.[325]

Não há ainda posicionamento da corte da ONU no caso de Lula. Porém, no caso de Craxi, a rejeição da tese de atuação política dos procuradores de Milão pela Corte Europeia de Direitos Humanos pode ser explicada pelo princípio da obrigatoriedade da ação penal, vigente na Itália e no Brasil. Por este princípio, preenchidas as condições da ação, o Ministério Público é obrigado a agir, invocando a tutela jurisdicional do magistrado e dando início a um processo. Neste ponto, o Ministério Público é controlado externamente pelo juiz (e depois pelos tribunais) e pelas vítimas (no caso, a Petrobras, que inclusive habilitou-se nos processos criminais como assistente de acusação).

Portanto, havendo condições da ação – e uma delas é a chamada "justa causa", tratando-se aqui de um conjunto probatório mínimo a dar suporte ao fato que se narrará na denúncia a ser formalizada –, não há discricionariedade no agir do Ministério Público. Em outras palavras: os procuradores da República não escolhem quem acusarão, mas agem pautados pelo conjunto de elementos probatórios coletados na investigação, sendo obrigados a agir caso a prova indique a presença de justa causa.

O esforço em desmoralizar os investigadores da Mãos Limpas fez com que muitos não medissem esforços para neles fazer colar a pecha de "farinha do mesmo saco". Sergio Cusani, consultor financeiro do grupo Ferruzzi, condenado por corrupção a 8 anos de prisão, apresentou um dossiê contra Antonio Di Pietro, dizendo que este o injuriou na investigação, chamando-o de "ladrão, mentiroso e traidor", e que não apresentou provas que mostrariam que o grupo Ferruzzi teria sido vítima de concussão dos partidos políticos.[326] Cusani apresentou mais três representações por abuso de autoridade contra Di Pietro, alegando que extraiu confissões de pessoas algemadas, que os juízes eram submissos aos procuradores e que o Ministério Público tinha "sede de poder".[327]

As ameaças dos políticos não intimidaram o *pool* de Milão, e a investigação expandiu-se para praticamente todo o país. Em 7 de setembro de 1992, foram presos dezoito políticos e empresários por corrupção na região de Reggio Calabria, ao sul. Em 30 de setembro de 1992, em Abruzzo, região central da Itália, foram presos o governador e todos os secretários de governo.[328]

Como não há muita criatividade na defesa política, estratégia similar de tentar a desmoralização dos investigadores parece em curso no Brasil. A ex-presidente Dilma Rousseff só passou a ser oficialmente investigada na Lava Jato em 16 de agosto de 2016, por decisão do ministro do STF Teori Zavascki ao pedido do procurador-geral da República; todavia, cerca de três meses e meio antes, ainda na Presidência da República, Dilma declarou que o juiz Moro deveria ser preso por crime contra a segurança nacional no episódio da divulgação das gravações de sua conversa com o ex-presidente Lula na qual tratavam da nomeação deste para o Ministério.[329]

O senador Renan Calheiros, do PMDB, também investigado na Lava Jato, quando soube que o procurador-geral da República Rodrigo Janot requereu ao Supremo Tribunal Federal abertura de inquérito contra ele, disse que era preciso instaurar uma CPI (Comissão Parlamentar de Inquérito) para investigar o Ministério Público. Diante da dificuldade de reunir assinaturas de seus pares para tanto, desistiu da ideia e direcionou forças para impedir a recondução de Janot ao cargo.[330]

Em 12 de março de 2015, o então presidente da Câmara dos Deputados Eduardo Cunha, do PMDB, ao depor na CPI da Petrobras e saber que era investigado pela Lava Jato, também lançou acusações contra Janot: “Colocar a honra de quem quer que seja e dizer que o pedido de abertura de inquérito não constrange, constrange! Principalmente, a quem está no exercício do poder. À toa. Colocar de uma forma irresponsável e leviana, por escolha política, alguém para investigação é criar um constrangimento para transferir a crise do lado da rua para cá, e nós não vamos aceitar”. E ainda: “O Ministério Público escolheu a quem investigar, não investigou todos, e por motivações de natureza política escolheu aqueles que seriam alvos de investigação”.[331]

Alguns simpatizantes do PT promoveram eventos em diversas cidades do país contra a Lava Jato, gritando palavras de ordem como “fora Moro” e slogans depreciativos de forte conteúdo ofensivo, chamando-o até de “fascista”. Em sentido inverso, grandes passeatas populares levaram a bandeira da moralidade pública para as ruas em defesa da Lava Jato. A maior delas, em 15 de março de 2015, contabilizou mais de dois milhões e meio de pessoas nas ruas de praticamente todas as grandes cidades brasileiras contra a corrupção generalizada. A polarização alcançou níveis nunca vistos no Brasil, potencializada pelo uso indiscriminado das redes sociais, que facilitaram os arroubos próprios da índole daqueles que – de um lado e outro – acreditam estar respaldados pelo ambiente virtual e pela falsa sensação de anonimato que ele apresenta.

De tudo que foi patrocinado pelo poder político contra a Mãos Limpas e a Lava Jato, é preciso ficar atento para o intuito de criar um clima que facilite e legitime mudanças legislativas para proteger os envolvidos em corrupção. Na Itália, a estratégia inicial de Craxi, ainda em julho de 1992, que implicava em todos se unirem para dar jeito de se livrar, pareceu o caminho mais viável. A chamada "solução política" para a Mãos Limpas começou a ganhar corpo depois que a investigação alcançou formalmente o primeiro-ministro. Em 26 de fevereiro de 1993, o presidente Luigi Scalfaro, procurando uma fórmula de salvar os envolvidos da prisão, declarou: "Os políticos corruptos devem relatar tudo, devolver o que foi roubado e depois renunciar ao eleitorado passivo".[332] Foi o pontapé inicial das reações legislativas que fizeram a Itália retornar ao *status quo ante*. Resta saber se o Brasil seguirá este caminho.

Reações legislativas

As reações contrárias de diversas frentes facilitaram a aceitação das críticas ao *pool* da Mãos Limpas por parcela significativa da população. Com isso, abriu-se caminho para as alterações legislativas que vieram a beneficiar os corruptos.

Ainda em 1992 foram propostas reformas constitucionais que visavam desvincular o Ministério Público italiano da magistratura, não para garantir sua independência e facilitar a atuação como órgão autônomo também em relação ao Poder Judiciário, mas para subordiná-lo ao Poder Executivo ou até mesmo ao Poder Legislativo. É verdade que o próprio Giovanni Falcone, que investigou a Máfia nos anos 1980, pregou a necessidade do Ministério Público desvincular-se da magistratura, o que seria positivo para o aperfeiçoamento da atuação técnica das duas instituições, mas o fez pensando numa atividade independente – como é no Brasil – e não numa subordinação hierárquica ao chefe do Executivo. Essa vinculação, como é evidente, premiaria desvios de comportamentos dos detentores de poder, que ficariam imunes às possíveis ações de um Ministério Público a eles subordinado.

A vinculação do Ministério Público ao Poder Executivo era a realidade no regime fascista de Mussolini, que o amarrou de forma ainda mais incisiva se comparada à herança do Código Napoleônico, notadamente por ocasião da reforma do judiciário levada a cabo em 1925. Para se ter uma ideia, Mussolini estabeleceu que para ocupar um cargo na magistratura ou no Ministério Público o pretendente precisava antes inscrever-se no Partido Nacional Fascista. Assim, ele manipulava os procuradores e os usava em seus propósitos totalitários.[333]

Ainda que o fascismo não seja mais o discurso dominante na Itália, ao redirecionar o Ministério Público para uma estrutura hierarquizada dentro do Poder Executivo existe o risco de submissão ao chefe de plantão. A proposta não foi aprovada em 1992, mas continuou em pauta tanto no primeiro governo Berlusconi (1994) quanto nas duas décadas seguintes. E a ideia ainda não foi abandonada.

Seguiram-se inúmeras outras iniciativas legislativas contra a Mãos Limpas. Em março de 1993, o Ministro da Justiça Giovanni Conso, impulsionado e legitimado pelas declarações públicas do presidente Luigi Scalfaro de promover uma "solução política", publicou um decreto que levou seu nome – Decreto Conso – prevendo a descriminalização do financiamento ilícito aos partidos (o caixa dois). A conduta passava a ser punida apenas no âmbito administrativo, com multa passível de parcelamento e custeio pelo partido e não necessariamente pelo político envolvido. O mesmo decreto também reintroduzia o sigilo das investigações, eliminado pelo Código de Processo Penal italiano de 1989.[334] O interessante é que os políticos italianos diziam aos jornalistas que estavam apenas atendendo um pedido dos investigadores da Mãos Limpas, colocando sobre eles a responsabilidade pelo atuar político. Di Pietro, Colombo e Davigo ficaram irados e, sob a batuta do procurador-geral Borrelli, convocaram a imprensa e emitiram o seguinte comunicado:

> Soubemos que a assim denominada "solução política" teria sido justificada com base em nossas declarações. Como magistrados, temos o dever inderrogável de aplicar as leis do Estado sejam elas quais forem [...], mas não permitiremos que ninguém apresente as iniciativas em questão como se tivessem sido solicitadas, desejadas ou aprovadas por nós. O governo e o Parlamento são soberanos nas decisões de sua competência, mas esperamos que cada um assuma perante o povo italiano a responsabilidade política pelas próprias escolhas sem fazer um escudo com nosso trabalho ou nossas opiniões, que são exatamente opostas ao sentido das medidas adotadas. Acreditamos, na verdade, que o resultado previsível das alterações legislativas aprovadas será a paralisação total da investigação e a impossibilidade de estabelecer os fatos e a responsabilidade daqueles que os cometeram. Sem mencionar que assim também se desencoraja qualquer forma de colaboração.[335]

Dizer que a iniciativa não era dos investigados na Mãos Limpas e sim dos investigadores não foi a melhor estratégia. Quando a população italiana compreendeu que o decreto teria efeito retroativo, beneficiando todos que ainda não haviam sido descobertos, que já estavam sendo investigados ou processados e mesmo os que já condenados, a reação foi grande, com mais de dez mil pessoas nas ruas gritando palavras de ordem contra o governo e a favor da Mãos Limpas. Pressionado, o presidente Scalfaro recusou-se a chancelar o decreto, os políticos arrumaram a desculpa de que havia um erro formal e o retiraram de pauta.[336]

A coincidência com o que aconteceu no Brasil é impressionante. Na noite de 19 de setembro de 2016, uma segunda-feira, depois de um acordo entre as lideranças de vários partidos políticos de múltiplas ideologias

(PMDB, PSDB, DEM, PR, PP e PT), a Câmara dos Deputados tentou aprovar, praticamente de forma velada, o Projeto de Lei nº 1210/2007, de autoria do ex-deputado federal Régis de Oliveira, sobre pesquisas eleitorais, propaganda eleitoral e financiamento público de campanha que estava arquivado desde 2 de abril de 2008.[337] O plano consistiu em resgatar o trâmite deste projeto em "regime de urgência", numa "reabertura da discussão em turno único", como consta nos anais de seu trâmite, nos termos do artigo 155 do Regimento Interno da Câmara dos Deputados. Vale transcrever o artigo que regulamenta o regime de urgência na Câmara para se compreender o grau de desfaçatez que proporcionou esse triste momento da vida pública nacional:

> Poderá ser incluída automaticamente na ordem do dia para discussão e votação imediata, ainda que iniciada a sessão em que for apresentada, proposição que verse sobre matéria de relevante e inadiável interesse nacional, a requerimento da maioria absoluta da composição da Câmara, ou de líderes que representem esse número, aprovado pela maioria absoluta dos deputados, sem a restrição contida no §2º do artigo antecedente.

O interesse, no caso, era apenas dos deputados e senadores envolvidos em práticas ilícitas, algo muito distante "de relevante e inadiável interesse nacional". O que se pretendia era apresentar em plenário um substitutivo propondo reforma legislativa que extinguiria a punibilidade dos autores de crimes de corrupção e/ou peculato quando o dinheiro fosse destinado a partidos políticos.

A ideia foi vendida como se atendesse a uma das propostas do projeto "Dez Medidas contra a Corrupção" do Ministério Público Federal, notadamente sobre o caixa dois das campanhas eleitorais (doação não formalizada e não declarada à justiça eleitoral). Com a desculpa de que tipificariam o caixa dois, os parlamentares pretendiam inserir uma regra extinguindo a punibilidade de todos os que haviam cometido conduta similar até então. Com isso, boa parte dos envolvidos na Lava Jato seriam beneficiados.

O texto não foi aprovado porque alguns deputados presentes, a exemplo de Ivan Valente, líder do PSOL, começaram a questionar do plenário da Câmara, descortinando a manobra. A repercussão nos meios de comunicação provocou reação popular imediata nas mídias sociais, o que levou à retirada de pauta do projeto, isso já próximo da meia-noite.[338]

Mas os parlamentares não desistiram. Passados pouco mais de dois meses, em 24 de novembro de 2016, parcela significativa dos deputados federais, comandados pelas lideranças dos principais partidos (PT, PMDB, PSDB, dentre outros), aproveitaram a discussão do relatório da comissão especial sobre as Dez Medidas e voltaram à carga, dizendo que estavam aprovando a criminalização do caixa dois, porém, com emenda concedendo anistia geral e irrestrita a todos que usaram verbas contabilizadas ou não contabilizadas. O texto da emenda proposta era o seguinte:

> Emenda de Plenário nº (PL 4.850/2016)
>
> Inclua-se onde couber:
>
> "Art. X. Não será punível nas esferas penal, civil e eleitoral doação contabilizada, não contabilizada ou não declarada, omitida ou ocultada de bens, valores ou serviços, para financiamento de atividade político-partidária ou eleitoral realizada até a data da publicação desta lei".[339]

O atestado da vergonha implícita é que a emenda circulava nos corredores do Congresso sem qualquer assinatura, mas foi amplamente divulgado que se tratava de iniciativa conjunta e negociada dos líderes dos principais partidos. Não bastasse, a articulação era para que a votação não fosse nominal, mas pelos votos simbólicos das lideranças partidárias. Quem se insurgiu foram os deputados do PSOL, que formularam requerimento para votação nominal, com registro dos nomes de quem votasse a favor.

Na prática, a aprovação implicaria em acabar com quase toda a investigação da Lava Jato e com o que resultou do processo do Mensalão. O texto anistiava aqueles que praticaram o crime do artigo 350 do Código Eleitoral Brasileiro (omitir, em documento público ou particular, declaração que dele devia constar, ou nele inserir ou fazer inserir declaração falsa ou diversa da que devia ser escrita, para fins eleitorais), conhecido como crime de caixa dois, referente a dinheiro não contabilizado ou não declarado. Só que, além disso, anistiava a lavagem de dinheiro decorrente de práticas de corrupção, já que citava também a doação contabilizada, alcançando o dinheiro de corrupção ou peculato disfarçado de doação eleitoral. Acabava ainda com toda repercussão civil e de improbidade administrativa.

Também não passa despercebido que a iniciativa se deu um dia depois de ter sido anunciado pelos meios de comunicação que 78 executivos da maior empreiteira brasileira, a Odebrecht, estavam finalizando novos acordos de colaboração premiada com os procuradores da Lava Jato,[340] cujo conteúdo poderia incriminar cerca de 200 políticos, desde os ex-presidentes Lula e Dilma e o presidente Michel Temer (PMDB), além do candidato à Presidência nas últimas eleições, senador Aécio Neves (PSDB), bem como inúmeros governadores, deputados federais, senadores e políticos influentes de diversos partidos, a exemplo de José Serra (PSDB), ex-ministro das Relações Exteriores; Geraldo Alckmin (PSDB), governador de São Paulo; Sérgio Cabral (PMDB), ex-governador do Rio de Janeiro; e Eduardo Paes (PMDB), ex-prefeito do Rio de Janeiro.[341] A colaboração dos executivos da Odebrecht já havia sido chamada de "acordo do fim do mundo" pela mídia[342] e de "metralhadora ponto 100" pelo ex-presidente José Sarney (PMDB)[343] em alusão ao poder de fogo.

A reação da sociedade foi imediata, com declarações de repúdio dos procuradores da Lava Jato e do juiz Sergio Moro, além de inúmeras manifestações de associações de classe, de comentaristas dos meios de comunicação e da população indignada nas redes sociais. O presidente da Câmara, Rodrigo Maia (DEM), adiou a discussão do tema para a semana seguinte.

Porém, passados apenas cinco dias, a Câmara voltou à carga. Com trabalhos iniciados na noite de 29 de novembro de 2016 e avançando pela madrugada, conduziu-se a votação do Projeto de Lei nº 4850/2016, que espelhava o projeto Dez Medidas contra a Corrupção.

O ritmo acelerado e urgente da votação destoou do cuidado verificado ao longo do aprofundado debate em cinco meses de audiências públicas na comissão especial designada pela Câmara para analisar as propostas. Como resultado da votação concluída somente às 4 horas da madrugada de 30 de novembro de 2016, o que se obteve foi não apenas a quase completa desconfiguração do texto original, mas a inserção de outros temas que caminham no sentido inverso ao pretendido, a exemplo da criminalização de condutas de juízes e promotores relacionadas ao trabalho de combate à corrupção.

Em vez de aprovar um pacote anticorrupção, a Câmara transformou o projeto numa espécie de pacote pró-corrupção, pois permite aos investigados processar os investigadores. Mesmo que sem razão, cria condições para que os investigados embaracem as investigações e quiçá provoquem situações de animosidade para levantar suspeitas contra investigadores e juízes, afastando do caso aqueles que são conhecedores profundos do que se investiga.

Cabe ressaltar que nem o Ministério Público, nem o Judiciário se manifestaram contra a possibilidade de criminalização, pela via legislativa, de práticas abusivas por parte de seus membros. Porém, o que se aprovou na Câmara e o que se propôs discutir complementarmente no Senado não foi isso. As figuras penais tipificadas no projeto são significativamente abertas, permitindo criminalizar a interpretação divergente da lei. Abusar do poder é uma coisa, divergir na interpretação de uma prova ou da lei é outra bem diferente.

O texto que os deputados aprovaram e o texto que o Senado colocou em debate não pune o abuso, mas sim a divergência na interpretação. Nos termos do projeto, se um promotor de Justiça, analisando o resultado de uma investigação criminal, entender que tem elementos suficientes para oferecer uma denúncia criminal contra alguém e mais adiante o juiz de primeiro grau, ou o Tribunal de Justiça, ou o Superior Tribunal de Justiça, ou o Supremo Tribunal Federal disser em grau revisional que ele não tem razão, isso implica reconhecer que o promotor cometeu um crime e deve ser punido, com pena de prisão e perda do cargo.

Não foi só. Os deputados aprovaram ainda a criação de uma nova figura penal para punir o promotor de justiça que ajuíze uma ação civil pública por ato de improbidade administrativa contra um político de "maneira temerária". O problema está em saber o que é "maneira temerária". A expressão é absurdamente vaga. Ademais, qualquer ação civil, por definição, pode ser lida como "temerária", pois jamais se tem certeza do seu sucesso, já que sempre dependerá da análise e decisão de uma terceira pessoa: o juiz. Aliás, o processo serve para avaliar fatos e provas, produzir o contraditório para, ao final, o juiz decidir se dá razão ou não a quem propôs a ação. Se toda vez que o juiz decidir contra o Ministério Público isso implicar em querer responsabilizar criminalmente o promotor de justiça, não haverá mais promotor para agir na proteção do patrimônio público, pois o risco de vir a ser incriminado porque alguém divergiu dele na interpretação do fato, da prova ou da lei é muito grande.

O texto diz que também será crime se o promotor atuar "com motivação político-partidária". Na cabeça de boa parte dos políticos, qualquer ação movida contra eles é justificada como questão político-partidária. Ainda que o promotor não esteja agindo nestes moldes, se o político achar que a ação contra ele decorre de motivação político-partidária, poderá querer responsabilizar o promotor criminalmente. Invertem-se os polos na discussão.

O projeto aprovado na calada da noite ainda considera crime qualquer manifestação "depreciativa" sobre "despachos, votos, sentenças ou manifestações funcionais" e proíbe promotores de dar declarações públicas sobre os casos em que atuam. Com isso a Câmara dos Deputados conseguiu a façanha de reavivar, sem qualquer discussão séria, o famoso Projeto de Lei nº 265/2007, conhecido por Lei Maluf ou Lei da Mordaça, que tinha a mesma pretensão e já havia sido rejeitado pela casa. A publicidade do processo, prevista na Constituição Federal em seu artigo 5º, LX, vira letra morta a partir deste texto, diminuindo a possibilidade de a população fiscalizar externamente, além dos atos dos políticos, a atuação do Ministério Público e do Poder Judiciário na condução dos processos.

Para fechar com chave de ouro, os deputados aprovaram um novo crime e um novo modo de exercitar a ação penal privada. Trata-se do delito de "violar a prerrogativa de advogado", permitindo que, mesmo depois de arquivado um inquérito policial por se entender que o delito não restou configurado, a OAB ingresse com ação penal privada subsidiária contra o promotor ou juiz.

Enfim, o grosso do texto aprovado com a falaciosa argumentação de que visava combater a corrupção e evitar injustiças na verdade vem blindar os maus administradores públicos, os peculatários, os fraudadores de licitação, os corruptos em geral, pois constrange de antemão promotores e juízes, praticamente impedindo que consigam agir com a necessária independência funcional. A Câmara dos Deputados patrocinou um triste momento da vida pública nacional, dando um lamentável passo, bastante decisivo, no caminho da impunidade, reforçando o mecanismo de seletividade e proteção aos detentores do poder político e econômico, próprios do conjunto da legislação penal brasileira, justamente quando está em curso a mais importante investigação de crimes do colarinho-branco da história do país. De resto, nos pontos que se destacou, o projeto viola os princípios constitucionais de moralidade e de proibição de proteção deficiente no trato da coisa pública, nos termos do artigo 37 da Constituição Federal.

A matéria chegou ao Senado no mesmo 30 de novembro de 2016, e seu presidente, Renan Calheiros (PMDB), pretendeu aprovar a lei naquele dia, a toque de caixa, em regime de urgência. A pretensão foi rechaçada pela maioria do Senado (44 votos contra 14) que acompanhou a reação de indignação imediata das redes sociais.

No dia seguinte, 1º de dezembro de 2016, o Pleno do Supremo Tribunal Federal recebeu a denúncia criminal oferecida pelo Ministério Público contra Renan Calheiros três anos antes por peculato.[344] A proposta aprovada na Câmara, a pretensão do Senado de aprovar a lei acrescida de novas figuras de abuso de autoridade contra juízes e promotores, e a decisão do STF de receber a denúncia contra Renan levaram a população às ruas de mais de duzentas cidades brasileiras no dia 4 de dezembro de 2016, protestando contra o Congresso Nacional.

Com os protestos, a discussão no Senado foi postergada. Todavia, seguiu-se um dos episódios mais marcantes do descontrole político e institucional que assola o país.

No dia 5 de dezembro de 2016, o ministro Marco Aurélio do Supremo Tribunal Federal, em decisão monocrática, acolheu o pleito da Rede Sustentabilidade e liminarmente afastou Renan Calheiros da presidência do Senado, levando em conta que a maioria dos ministros do tribunal já havia decidido que réus não podem figurar na linha de sucessão da Presidência da República (o processo respectivo já contava com seis votos nesse sentido e estava com o julgamento suspenso por pedido de vistas do ministro Dias Toffoli). Renan Calheiros esquivou-se de ser citado pelo oficial de justiça e, enquanto isso, a Mesa do Senado publicou ato dizendo que não cumpriria a ordem monocrática e bancaria Calheiros na presidência da casa.[345]

O STF, em vez de fazer valer a decisão de um de seus membros, reuniu-se às pressas no dia seguinte para submeter a votação do tema ao plenário e tomou uma decisão salomônica: Renan Calheiros poderia continuar no cargo de presidente do Senado, mas não poderia assumir a Presidência da República caso a linha sucessória chegasse a ele. Na visão do país, o Supremo Tribunal Federal saiu diminuído desse episódio, e foram inúmeras as manifestações de indignação e as piadas de que decisão judicial, se for monocrática, pode ser descumprida.

É a história da Mãos Limpas se repetindo quase que com o mesmo roteiro 24 anos depois na Lava Jato. Mudam os personagens, não mudam as reações.

Na Itália, as iniciativas não lograram o êxito pretendido pelos investigados, mas é certo que, por mais paradoxal que pareça, eles se beneficiaram com o sucesso do avanço das investigações. De fato, quando os processos da Mãos Limpas chegaram ao ápice, em 1994, os partidos e os políticos tradicionais estavam em absoluto descrédito, evidenciando-se um vazio do qual se aproveitou Silvio Berlusconi, bilionário italiano, dono de empresas de comunicação e do time de futebol A.C. Milan.

Ainda que Berlusconi tenha sido vendido ao público como um empresário de sucesso, desvinculado do mundo político, estranho àquele universo desacreditado, como explica Renzo Orlandi,[346] é sintomático o que as pessoas próximas, além dele mesmo, apresentaram como justificativa para seu ingresso na política. Palavras do próprio Berlusconi: "Sou obrigado a entrar para a política; caso contrário, me colocam na prisão e vou à falência por dívidas".[347] É a boa e velha imunidade parlamentar falando alto. Pelo que relatam Barbacetto, Gomez e Travaglio, Silvio Berlusconi e suas empresas já eram objeto de inúmeras investigações anteriores e mesmo concomitantes à Mãos Limpas, denotando forte intimidade e troca de favores com o poder então exercido principalmente por seu amigo Bettino Craxi. Serve de exemplo o que relatou em livro o fotógrafo de confiança de Craxi, Umberto Cicconi: já em 1980 Berlusconi escreveu uma carta a Craxi para que este evitasse que o órgão equivalente à Receita Federal italiana promovesse fiscalizações em suas empresas por sonegação fiscal. A carta dizia: "Caro Bettino, como tinha mencionado verbalmente, a Rádio Fante anunciou que, depois da visita a Turim, Guffanti e Cabassi, a Receita Federal me investigará... Te agradeço por tudo o que tu acredites que seja justo fazer".[348]

Berlusconi foi eleito primeiro-ministro da Itália três vezes e permaneceu no poder por nove anos no total, período no qual envolveu-se em diversos delitos econômicos e investigações e processos correlatos à Mãos Limpas. Cabe recordar que ele também aparecia na lista da loja maçônica P2, embora na ocasião não tenha sido acusado de nada. Seu envolvimento nos processos e sua ampla influência no Parlamento propiciaram a aprovação de leis que, ao lado do já citado Decreto Conso, beneficiaram a ele e aos processados da Mãos Limpas, esvaziando inúmeros processos criminais em tramitação. Vejamos a sequência de leis e atos:

1) Decreto Biondi ("decreto salva-ladrões")

O Decreto-lei nº 440/1994, de 13 de julho de 1994, conhecido por Decreto Biondi por ter sido elaborado por Alfredo Biondi, então ministro da Justiça do governo Berlusconi, proibiu a prisão preventiva para crimes contra a administração pública e o sistema financeiro, admitindo apenas a prisão domiciliar. Além disso diminuiu o tempo para a instrução probatória do processo e proibiu a divulgação das investigações pela imprensa.

A justificativa dada por Biondi, em artigo escrito sobre o tema vinte anos depois da edição do decreto, foi de que "era ainda viva a urgência de 'normalizar' a realidade judiciária italiana" e as prisões cautelares, no seu entender, estavam sendo usadas para forçar delações premiadas. Além do mais, “os investigados da Mãos Limpas eram de uma classe político-empresarial de alto ou altíssimo nível socioeconômico, cujos expoentes não podiam suportar a dor e o desconhecido de uma prisão preventiva que poderia durar até muitos meses”.[349] Assim, prossegue Biondi, para envolvidos em crimes do colarinho-branco bastava a prisão domiciliar, enquanto a prisão preventiva ficaria restrita “a particulares tipologias de crime de elevado alarme social (delitos ‘de sangue’ e em matéria de droga, delitos associativos e de máfia, delitos contra a pessoa e o patrimônio, etc.)”.[350] A seletividade do direito penal espelhada no decreto e no discurso de Biondi fala por si.

O decreto foi aprovado em 13 de julho de 1994, ou seja, no dia da semifinal entre Itália e Bulgária na Copa do Mundo dos Estados Unidos.[351] O Brasil já estava na final e aguardava o vencedor do confronto. Para quem conhece a paixão dos italianos por futebol é fácil compreender a escolha da data.

Também naquele momento alguns funcionários da Guarda de Finanças (equivalente à Receita Federal no Brasil) haviam confessado ter sido corrompidos por quatro empresas do grupo Fininvest de Berlusconi.[352] Na ocasião, 2.764 pessoas estavam presas por crimes desta natureza na Itália, das quais 350 pela Operação Mãos Limpas (inclusive os servidores públicos da Guarda de Finanças; Duilio Poggiolini, ex-diretor central do Ministério da Saúde, e sua esposa, Pierr di Maria Poggiolini; o ex-ministro da Saúde Francesco De Lorenzo e Antonio Cinà, médico do chefão mafioso Totò Riina). Não é à toa que o decreto foi apelidado de “salva-ladrões”.

Se por um lado quem estava sendo investigado aplaudiu o decreto, a exemplo de Gianstefano Frigerio, líder da DC, que elogiou a medida, dizendo que “rompia com o passado de forma equilibrada”,[353] o desânimo entre os investigadores da Mãos Limpas foi tanto que cogitaram abandonar a investigação e o acompanhamento dos processos. Os investigadores convocaram uma entrevista coletiva, e Di Pietro atuou como porta-voz, dizendo:

> O atual decreto-lei, em nossa opinião, não nos permite mais afrontar eficazmente os delitos que até agora investigávamos e, de fato, pessoas acusadas com provas efetivas de crimes graves de corrupção não poderão mais ser presas, nem mesmo para evitar que continuem a delinquir e a tramar para impedir a descoberta dos precedentes delitos cometidos, às vezes, até mesmo comprando os homens que os investigavam.[354]

A última sentença é em alusão à corrupção entre agentes da Guarda de Finanças. Di Pietro informou que, em razão do decreto, haviam pedido ao procurador-geral para que outro grupo de procuradores conduzisse a investigação dali em diante.

O decreto italiano equivale a algo como a medida provisória para o direito brasileiro, isto é, uma medida com força de lei, mas dependente de chancela do Parlamento para sua vigência prolongada. O decreto era tão escandaloso e recebeu tantas críticas da população indignada com a manobra, somadas à notícia demissionária da força-tarefa, que não foi aprovado pelo Parlamento, tendo vigência de apenas uma semana. No entanto, foi o suficiente para caracterizar *abolitio criminis*,[355] isto é, mesmo vigente um só dia que seja, em se tratando de norma de conteúdo penal mais benéfica, a lei retroage e, assim, para quem estava preso, o efeito foi imediato e não reversível.

No Brasil, os procuradores da Lava Jato tiveram atitude semelhante, comunicando ao público uma renúncia coletiva em 30 de novembro de 2016, quando se anunciou a aprovação na Câmara dos Deputados do projeto que visa criminalizar o abuso de autoridade, punindo juízes e promotores que tenham suas interpretações da lei reformadas pelos tribunais.[356] Até agosto de 2018 a lei não havia sido definitivamente aprovada, e os procuradores não haviam renunciado.

2) Reforma da prisão cautelar e suspensão do processo por delito de falso testemunho em relação à omissão da testemunha

A diretriz de fundo da Lei 332, de 8 de agosto de 1995, explica Giuseppe Centamore, era "potencializar os direitos da defesa no momento da privação da liberdade pessoal – ainda que numa forma toda peculiar – por meio da expansão do contraditório entre os atores coenvolvidos".[357] Assim, destaca-se da lei, dentre outros aspectos, a proibição do Ministério Público interrogar o preso preventivo antes do juiz, promovendo um contraditório postergado na custódia cautelar; a proibição da decretação de prisão preventiva caso o juiz anteveja que, ao final do processo, a pena aplicada possa ser suspensa condicionalmente (*sursis*); e a exigência de análise de dados concretos para evidenciar o risco à produção da prova como critério para decretar a prisão preventiva.

Fica claro que a lei veio atender ao reclamo dos políticos italianos, pois as penas aplicadas aos crimes do colarinho-branco na Mãos Limpas costumavam permitir a suspensão condicional da pena. Assim, na prática, não eram mais passíveis de prisão cautelar. A lei também revogou em parte o crime de falso testemunho. Depois desta lei, se a testemunha omitir algo que seja de seu conhecimento, não pode sofrer prisão em flagrante e o processo fica suspenso aguardando o resultado do processo principal.[358] A regra permitindo o flagrante em caso de falso testemunho pela omissão fora criada a pedido de Giovanni Falcone no curso do maxiprocesso antimáfia e somente fora aprovada depois de sua morte. Porém, a lei causava muitos embaraços ao modo clássico de intimidação mafiosa para impedir testemunhos. Segundo relatou o mafioso Salvatore Cucuzza em colaboração premiada, o mafioso Vittorio Mangano teria se encontrado com Marcello Dell'Utri, deputado e amigo de Berlusconi, para discutir essa reforma:

> Mangano me contou que, antes do Natal de 1984 [1994] encontrou-se em Como com Dell'Utri e que este prometeu apresentar

> em janeiro – falamos de janeiro de 1995 – algumas propostas muito favoráveis na justiça, como a modificação do 41-bis, o impedimento para as prisões correspondentes ao 416-bis, enfim, fazer alguma coisa na justiça.[359]

Como já visto em capítulo anterior, a Máfia costuma andar de mãos dadas com o poder político. E, como relatam Barbacetto, Gomez e Travaglio, a proposta de modificação da prisão cautelar havia sido proposta em dezembro de 1994 e teria sido aprovada em janeiro de 1995 não fosse a queda do governo Berlusconi.[360]

3) Comissão de reforma constitucional. Projeto Marco Boato. Pretensão de subordinar o Ministério Público ao poder político

Para ilustrar a reação dos políticos à Operação Mãos Limpas, o deputado Giuliano Ferrara insistia para que o Ministério Público também fosse objeto de deliberação durante a discussão da reforma constitucional do sistema de governo. E o fazia em termos de cobrança pública e ameaças de não contribuir para as reformas de que o país precisava, como deixou claro em entrevista concedida ao *la Repubblica* em 9 de fevereiro de 1997:

> A justiça é o problema político número um. O líder da oposição é sistematicamente perseguido pelos juízes. D'Alema deve [...] intervir para parar os agressores. Senão, D'Alema e seus companheiros podem esquecer tudo: as pensões, o ingresso na Europa, as reformas institucionais, tudo. Bastaria pouco para colocar os promotores na linha [...], sob controle da política. Vejam que a esquerda alguma coisa concederá.[361]

O tom do discurso bem dá a dimensão do desejo de simultaneamente se vingar pelo que foi descoberto pela Mãos Limpas e passar a controlar os investigadores, praticamente impedindo que os detentores do poder possam ser responsabilizados pelos seus desvios de comportamento. E o pior é que a pressão, ao menos num primeiro momento, deu resultado, pois o Parlamento ampliou sua competência reformadora da Constituição. Ou seja: valendo-se de uma constituinte reformadora com poderes apenas para discutir o regime de governo, os deputados resolveram discutir também o modelo da magistratura, especificamente o Ministério Público.

O relator da comissão de reforma, deputado Marco Boato, apresentou sete projetos referentes ao Ministério Público visando diminuir, senão anular, sua independência. Uma espécie de "barriga de aluguel", como se costuma dizer na gíria legislativa brasileira: projetos de lei que tratam de um assunto e são enxertados por outro sem qualquer relação.

Dentre as propostas aprovadas pela comissão estava prevista a separação das carreiras da magistratura e do Ministério Público, com diminuição das garantias e da independência funcional dos membros do Ministério Público. Noutro ponto a comissão pretendia retirar o princípio da obrigatoriedade da ação penal pública do texto constitucional.

A comissão ainda se deu ao trabalho de inserir teses de defesa dos grupos industriais que respondiam processos por crimes de falso contábil, criando um conceito de "módica quantidade" na Constituição. Ou seja, nos casos em que os delitos não tivessem ocasionado uma concreta lesividade, a punibilidade seria extinta.

Uma das propostas do pacote de reforma constitucional diminuía o quórum para aprovação de leis de anistia no Parlamento. E, como cereja do bolo, as pretensões modificativas chegavam ao ponto de impedir o Ministério Público de agir de ofício, deixando-o sempre dependente de uma prévia notícia-crime por parte de uma vítima ou de prévia investigação da polícia. Como a polícia é subordinada ao Executivo, na prática essa reforma implicaria em estabelecer que o Ministério Público somente atuaria naquilo que interessasse ao governo. Trata-se de algo muito similar ao que alguns parlamentares brasileiros pretenderam com a chamada

PEC 37 (Proposta de Emenda Constitucional), rejeitada em razão das manifestações de rua de junho de 2013.

Na Itália os políticos só não conseguiram aprovar tudo o que pretendiam porque a reação dos magistrados também foi imediata. Os integrantes do Judiciário demonstraram seu inconformismo em manifestos e numa assembleia que reuniu cerca de mil magistrados em Roma no dia 19 de abril de 1997.[362]

4) Atenuação do alcance do crime de abuso de ofício (espécie de prevaricação)

Nas investigações da Mãos Limpas o Ministério Público usou com significativa frequência o tipo penal de abuso de ofício. Como explica Antonio Di Pietro, na maioria dos casos de abuso de ofício, o que se tinha na verdade eram atos abusivos decorrentes de corrupção não provada.[363] Como era mais difícil provar o pagamento das propinas caracterizadoras de corrupção que tinham como consequência os comportamentos de abuso de ofício, pois normalmente o dinheiro em espécie não deixava rastro, em vários casos somente foi possível enquadrar o comportamento dos investigados como abuso de ofício, já que para este delito a prova era robusta.

Assim, a Lei nº 234, de 16 de julho de 1997, foi aprovada para diminuir a possibilidade de responsabilização por abuso de ofício (prevaricação), inserindo um elemento subjetivo diverso do dolo vinculado de natureza patrimonial, o que não era exigido antes.[364] Traduzindo: se antes não era preciso provar que o autor do delito teria a intenção de lesar os cofres públicos, bastando demonstrar que ele tinha consciência e vontade de praticar abusivamente atos contrários à lei, agora o Ministério Público deve demonstrar que a intenção era lesar os cofres do Estado.

A pena máxima também foi reduzida de cinco para três anos, o que inviabiliza a prisão preventiva e não permite provas obtidas mediante interceptação telefônica. Como a pena foi diminuída, também diminuiu o prazo prescricional, de 15 para 7 anos. A consequência foi o arquivamento de centenas de processos, pois, ou não havia mais como caracterizar o comportamento como delitivo, ou havia expirado o prazo prescricional.[365]

5) Alteração das regras de produção de prova: nulidade e prescrição de processos da Operação Mãos Limpas

Nos bastidores do poder, o que se almejava era a anistia total para os envolvidos na Mãos Limpas. Isso fica claro na conversa de Pacini Battaglia, banqueiro que auxiliava na lavagem de dinheiro de diversos envolvidos no esquema de propina, com Mario Maddaloni, diretor executivo da TLP, em 9 de fevereiro de 1996:

> Preciso dizer... tenho uma amizade íntima e séria com o homem de confiança de Maccanico, o qual quis me ver esta manhã... perguntei-lhe sobre a minha justiça... ele disse que pensa em colocar Baldassarre lá... a primeira medida que parte dentro de um mês elimina o financiamento ilícito aos partidos... a segunda em que Maccanico empenhou-se foi a de remover o crime de falsificação de balanço com os crimes relacionados... é uma anistia total.[366]

As coisas não chegaram a tanto naquele momento e se concentraram noutra providência mais dissimulada, porém com efeito similar. E na hora certa, pois boa parte dos processos da Operação Mãos Limpas estava no fim e vários políticos importantes corriam o risco de ser condenados definitivamente e parar na cadeia.

A legislação italiana permitia que o Ministério Público utilizasse declarações colhidas unilateralmente na fase de investigação do processo. A regra estava prevista no artigo 513 do Código de Processo Penal. O Parlamento então mudou a referida regra com a Lei nº 267, de 7 de agosto de 1997, que não mais permitiu a utilização das provas colhidas na investigação sem a autorização do investigado, havendo a necessidade de se repetir o depoimento para efetivação do contraditório, próximo do que ocorre no Brasil.

É certo que a nova lei é mais garantista, porém, não foi pensando exatamente nisso que o Parlamento agiu. A ideia foi anular boa parte das provas utilizadas nos processos da Operação Mãos Limpas, gerando a necessidade de refazer todos os processos desde o início, facilitando a prescrição. Se antes não era preciso repetir o depoimento em juízo e o Ministério Público trabalhava com essa regra, plenamente aceita pela jurisprudência italiana (ainda que criticável sob o prisma das garantias), da noite para o dia a regra mudou, exigindo novas providências que não foram possíveis diante do decurso do prazo. Na prática a mudança favoreceu os acusados da Mãos Limpas.

A consequência foi explicada pelo procurador Gherardo Colombo:

> Para os processos da Operação Mãos Limpas, estudamos a nossa estratégia com base no artigo 513 em vigor naquele momento, consentindo que muitos acusados fizessem acordos e saíssem do processo, justamente porque sabíamos que tudo o que nos tinham dito valia, mesmo que não aparecessem nunca mais. Se não tivesse sido assim, teríamos, provavelmente, negado a concessão de acordos, de modo a manter juntos todos os acusados em sala e garantir mais facilmente o contraditório. Agora é a nossa vez de chamá-los, todos, esperando convencê-los a falar e vamos precisar de bem mais do que seis meses de congelamento da prescrição previstos na reforma. No fim, a prescrição acabará com tudo o que sobra da Operação Mãos Limpas: a parte grossa dos crimes com os quais nos ocupávamos até 1992. Mais tarde, em 1999, tudo será prescrito.[367]

Grande saída para quem não tinha saída alguma. Anulam-se os acordos de colaboração, pois, se antes as falas dos colaboradores não precisavam ser repetidas em juízo, agora precisam. Anulam-se em consequência todos os processos, inclusive os que já tinham sentenças condenatórias de primeiro grau, e o cenário futuro é a prescrição por decurso de tempo. Não bastasse, nos casos concretos, a extragrande maioria dos imputados, como revelam Barbacetto, Gomez e Travaglio,[368] recusou-se a repetir em juízo o que havia dito nos acordos extrajudiciais com o Ministério Público. Com isso vários réus foram absolvidos até mesmo por insuficiência de prova. Os envolvidos recusaram-se a produzir novamente a prova que haviam produzido antes, a prova anterior não era mais válida e, como não havia mais tempo para aprofundar ou fazer nova investigação – já que esta antecede ao processo e a prescrição estava à porta –, nada mais foi possível no plano criminal.

A nova lei teve amplos reflexos nos processos contra a Máfia, já que nesses também se seguia o mesmo modelo de investigação e produção de prova. Champanhe e canapés para todos.

Porém, ainda não era tempo de fechar a cortina. Cerca de um ano e meio depois, a Corte Constitucional declarou inconstitucional a regra do novo artigo 513 do Código de Processo Penal que não permitia que o coimputado pudesse, pelo simples fato de ficar calado em juízo, jogar fora a prova por ele mesmo produzida espontaneamente na investigação. Com a decisão da Corte Constitucional, se o coimputado ficasse calado, era possível fazer a leitura em juízo do que ele havia dito na fase de investigação.

A decisão da corte provocou uma reação ampla, patrocinada pela União das Câmaras Penais, órgão associativo de cerca de 8,5 mil advogados criminalistas italianos. Alegando que o direito de defesa estava sendo atacado, a associação promoveu seis dias de greve contra a interpretação da Corte Constitucional. A greve consistiu em não participar das audiências criminais entre 9 e 14 de novembro de 1997.[369] Como o direito de defesa é imprescindível no processo legal, as audiências designadas para estas datas não puderam ser realizadas porque os advogados não se fizeram presentes. Em consequência, os processos ficaram parados.[370] A greve adquiriu contornos de enfrentamento entre os advogados e o presidente da República Luigi Scalfaro, que publicou manifesto dizendo que a atitude da advocacia criminal era "pior do que ir às ruas armados, pois significa subverter a ordem constituída", e "um mau exemplo dado ao povo italiano". Os advogados disseram-se injustiçados e ofendidos pelas palavras do presidente e pediram sua renúncia.[371]

Em decorrência da posição da Corte Constitucional, os políticos promoveram nova reforma constitucional. Iniciada em fevereiro e concluída em 23 de novembro de 1999, foi um recorde para os padrões de alteração constitucional italianos, que costumam levar anos.[372] Alterou-se o artigo 111 da Constituição para inserir aquilo que o Poder Judiciário havia considerado inconstitucional. A reforma foi batizada de "justo processo". De fato, o texto do artigo 111 da Constituição italiana é pleno de garantias aos acusados em processos criminais. Neste sentido, não há como negar que representou um avanço democrático no processo penal italiano, ainda que a razão de ser de sua criação tivesse como pano de fundo a proteção dos políticos envolvidos na Operação Mãos Limpas.

Na prática, não era obrigatório os réus colaboradores serem reinquiridos em juízo, isso implicou numa trava à aceitação e valoração das provas por eles produzidas na fase de investigação. Muitos disseram-se ameaçados para não repetir em juízo o que haviam dito na investigação, mas, mesmo que não tenha sido possível provar concretamente essas ameaças, pela dúvida ganharam os réus da Mãos Limpas, como já destacado.[373]

6) Ampliação da regra de não prisão pós-condenação, com aplicação de penas alternativas

A legislação italiana previa que, em condenações até 3 anos, o condenado deveria ser preso e da prisão poderia requerer a aplicação alternativa de prestação de serviços à comunidade, prisão domiciliar ou regime semiaberto. Por iniciativa de dois deputados advogados, Alberto Simeone e Luigi

Saraceni, foi aprovada a Lei nº 165, de 27 de maio de 1998, alterando o artigo 656 do Código de Processo Penal. Com a Lei Simeone–Saraceni não foi mais exigido que o condenado a até três anos fosse preso primeiro para depois requerer uma pena alternativa. A nova regra estipulou que o réu deveria ser intimado, tendo então trinta dias para requerer o benefício em liberdade. Como os juízes de execução da pena demoravam de dois a quatro anos para analisar os pedidos (devido ao volume de serviço), nesse interregno o réu não precisava cumprir a pena. Quando o juiz enfim decidia, muitas vezes a pena já estava prescrita.

A nova lei provocou aumento da criminalidade patrimonial de rua e foi modificada em 6 de março de 2001 no pacote de segurança do governo italiano,[374] deixando de ser aplicada para furtos em residência e com arrebatamento. Os políticos condenados na Mãos Limpas a penas de até três anos (grande maioria dos casos) foram beneficiados, como recordam Barbacetto, Gomez e Travaglio.[375]

No Brasil a legislação nesta matéria é ainda mais benéfica do que a italiana, pois o juiz que sentencia o réu já aplica na sentença condenatória, de ofício, a conversão da pena privativa de liberdade em pena alternativa. Por aqui, condenações até quatro anos de pena privativa de liberdade, sem violência e grave ameaça, permitem regime inicial aberto (isto é, o condenado fica em casa) ou, no pior cenário, a pena privativa de liberdade é substituída por pena alternativa de prestação de serviços à comunidade. Em qualquer caso, não se exige que o condenado se recolha à prisão para dar início ao cumprimento das penas. Crimes do colarinho-branco no Brasil costumam ter penas definitivas brandas, de dois a quatro anos, salvo em condenação por diversos crimes em concurso, quando as penas somadas geram uma pena global mais severa, como ocorreu no caso do empresário Marcos Valério.

7) Leis permitindo colaboração premiada no julgamento da apelação em segundo grau e no julgamento do recurso extraordinário na Corte Suprema

Como alguns réus importantes da Mãos Limpas não haviam feito acordo de colaboração premiada e foram condenados, em dezembro de 1998 o Parlamento aprovou lei permitindo acordos de colaboração premiada para condenados em grau de apelação. E em 19 de janeiro de 1999, o Parlamento aprovou a Lei nº 14[376] ampliando ainda mais a possibilidade de acordo de colaboração premiada, que passou a ser aceito até no último recurso na Suprema Corte.[377]

8) Decreto Tremonti nº 350. "Escudo fiscal". Reingresso de dinheiro ganho ilegalmente ou mantido no exterior

Em 25 de setembro de 2001, o Conselho dos Ministros da Itália baixou o Decreto Tremonti nº 350, conhecido como "escudo fiscal", regulamentando e facilitando a repatriação de dinheiro mantido irregularmente fora do país. O decreto assegurou absoluto anonimato, bastando pagar 2,5% do valor repatriado a um banco oficial italiano. Foi uma verdadeira lavagem de dinheiro patrocinada pelo Estado italiano, como acertadamente advertiram Barbacetto, Gomez e Travaglio. A desculpa do governo foi de que era preciso "fazer reemergir o submerso" e "trazer dinheiro fresco para a Itália".[378]

Relembrando mais uma vez o Velho Guerreiro ao profetizar que nada se cria, tudo se copia, no auge da Lava Jato foi promulgada lei no mesmo sentido. Trata-se da Lei nº 13.254/2016, ou Lei de Repatriamento de Ativos, de 13 de janeiro de 2016, que criou o Regime Especial de Regularização Cambial e Tributária, autorizando pessoas que mantêm dinheiro no exterior repatriá-lo, beneficiando-se da extinção da punibilidade por sonegação fiscal, sonegação de contribuição previdenciária, falsificação de documento público, falsificação de documento particular, falsidade ideológica e uso de documento falso, bem como lavagem de dinheiro.

A lei brasileira pelo menos não permite que políticos e familiares realizem esse tipo de repatriação. Em novembro de 2016, aflorou no Congresso Nacional a ideia de acabar com essa limitação.

9) Descriminalização de condutas, diminuição de penas, proibição de prisão preventiva, proibição de obtenção de prova por interceptação telefônica e mudança da legitimidade ativa da ação penal para o delito de falso contábil

Desde 1997 os empresários italianos pressionavam o Parlamento a aprovar uma lei que os favorecesse na Mãos Limpas, revogando o delito de falso contábil.[379] Esse tipo penal foi bastante utilizado na Mãos Limpas por ser mais fácil de provar do que a corrupção, que costuma ocorrer a portas fechadas e sem passar recibo. Comer pelas beiradas era mais produtivo. Quem explica é o procurador Antonio Di Pietro:

> Mãos Limpas não é uma investigação sobre corrupção. É uma investigação sobre "falsos contábeis" das empresas, uma falsidade que intuitivamente serve para destinar verbas necessárias para pagar a corrupção. Então, seguindo os caminhos do dinheiro proveniente dos falsos contábeis, conseguíamos, por via reflexa, chegar aos beneficiários da corrupção.[380]

A pressão para descriminalizar o delito de falso contábil ganhou corpo principalmente depois que, em 9 de abril de 1997, Cesare Romiti, presidente da Fiat, foi condenado em primeiro grau por falso contábil e fraude fiscal. Silvio Berlusconi também tinha cinco processos em curso por crime de falso contábil. A defesa desta tese era de tal ordem que em 2000 o ministro da Justiça Piero Fassino propôs que se descriminalizassem os delitos financeiros, inclusive os falimentares, argumentando que serviria para "concentrar o recurso à prisão para crimes que apresentam perigos reais sociais, reservando aos outros formas alternativas de sanções".[381]

Em 28 de setembro de 2001, Berlusconi enviou uma *legge-delega* (algo como uma medida provisória no direito brasileiro) ao Parlamento, diminuindo a pena dos crimes de falso contábil e, assim, diminuindo a contagem do lapso prescricional. A medida provisória ainda proibiu a prisão preventiva e a produção de provas por interceptação telefônica. Transformou o que se denomina tecnicamente de "crimes de perigo" em "crimes de dano", ou seja, se antes não era preciso demonstrar prejuízo efetivo às vítimas, agora sem isso não há crime.

No mesmo pacote legislativo foi previsto que a ação penal de crimes envolvendo empresas que não possuíam ações na Bolsa de Valores passa a ser personalíssima, isto é, apenas o sócio ou credor que se sente prejudicado com a contabilidade falsa da empresa tem legitimidade ativa. O Ministério Público não pode agir de ofício, nem tampouco o representante legal da vítima ou seus herdeiros em caso de falecimento. Apenas a vítima, ela e mais ninguém pode tomar a providência de exercitar a ação penal. Essa alteração interessava diretamente a Berlusconi, pois sua empresa, a Fininvest, encaixava-se exatamente e se livraria da responsabilização em caso de aplicação da nova regra.

A medida provisória também descriminalizou algumas condutas, a exemplo da falsificação dos balanços apresentados aos bancos. O Parlamento ratificou a medida provisória em 2002, transformando-a em lei. Além de Berlusconi, que teve dois de seus processos extintos porque a conduta não era mais prevista como crime, outro beneficiado foi Cesare Romiti, presidente da Fiat, que aproveitou o efeito retroativo da lei e teve sua condenação revertida.[382]

10) Anulação de provas obtidas no exterior por cartas rogatórias

Cinco dias depois das reformas alusivas ao delito de falso contábil, Berlusconi aprovou nova lei anulando todas as provas provenientes do exterior por cartas rogatórias dos magistrados italianos, inclusive as que comprovavam a corrupção dos juízes romanos. Sim, alguns juízes em Roma eram acusados de terem sido corrompidos. As provas vindas da Suíça diretamente pelas mãos dos procuradores foram anuladas porque não passaram pelo crivo do ministro da Justiça.

Na mesma linha e com a desculpa de ratificar a convenção ítalo-suíça de 1998 para a recíproca assistência judiciária, em 3 de outubro de 2001 foi aprovada a Lei nº 367, anulando todos os atos transmitidos por juízes estrangeiros que não estivessem no original ou autenticados. Depois os tribunais consideraram a lei contrária às convenções internacionais assinadas pela Itália e a transformaram em letra morta.

Tão logo aprovadas as novas medidas, Berlusconi pediu aos juízes que desconsiderassem as provas obtidas contra ele na Suíça. Os tribunais, no entanto, não aplicaram a nova legislação por entender que colidia com tratados internacionais e com a praxe adotada em toda a Europa.[383]

No Brasil houve enfrentamento similar referente a provas obtidas na Suíça e à produção de provas mediante cooperação dos ministérios públicos brasileiro e suíço. Questionou-se, por exemplo, se o Ministério Público brasileiro poderia utilizar documentos bancários da Odebrecht em posse do Ministério Público suíço em razão da investigação que este conduzia. Em 21 de janeiro de 2016, o Tribunal Federal Penal suíço decidiu preliminarmente pela suspensão da utilização dos documentos pelo Ministério Público brasileiro. Porém, depois de analisar o mérito do caso, em 10 de agosto de 2016 decidiu que a entrega dos documentos ao Ministério Público do Brasil foi regular.

Questionou-se, ainda, se os atos de investigação realizados pelo Ministério Público brasileiro em favor do MP suíço poderiam ser feitos sem o prévio trâmite junto ao Superior Tribunal de Justiça. Neste aspecto, decidiu o ministro presidente do STJ, Francisco Falcão, validando as provas:

Incumbe salientar que as medidas requeridas diretamente pelo Ministério Público estrangeiro (suíço) ao Ministério Público nacional (brasileiro), consistentes na produção de provas testemunhal e documental, consubstanciam medidas clássicas de cooperação jurídica direta, que podem e devem ser solicitadas por esta via, não podendo ser solicitadas por via de carta rogatória, por não envolverem decisões judiciais.[384]

11) Embaraços na aprovação do mandado de prisão europeu

Não obstante a União Europeia já fosse realidade no plano político e econômico, a soberania dos países-membros no campo penal impedia que a decisão de prisão de um juiz ou tribunal de um país pudesse ser cumprida diretamente noutro país da comunidade. Para tanto era preciso seguir o trâmite moroso e burocrático dos tratados de cooperação internacional, o que muito facilitava a vida dos que tinham um mandado de prisão expedido por um país para ser cumprido noutro. Para desburocratizar a situação, no dia 6 de dezembro de 2001, os países-membros da União Europeia reuniram-se em Bruxelas visando aprovar o mandado de prisão europeu. O governo Berlusconi foi o único a votar contra, bloqueando a aprovação em toda a Europa.

Berlusconi era contra a inclusão de cinco dos 32 crimes previstos no tratado – corrupção, fraude, lavagem de dinheiro e outros crimes financeiros – por uma razão muito simples: eram os delitos que ele deveria responder na Espanha. Segundo noticiou a revista norte-americana *Newsweek*, ele receava ser preso pelos juízes espanhóis.[385] Diante disso, o mandado de prisão europeu entrou em vigor em toda a comunidade europeia, menos na Itália. Berlusconi condicionou a aprovação do mandado de prisão europeu à condição de que em 2004 a Itália reformasse sua Constituição. O tratado foi chancelado pela Itália apenas em 12 de abril de 2005, sem alteração na Constituição.[386]

12) Não validade de gravações de conversas de deputados obtidas indiretamente. Suspensão dos processos

Em 5 de junho de 2003, o Senado italiano aprovou uma emenda à Lei Boato ampliando a imunidade parlamentar, não permitindo que conversas de parlamentares gravadas indiretamente em interceptação telefônica autorizadas judicialmente fossem utilizadas em processos criminais contra eles. A medida italiana remete ao ocorrido na Lava Jato brasileira, com a gravação da conversa do ex-presidente Lula com a então presidente Dilma Rousseff.

O telefone de Lula estava sob interceptação, e casualmente foi gravada uma conversa com a presidente. A conversa foi divulgada pelo juiz Sergio Moro e causou o deslocamento de competência do procedimento de investigação para o Supremo Tribunal Federal, já que na conversa tratavam da nomeação de Lula para cargo de ministro de Estado. Pelo teor da conversa, entendeu-se que a nomeação de Lula como ministro era para protegê-lo de eventual mandado de prisão expedido pelo juiz de primeiro grau, outorgando-lhe a prerrogativa de ser julgado no Supremo Tribunal Federal.

Era esse tipo de gravação indireta de conversa de detentores de foro privilegiado que os parlamentares italianos queriam evitar que viesse a público ou que pudesse ser usada como prova em processos criminais contra eles. Em 11 de junho de 2003, também aprovaram a suspensão por 45 dias dos processos criminais em fase de debates para que os acusados pudessem avaliar a conveniência de fazer acordos de colaboração premiada.[387]

A Lei nº 140, aprovada em 18 de junho de 2003, suspendeu ainda os processos contra presidentes da República, da Câmara dos Deputados, do Senado, do Conselho dos Ministros e da Corte Constitucional.[388] O beneficiado imediato foi Berlusconi. Na sentença 24/2004, de 13 de janeiro de 2004, a Corte Constitucional considerou essa lei inconstitucional por violação do princípio da igualdade.[389]

13) Medida provisória alterando regras para ingresso na magistratura e para atuação e responsabilização de membros do Ministério Público

Em 25 de julho de 2005, o governo italiano enviou ao Parlamento uma medida provisória para alterar a forma de ingresso na magistratura, proibir membros do Ministério Público de explicar suas investigações à imprensa, punir juízes e promotores que "persigam fins diversos daqueles de justiça" – seja lá o que isso queira dizer –, transformar o procurador-geral no único titular da ação penal, sendo os demais membros do Ministério Público reduzidos a seguir ordens, e separar as carreiras da magistratura e do Ministério Público. Essa medida provisória não entrou em vigor porque a legislatura terminou antes, tornando a MP inócua.

No Brasil, o Projeto de Lei nº 280, de 2016, patrocinado pelo senador Renan Calheiros (PMDB) e relatado pelo senador Romero Jucá (PMDB), que visa repaginar os crimes de abuso de autoridade, prevê algo similar, pois pretende tipificar como crime a interpretação que juízes e promotores possam dar a casos – por exemplo, de decretação de prisão cautelar ou de oferecimento de denúncia – cujas posições sejam revistas em grau recursal. É o crime de interpretação, altamente perigoso, já que o direito não é necessariamente matemático.

14) Diminuição dos prazos prescricionais, prescrição etária e prisão domiciliar para maiores de 70 anos – "lei salva-corruptos"

Em 1997 tramitou projeto de lei no Parlamento italiano para estabelecer que os condenados com mais de 60 anos não cumprissem pena privativa de liberdade. Berlusconi já estava com essa idade e seria beneficiado em caso de condenação. O projeto, no entanto, não foi avante.[390] O tema foi retomado em 29 de novembro de 2005, quando se aprovou a Lei nº 251, que alterou a redação do artigo 157 do Código Penal. Ela foi chamada de Lei ex-Cirielli em decorrência do deputado Edmondo Cirielli não mais reconhecer a paternidade do projeto, alterado por emendas do governo.[391]

A lei reduziu à metade a prescrição para delitos com penas de até 5 anos, a exemplo de corrupção simples, evasão fiscal, fraudes fiscais, crimes falimentares, entre outros. O prazo de prescrição de 15 anos caiu para sete anos e meio. Para crimes cuja pena máxima é de 10 anos, a exemplo de concussão e corrupção judiciária, os marcos prescricionais baixaram de 15 para 10 anos. Cerca de cem mil processos foram extintos pela prescrição ainda em 2005. Em 2006, 135 mil processos foram arquivados.[392]

A lei reduziu a possibilidade de medidas cautelares pessoais para acusados e condenados com mais de 70 anos de idade, admitindo apenas a prisão domiciliar. O ex-ministro da Defesa Cesare Previti, que respondia a processos por corrupção, já estava com 71 anos. Berlusconi estava próximo dos 70 anos.

Além disso, a lei estabeleceu um novo critério de contagem de tempo para a prescrição. O normal era que, uma vez verificada uma causa interruptiva da contagem do prazo, este era retomado do zero. Com a nova lei, o prazo restante não é retomado em sua plenitude, mas considerado no máximo um quarto do tempo prescricional previsto.

Nesse caso, imagine-se um delito que prescreva em seis anos e o Ministério Público dele tome ciência passados cinco anos da data do fato. Ao iniciar processo até pode alcançar um ato que interrompa a contagem, como, por exemplo, a sentença condenatória de primeiro grau, mas retomada a contagem do zero, o Ministério Público terá somente o tempo equivalente a um quarto de seis. Assim, se atingida a causa interruptiva, faltavam, por exemplo, seis meses para alcançar seis anos, o prazo seria renovado em apenas outros um ano e cinco meses para encerrar o processo, incluindo todos os recursos.[393] Ou seja: há uma enorme probabilidade de boa parte dos delitos prescreverem. Aliás, foi justamente o que ocorreu. Como se trata de lei penal mais benéfica, ela retroagiu em favor dos réus, e boa parte dos processos criminais que estavam tramitando foram afetados.[394]

15) Proibição de recurso do Ministério Público

O advogado pessoal de Silvio Berlusconi, Gaetano Pecorella, também era presidente da Comissão de Justiça da Câmara e contribuiu para aprovar a Lei nº 46, de 20 de fevereiro de 2006,[395] que ficou conhecida como Lei Pecorella, visando impedir o Ministério Público de recorrer contra decisão de absolvição ou prescrição em primeiro grau.

Por coincidência, Berlusconi aguardava o resultado do recurso do Ministério Público italiano no processo SME–Ariosto, no qual se questionava a prescrição declarada em primeiro grau. Em razão da nova lei, o processo foi extinto.[396] Em janeiro de 2007, a Corte Constitucional considerou a lei inconstitucional. No Brasil existem hoje alguns doutrinadores que pregam o mesmo, não obstante também haja crítica doutrinária quanto a essa possibilidade.[397]

16) "Alegria no cárcere". Anistia Mastella

Em julho de 2006 foi aprovada a lei de anistia patrocinada pelo ministro da Justiça Clemente Mastella, prevendo desconto de três anos na pena de quem praticou delitos, inclusive contra a administração pública, antes de 2 de maio daquele ano. "Alegria no cárcere" foi a manchete do jornal *Corriere della Sera*.[398] Cesare Previti, por exemplo, que já havia sido beneficiado pela Lei ex-Cirielli e condenado por participar da corrupção de juízes de Roma igualmente investigados pela Mãos Limpas, beneficiou-se novamente.[399] Como resultado imediato da lei, cerca de 30 mil presos foram colocados em liberdade.[400]

A respeito da possibilidade recorrente de se salvar com decretos de indulto ou leis de anistia, Piercamillo Davigo conta uma história que explica a falta de seriedade dos italianos na matéria (não que no Brasil seja diferente; o exemplo vale para nós também):

> Algum tempo depois da entrada em vigor do código acusatório, alguns juízes da Califórnia vieram à Itália participar de um

> encontro organizado pela Associação Nacional de Magistrados em Milão. Estavam interessados em compreender por que na Itália havia ocorrido tamanha redução nos percentuais de colaboração premiada e lhes foram explicadas as várias causas. Eles, que haviam compreendido muito bem também as questões complexas, quando lhes foi dito a respeito do frequente recurso à anistia, pediram mais de uma vez que o intérprete traduzisse novamente. Depois de uma consulta entre eles, indagaram se seria alguma coisa análoga ao perdão presidencial, mas lhes foi respondido que na Itália aquilo correspondia à graça, enquanto a anistia é uma lei que perdoa a todos. Fizeram então uma nova consulta entre eles, seguida por amplos sorrisos e disseram que haviam entendido: estávamos lhes pregando uma peça.[401]

Infelizmente, só para os americanos isso pareceria piada. Nós, brasileiros, seguramente teríamos compreendido o drama italiano. Já tivemos leis de anistia para casos similares no passado. Serve de exemplo a Lei 8985/95, anistiando senadores que nas eleições de 1994 usaram a Gráfica do Senado para imprimir santinhos para suas campanhas de reeleição, foram condenados e estavam com os direitos políticos cassados pela justiça eleitoral.

É interessante considerar que no dia 14 de setembro de 1994, quando a Mãos Limpas chegava ao auge e Bettino Craxi, do exílio na Tunísia, concedia entrevista ao *The New York Times*, dizendo que "todos os principais grupos empresariais, de uma forma ou de outra, estavam envolvidos" na Itália,[402] o Tribunal Superior Eleitoral brasileiro cassava o registro de nova candidatura do então presidente do Senado Humberto Lucena, do PMDB, declarando-o inelegível por três anos, justamente porque havia sido condenado por usar a Gráfica do Senado para imprimir 130 mil calendários de propaganda eleitoral. O discurso de defesa de Lucena já era na linha de que o julgamento havia sido político.[403] Sucedeu-se que, além dele, inúmeros outros parlamentares foram condenados por usar a

Gráfica do Senado para imprimir propaganda política e daí veio a lei de anistia. Somos muito parecidos mesmo...

Em 2016 o Congresso brasileiro voltou à carga e, segundo amplamente noticiado,[404] passou a cogitar, nos bastidores, uma anistia para quem praticou crimes visando destinar verbas ilícitas aos partidos políticos. Na Itália essa pretensão começou a ganhar corpo em 1995, quando Giovanni Maria Flick, advogado de alguns dos acusados, publicou artigo no jornal *La Stampa* de 14 de março referindo-se a uma "anistia condicionada" à restituição dos valores desviados e à saída dos culpados da vida pública.[405] Flick usou como argumento inclusive o risco de prescrição pelo decurso de tempo até a finalização dos recursos. Assim como ocorre com bastante frequência no Brasil, também na Itália a prescrição dos delitos econômicos é significativa. Flick sustentou que seria melhor anistiar do que ver os processos prescreverem.

O curioso é que, se a preocupação fosse de fato com a possibilidade de prescrição, a sugestão poderia ter sido outra. Por exemplo: especializar varas, tratar os processos de crimes do colarinho-branco com prioridade absoluta frente a crimes bagatelares, acabar com o foro privilegiado e com a imunidade parlamentar e por aí vai. Mas isso, que poderia dar efetividade à resposta penal do Estado para a criminalidade elitizada do colarinho-branco, nem pensar...

17) 17 de abril de 2007. Lei Bavaglio (Lei da Mordaça). Proibição de noticiar interceptações telefônicas

Em 17 de abril de 2007, o Parlamento italiano aprovou projeto de lei proibindo jornalistas de divulgar qualquer investigação criminal envolvendo interceptação telefônica, mesmo que não estivesse sob sigilo. A proibição inclui qualquer resumo, referência parcial ou paráfrase. A multa para quem violar a lei oscila entre dez mil e cem mil euros, ou prisão por trinta dias. Somente depois de iniciado o processo é que a imprensa pode divulgar o conteúdo, inclusive as interceptações telefônicas.

No Brasil, a conduta de "quebrar segredo da justiça, sem autorização judicial ou com objetivos não autorizados em lei" é proibida pela Lei de Interceptação de Comunicação Telefônica (Lei 9296/96, artigo 10). A lei não costuma alcançar os jornalistas, que se resguardam com a garantia constitucional do sigilo da fonte (artigo 5º, inciso XIV), mas sim aquele que, tendo acesso ao conteúdo, "quebra o segredo da justiça".

18) Reforma judiciária. Lei Mastella–Castelli. 30 de julho de 2007

A Lei Mastella–Castelli, de 30 de julho de 2007, estabeleceu inúmeras modificações na magistratura italiana, desde a forma de ingresso até o trâmite da carreira. Restringiu a apenas quatro as possibilidades de mudar da carreira do magistrado requerente (Ministério Público) àquele judicante (juiz). Hierarquizou a atuação dos magistrados do Ministério Público, concentrando poderes nas mãos do procurador-geral, que pode avocar feitos dos procuradores.

Os procuradores especializados (em crimes de máfia, crimes econômicos, meio ambiente, etc.) não podem permanecer mais que dez anos na mesma atividade. Com isso criaram-se dificuldades para a sequência de diversas investigações importantes que costumam levar alguns anos. Como se sabe, trocar o investigador no meio do caminho de casos altamente complexos implica perder muito da memória, e o novo investigador tem dificuldades de retomar o curso do que se apurava. A lei aumentou os poderes disciplinares do Poder Executivo sobre a magistratura.

19) "Norma mata-processos". Lei Lodo Alfano

Aproximando-se a sentença no processo Berlusconi–Mills, em 19 de maio de 2008 o governo apresentou medida provisória chamada de "decreto segurança", emendada pelos deputados Carlo Vizzini e Filippo Berselli no Parlamento, suspendendo por um ano todos os processos por crimes cometidos antes de 2002. Passou a ser conhecida como "norma mata-processos", pois o efeito imediato foi a suspensão de cerca de cem mil processos prontos para sentença.

O Senado italiano até aprovou a medida, mas depois ela caiu no vazio, negociada pela aprovação da Lei nº 124, de 22 de julho de 2008, conhecida como "Lodo Alfano", levando o nome do ministro da Justiça Angelino Alfano. Esta lei mais uma vez suspendia os processos, não para todos e sim apenas aqueles que tramitavam contra os presidentes da República, da Câmara dos Deputados, do Senado e do Conselho de Ministros.[406] Em 6 de outubro de 2009 também este regramento foi considerado inconstitucional. Mesmo assim, o Parlamento ainda tentou aprovar emenda à Constituição para nela inserir o mesmo critério de suspensão dos processos. A proposta não prosperou.[407]

20) Nova lei de repatriação de bens

Em julho de 2009, via medida provisória, o governo regulamentou nova proposta de repatriação de bens do exterior. Desta vez eram passíveis de repatriação dinheiro e também bens móveis e imóveis, extinguindo a punibilidade por delitos que pudessem ter gerado tais riquezas. Bastava pagar 5% a um banco italiano intermediário. Outro novo detalhe é que os milhões repatriados podiam ser reinvestidos em ações e instrumentos financeiros no exterior![408] Tratou-se, por evidente, de nova colaboração do governo italiano para que a lavagem de dinheiro fosse oficializada.

21) Dispensa de comparecer aos atos processuais. "Legítimo impedimento"

Não sabendo mais como bloquear os processos Mediaset e Mills, Berlusconi fez aprovar a Lei nº 51, de 10 de março de 2010, tornando automático o chamado "legítimo impedimento" de comparecer nas audiências. A lei era temporária, vigente por seis meses, prorrogáveis até 18 meses, mas bastava uma certificação da Presidência do Conselho de Ministros e os juízes deveriam parar o processo, sem poder questionar se o impedimento era legítimo ou não. A lei foi considerada em parte inconstitucional pela Sentença 23 de 2011.

22) Lei anticorrupção, ou melhor, pró-corrupção. Lei 190, de 6 de novembro de 2012

Em 1996 o Parlamento italiano já havia constituído uma Comissão Anticorrupção que propôs dez medidas a serem discutidas pela Câmara dos Deputados. A semelhança com as dez medidas propostas pelo Ministério Público brasileiro fica apenas no nome. Eram outras as propostas: (1) criação de uma "comissão de garantia" para controlar o patrimônio dos parlamentares e administradores públicos, magistrados e membros do Ministério Público, (2) acusados de corrupção deveriam ser automaticamente transferidos de setor, se condenados em primeiro grau deveriam ser suspensos e, se condenados definitivamente, demitidos, (3) regulamentação do *lobby* no Parlamento, (4) sequestro preventivo e confisco de bens de quem comete crimes contra a administração pública, (5) se os delitos fossem cometidos por um dirigente político, o partido responderia civilmente e teria pena de diminuição do financiamento público, (6) se o político recebesse dinheiro de empresas privadas ou públicas, haveria interdição e penas mais severas, (7) ampliação das regras da colaboração premiada, (8) criação de novo órgão de controle externo das contas públicas e verificação dos contratos celebrados à luz de preços de mercado, (9) modificações na lei civil para alternar as agências de revisão dos balanços das sociedades, (10) publicação semanal no *Diário Oficial* de um Boletim do Mercado Público Italiano. Apenas a segunda proposta foi aprovada, porém, deixando de fora parlamentares, ministros e o presidente do Conselho de Estado.[409] O resto foi solenemente ignorado.

A lei anticorrupção foi deixada de lado pelo Parlamento. A Itália chegou ao ponto de não ratificar a Convenção Penal sobre Corrupção do Conselho da Europa, assinada pelos demais países-membros no dia 27 de janeiro de 1999.

Em 2010, Berlusconi anunciou sua preocupação com a necessidade de aprovação de uma lei anticorrupção, principalmente depois que uma conversa gravada entre um empreiteiro com um amigo foi divulgada. Eles falavam do terremoto que havia atingido a região de Abruzzo, causando grande destruição, e riam da desgraça alheia, regozijando-se do quanto ganhariam de dinheiro na reconstrução das casas mediante contratos com o poder público. O anúncio da necessidade da nova lei ficou no vazio.[410]

Apenas em 2012, ou seja, dezesseis anos depois da primeira Comissão Anticorrupção frustrada e decorrente da necessidade de atender ao estabelecido na Convenção das Nações Unidas contra a Corrupção, adotada pela Assembleia Geral da ONU em 31 de outubro de 2003, é que o tema voltou a ser objeto de análise pelos políticos italianos. No entanto, alardeando que estavam para aprovar uma importante lei anticorrupção (que, de fato, trouxe algumas novidades relevantes), os parlamentares aproveitaram para facilitar ainda mais a vida dos corruptos na Itália. Uma das mudanças foi reduzir a pena para crimes de concussão, diminuindo, por consequência, o lapso prescricional e impondo o efeito retroativo por ser mais benéfica que a lei anterior.

Algumas novas condutas até passaram a ser tipificadas, porém, com penas de até três anos, que impedem o uso de medidas de investigação mais efetivas, a exemplo da interceptação telefônica. É o caso da tipificação do tráfico de influência.

Não foi aprovada emenda proposta pelo partido Itália de Valores, de Antonio Di Pietro, de tornar inelegíveis aqueles que estivessem respondendo formalmente a processos criminais e já tivessem condenação em primeiro grau (algo similar ao que se legislou no Brasil na Lei da Ficha Limpa). A lei foi tão criticada que, pouco mais de dois anos depois, foi editada nova Lei Anticorrupção, a Lei nº 69, de 27 de maio de 2015.

23) Medida provisória que despenaliza crimes de sonegação fiscal

Em 24 de dezembro de 2014, o governo italiano publicou a medida provisória nº 67/2014, despenalizando crimes de fraudes fiscais, falsas faturas e omissão de declaração do imposto IVA.[411] Tratava-se, como se percebe, de mais uma lei para proteger os detentores do poder econômico e político. No Brasil temos inúmeras leis de caráter similar. Definitivamente, o gângster norte-americano Al Capone não seria preso nem no Brasil, nem na Itália.

Enfim, à luz de tudo que se viu acima, vale o alerta e a constatação de Gherardo Colombo:

> Depois da emersão do sistema da corrupção (...) ocorrida com a Mãos Limpas, a política e também o país em geral tiveram a possibilidade de escolher entre duas alternativas: introduzir medidas para redimensionar os desvios, a violação das leis; ou introduzir medidas que tivessem o efeito de objetar a intervenção da magistratura. Boas ou más que possam ter sido as intenções, me parece que o resultado pendeu fortemente para a segunda alternativa.[412]

No Brasil se corre sério risco de repetir o modelo de proteção aos corruptos concretizado em certa medida na legislação italiana. Alguns passos já foram dados, como se destacará mais adiante.

Reações dos investigadores

Como visto, a pressão sobre os procuradores de Milão somava ataques pessoais em público com acusações formais de abuso, dossiês apócrifos e ameaças de morte e foi de tal ordem que provocou uma divisão da opinião pública e reações em certa medida inesperadas por parte de quem conduzia as investigações.[413] Para surpresa de seus colegas e de todos que acompanhavam o cotidiano da Mãos Limpas, o procurador da República Antonio Di Pietro, que havia inaugurado a investigação prendendo Mario

Chiesa, abandonou a investigação em 6 de dezembro de 1994, poucos dias antes de realizar o interrogatório de Silvio Berlusconi.

Cerca de um ano depois, Di Pietro largou a magistratura. Em entrevista à BBC Brasil em 2016, o ex-procurador desabafou:

> Os magistrados foram deslegitimados seja em âmbito profissional seja em âmbito pessoal, com a cumplicidade de alguns meios de comunicação. Eu, em particular, fui alvo de várias acusações infundadas (entre elas a de ter realizado prisões ilegais, de ser um agente secreto sob ordens da CIA, de ter provocado suicídio de pessoas presas, de ter feito a operação para destruir o sistema dos partidos, de estar envolvido eu mesmo em atividades ilegais e assim por diante). Acusações que, ao fim, obrigaram-me a pedir demissão como magistrado para poder defender-me como homem livre, como fiz com sucesso.[414]

Di Pietro listou "137 tentativas de deslegitimação" de conduta na investigação e outras "cem ameaças físicas à minha pessoa e a meus filhos".[415] O certo é que as acusações contra o ex-procurador foram todas arquivadas ao final, demonstrando sua inocência nos processos que respondeu por abuso.[416]

Ao deixar as investigações da Mãos Limpas, Di Pietro foi muito assediado para ingressar na política, inclusive por Berlusconi. No início resistiu, argumentando que não seria adequado, dada a proximidade com a magistratura. Passados dois anos, em 1996, aceitou assumir o Ministério dos Trabalhos Públicos, no qual ficou por apenas seis meses, deixando o cargo para se defender de duas novas acusações de abuso ainda do tempo da Mãos Limpas.

A primeira acusação retratava o ex-procurador como tão corrupto quanto os investigados da Mãos Limpas. Um antigo amigo de Di Pietro, Antonio D'Adamo, recebeu dinheiro de Berlusconi para acusar falsamente o ex-procurador de práticas corruptas, de receber dinheiro e vantagens ilícitas para arquivar investigações e favorecer pessoas, inclusive o banqueiro suíço Pacini Battaglia.[417] Esse amigo de Di Pietro tinha feito um registro por escrito destes fatos em 1995, o qual foi apresentado dois anos depois, em 1997, pelo advogado Cesare Previti aos procuradores de Bréscia que investigavam Di Pietro. Em 1997 constatou-se que as acusações eram falsas.

A segunda acusação partiu de dois policiais que trabalharam na força-tarefa da Mãos Limpas. Estes disseram que Di Pietro teria forjado provas contra Silvio Berlusconi e assediado sexualmente uma jornalista, pleiteando favores sexuais em troca de informações privilegiadas a respeito da Mãos Limpas. As investigações também provaram que as alegações eram falsas e que os policiais receberam propina para inventar as histórias contra Di Pietro com o intuito de desmoralizar a Mãos Limpas. Os policiais foram condenados criminalmente, mas fizeram acordo de colaboração premiada, sem, contudo e estranhamente, revelar os nomes dos pagadores da propina.[418]

Como sintetizou Di Pietro, ao final das 27 investigações contra ele, o cenário reativo dos detentores do poder provocou o seguinte disparate: "Dois anos para realizar a Mãos Limpas e quatro para me defender das consequências".[419]

Em 9 de novembro de 1997, Antonio Di Pietro foi eleito senador com 68% dos votos – numa eleição suplementar em decorrência da vacância do cargo de Pino Arlacchi, que aceitara convite para ser vice-secretário da ONU para a Luta contra o Narcotráfico. Em decorrência da experiência no Parlamento, em 21 de março de 1998 Di Pietro fundou um partido denominado Itália de Valores.

Outro destacado procurador da Mãos Limpas foi Gherardo Colombo, que também teve que tomar providências contra atentados à honra. Ele foi obrigado a apresentar dezenas de queixas por difamações propagadas pela mídia.[420]

O procurador Piercamillo Davigo foi alvo de 36 notícias-crime das mais variadas ordens: ter atuado para salvar os comunistas, ser corrupto, ter contas no exterior, ter falsificado interceptações, ter fabricado provas falsas e até ter patrocinado um golpe de Estado e ter começado uma guerra civil.[421] Todas foram julgadas improcedentes.

Um movimento similar parece ter começado no Brasil. Estão em curso doze representações contra o juiz Sergio Moro com alegações de abuso de poder protocoladas por diversas pessoas junto ao Conselho Nacional de Justiça.[422] Em 24 de março de 2016, o ex-presidente Lula, reunido com dirigentes sindicalistas, acusou a Lava Jato de ser a responsável pela dificuldade da economia e pelo aumento do desemprego no país, incitando os sindicalistas a tirar satisfações com o magistrado.[423] O argumento de que as investigações prejudicaram a economia do país foi igualmente utilizado na Itália.[424] O ex-presidente Lula também representou contra Sergio Moro por crimes de abuso de autoridade junto à ONU e em ação penal privada junto ao Tribunal Regional Federal da 4ª Região. Não se tem notícia das reações de Moro, que, pelo visto, deve acompanhar e se defender em silêncio nestes feitos.

Mais recentemente, os procuradores da República brasileiros também foram representados junto ao Conselho Superior do Ministério Público por abusos na divulgação do oferecimento da denúncia criminal contra o ex-presidente Lula em 14 de setembro de 2016. Lula também ingressou com ação civil contra o procurador Deltan Dallagnol, pedindo indenização de R$ 1 milhão por danos morais decorrentes da apresentação pública da denúncia.[425]

Ainda que algumas ações das forças-tarefa da Mãos Limpas e da Lava Jato possam ser objeto de questionamento, inclusive nas corregedorias, isso não constitui afronta ao trabalho dos procuradores. O certo é que o caminho de quem se sente acuado na investigação parece não diferir muito de um país para outro.

Em fevereiro de 2017, o delegado Márcio Anselmo, alegando "esgotamento físico e mental", como revelou em ofício à direção da Polícia Federal, pediu para sair da força-tarefa da Lava Jato. Acabou designado para a Corregedoria da Polícia Federal no Espírito Santo. Em julho de 2017, foi desarticulado o grupo de policiais federais que atuavam exclusivamente na força-tarefa da Lava Jato. A decisão foi vista pelos procuradores que atuam na Lava Jato como um "desmonte". A Polícia Federal justificou a medida dizendo que estava criando uma nova delegacia especializada em crimes de corrupção e que a atividade investigativa da Lava Jato não seria prejudicada. O certo é que os delegados e policiais federais passaram a dividir suas atenções entre as investigações da Lava Jato e de outros inúmeros casos concomitantes.

Nenhum dos procuradores até o momento pediu para ser designado para outra procuradoria. Mas o desgaste nessa atividade é evidente, e uma situação como a protagonizada por Antonio Di Pietro na Itália não seria exatamente uma surpresa se ocorresse aqui no Brasil.

PARTE 4

DIAGNÓSTICOS E PROGNÓSTICOS

Passados 25 anos da Mãos Limpas, o jornalista Giuliano Ferrara, que atuou na política como Ministro para as Relações com o Parlamento do primeiro governo Berlusconi, fez um diagnóstico dramático durante debate com o procurador da República Piercamillo Davigo organizado pela revista italiana *Micromega*. Ferrara resumiu o problema da política assim:

> Uma das coisas que acredito que tenha acontecido e que gostaria de reproduzir com toda sinceridade é que na política não se trata de ter a capacidade de "chantagear" os outros, de condicioná-los e eventualmente chantageá-los, onde o termo deve ser compreendido no sentido paralegal. O ponto fundamental não é que você deve ser capaz de chantagear, mas sim que você deve ser chantageável.

Neste momento de sua fala, o jornalista foi interrompido pelo moderador do debate: "Talvez você queira dizer que ele não deve ser chantageável". Ferrara repetiu o que havia dito:

> Não. Você deve ser chantageável. Para fazer política você deve estar dentro de um sistema que lhe aceita porque (...) você está disponível a participar, a ser copartícipe de um mecanismo comunitário e associativo pelo qual são selecionadas as classes dirigentes.[426]

O relato é duro, mas corresponde ao que se percebe na política, seja na Itália, seja no Brasil. Exceções existem, é evidente, mas a regra infelizmente não parece muito distante do relato de Ferrara.

Os italianos até acharam que o modelo mudaria depois de tudo que veio à luz com a Mãos Limpas. Porém, passados 25 anos, a decepção e um certo conformismo parecem nortear o presente e o futuro do país. Boa parte da decepção decorre do que já se anotou a respeito das reações legislativas à Mãos Limpas. Como visto, foram inúmeras as alterações de leis que permitiram construir um cenário de quase blindagem para os corruptos italianos. Se em 1992 investigar e punir atos de corrupção era algo que gerava grande esforço, mas ainda havia expectativa de que se chegasse ao final com efetivas condenações, em 2018 os italianos passam por momento em que a pretensão de punir atos de corrupção está praticamente inviabilizada.

No Brasil, o histórico de quinhentos anos deixa claro que a impunidade sempre foi uma realidade palpável para os detentores do poder. No entanto, com a redemocratização do país e com a Constituição da República de 1988 apresentando um novo desenho de Ministério Público, vem sendo possível promover mudanças lentas, mas significativas.

Vale aprofundar um pouco essa análise para entender como foi possível uma investigação do porte da Lava Jato ao final da primeira quinzena do século 21. Se, em 1988, alguém ousasse dizer a qualquer pessoa do mundo jurídico ou político que uma investigação criminal teria o alcance da Lava Jato, seria considerado, no mínimo, um ingênuo. A nova realidade começou a se consolidar quando a Constituição de 1988 retirou o Ministério Público da posição de subordinação hierárquica ao chefe do Poder Executivo e lhe outorgou plena autonomia administrativa, financeira e funcional. Isso permitiu uma revolução na forma e alcance das investigações criminais.

Antes da Constituição de 1988 os ministérios públicos brasileiros (dos estados e da União) sequer apareciam nas leis orçamentárias, pois não passavam de departamentos dentro de determinadas secretarias estaduais e do Ministério da Justiça. Agora possuem autonomia financeira, com verbas previstas na lei orçamentária.

A verba própria e a autonomia administrativa permitiram aos ministérios públicos eleger suas prioridades de investimento e atuação. Já no início dos anos 1990, as instituições optaram por se organizar melhor em dois setores que historicamente não contavam com investigações criminais consistentes: crimes do colarinho-branco (corrupção, desvios de verba, licitações fraudulentas, sonegação fiscal, dentre outros) e crime organizado com ou sem envolvimento da polícia.

Houve mudança também na forma de atuação dos promotores de justiça e procuradores da República, antes resumida ao cotidiano de burocrata de gabinete. Até 1988, o promotor da área criminal chegava para trabalhar e verificava os processos e inquéritos em sua mesa (ali colocados pelo escrivão criminal) para em seguida despachá-los. Depois participava de audiências, elaborava as peças processuais e encerrava o expediente. A rotina se repetia com pouca variação. Em outras palavras: se um procedimento investigatório não estivesse na mesa do promotor era porque não houvera crime. E de onde vinham os procedimentos de investigação? Da atividade isolada da Polícia Civil ou da Polícia Federal, subordinadas aos chefes do Poder Executivo (governadores e presidente). E o que as polícias costumavam deixar na mesa do promotor? Em sua ampla maioria feitos envolvendo o que se costuma chamar de criminalidade de rua: furto, roubo, estupro, homicídio, lesões corporais, às vezes um estelionato.

Inquéritos policiais envolvendo crimes do colarinho-branco praticamente inexistiam, pois, sendo as polícias subordinadas aos governantes, não conseguiam elaborar investigações que pudessem atingir estes governantes. Por mais honestos que fossem, os delegados não conseguiam – e em boa medida ainda não conseguem (tudo a depender da vontade do chefe de plantão) – investigar crimes que possam desgostar os governantes e seus aliados políticos, já que não gozam de garantias de inamovibilidade e independência funcional. Aliás, os promotores também não gozavam destas garantias até 1988 e também por isso muito pouco investigavam.

A independência funcional garantiu aos promotores a independência que os juízes sempre tiveram. Na prática, significa que ninguém interfere na interpretação jurídica do promotor e em sua liberdade de agir em crimes do colarinho-branco, por exemplo.

Com independência financeira, administrativa e funcional, os ministérios públicos passaram a se especializar na investigação de crimes das elites econômica e política. No Paraná, por exemplo, foi criada em 1992 a primeira Promotoria de Proteção ao Patrimônio Público, em Curitiba, permitindo que promotores saíssem da função burocrática de despachante de gabinete e tomassem a frente de investigações envolvendo crimes que lesam o erário. Ao lado da Promotoria de Proteção ao Patrimônio Público, foi criada em 1994 a primeira Promotoria de Investigações Criminais, com atribuição de investigar crimes da polícia e o crime organizado. Esta última foi o embrião do que hoje se denomina GAECO (Grupo de Atuação Especializada em Combate ao Crime Organizado), modelo presente em todos os estados e que aproxima, num mesmo ambiente físico, as instâncias formais de controle da criminalidade (polícias Civil e Militar e Ministério Público), potencializando a investigação em crimes de vulto. O pioneirismo das forças-tarefas nos ministérios públicos estaduais inspirou outros modelos, como o usado pelo Ministério Público Federal em parceria com a Polícia Federal e com a Receita Federal na Lava Jato.

É importante registrar que não foi fácil fazer valer a autonomia investigativa do Ministério Público pós-Constituição de 1988. Houve inúmeras tentativas de impedi-lo de investigar pela via da interpretação jurisprudencial (somente superada plenamente em 14 de maio de

2015, com decisão do pleno do Supremo Tribunal Federal no Recurso Extraordinário nº 593.727, reconhecendo definitivamente a legitimidade investigativa do Ministério Público) e também pela via legislativa, da qual a PEC 37 (Proposta de Emenda à Constituição nº 37, que visava alterar a Constituição para impedir o Ministério Público de investigar) foi o exemplo mais marcante, sendo derrubada por pressão popular nas manifestações de rua de junho de 2013.

Por isso é preciso ficar atento quando se vê o presidente do Senado dizendo que é preciso uma CPI do Ministério Público, como que a buscar algum argumento para deslegitimar junto à opinião pública a atuação desta importante instituição, quem sabe criando clima para promover reformas constitucionais que permitam retomar o *status quo ante*. Na Itália, como já comentado, foram inúmeras as tentativas de propostas de mudança da Constituição para subordinar o Ministério Público ao Poder Executivo. Até agora não conseguiram concretizar o intento, mas o tema segue na pauta do Parlamento.

Resta saber quanto mais se poderá avançar no Brasil no combate a crimes do colarinho-branco depois que os holofotes da mídia deixarem a Lava Jato e o tema cair no esquecimento. Também é relevante refletir se é possível que alguma coisa mude no modo de agir da classe política depois de tudo o que se sabe como resultado da Lava Jato. Nestes dois campos, a experiência italiana não pode ser desconsiderada e serve de alerta.

É necessário ainda cuidado para não se permitir abusos por quem detém o poder de investigar e julgar, ainda que muito do que se tem dito nesse sentido em relação ao juiz Sergio Moro e procuradores da Lava Jato possa ser justificado mais pela paixão ideológica ou defensiva do que propriamente por uma análise técnica e isenta. Seja como for, reforçar mecanismos de controle externo inclusive para o Ministério Público e para o Poder Judiciário, sem cerceá-los em suas atividades, nunca é demais. Todo exercício de poder deve ser controlado, publicizado e fiscalizado.

A fina linha entre a legalidade e o abuso

Assim como sucedeu na Mãos Limpas, muitas reclamações se tem ouvido das defesas dos acusados na Lava Jato de que o juiz Sergio Moro e os procuradores da República abusam do poder. Essa inclusive foi a linha argumentativa da petição que o ex-presidente Luiz Inácio Lula da Silva protocolou junto à ONU e da ação penal privada subsidiária da pública que ele protocolou em 18 de novembro de 2016 no Tribunal Regional Federal da 4ª Região contra Moro, acusando-o de abuso de autoridade.

Algumas das questões levantadas contra Moro já foram objeto de análise aqui, como, por exemplo, as prisões cautelares e sua vinculação com a pretensão de obter acordos de colaboração premiada – tema recorrente tanto na Mãos Limpas quanto na Lava Jato. Mas o que mais se ouve dizer é que o juiz Moro não é imparcial e mistura as funções de investigador/acusador com a de julgador.

A imparcialidade e os mecanismos para evitar que as funções de investigar e acusar se confundam com a função de julgar são temas dos mais importantes a serem discutidos para a melhoria do direito processual penal. A preocupação dos advogados, portanto, não se dá à toa. É realmente essencial que quem investiga e acusa não julgue o caso ou, na linha inversa, que quem vá julgar o caso não esteja na condução das investigações. Porém, diante do que já foi tornado público na Lava Jato e de como a participação do juiz no processo penal é disciplinada na legislação brasileira, a tese de parcialidade do juiz Moro e a tese de que ele investigaria junto com os procuradores da República parecem um pouco destoantes do equilíbrio discursivo.

Como bem pontua Tércio Sampaio Ferraz Junior – também ele um crítico de algumas atuações do juiz Moro, além de renomado professor e autor de livros importantes como *Direito, retórica e comunicação: subsídios para uma pragmática do discurso jurídico* –, normalmente o magistrado procura se comunicar com as partes como alguém que não está ali para impor sua personalidade.[427] Para tanto, apresenta um discurso embasado em neutralidade, serenidade, imparcialidade, respeitabilidade, dignidade, imunidade à crítica, procurando convencer de sua boa-fé e impessoalidade. Tudo isso serve para criar a ideia de que a decisão será fruto tão somente do que o magistrado encontrar de prova a respeito do fato e de seu ajuste à regra vigente. O mesmo ocorre com as partes: o Ministério Público vale-se das fórmulas de representante da sociedade, defensor do interesse público e da imparcialidade; a defesa usa a retórica de responsável pelo exercício do direito de defesa, defensora do mais débil, protetora daquele que é acusado injustamente, dentre outras.

Na prática, no entanto, as partes, ao se assumirem como tais, estão pessoalmente interessadas na decisão do magistrado, atuando sob a forma de reação partidária e gerando um "conflito intermitente" no processo, isto é, "as normas terminam conflitos no sentido de que elas os institucionalizam". Os conflitos terminam, mas não necessariamente são solucionados. O término do conflito, como refere Tércio Sampaio, não significa que se tenha um consenso.[428] E o fato do juiz se esforçar ao máximo para atuar de forma imparcial, isto é, não tendenciosa para um dos lados, agindo com equidistância e dando iguais oportunidades às partes, não significa que ele seja neutro em relação ao caso penal.

Portanto, de início, é importante esclarecer que "imparcialidade" não se confunde com "neutralidade judicial". Para melhor compreender como a ideia de "juiz neutro" introduziu-se no senso comum de boa parte dos juristas é preciso buscar as origens do discurso. O mito da neutralidade judicial foi se consolidando a partir da segunda metade do século 18 e ao longo do século 19, basicamente em razão do positivismo exegético fortemente aceito naquele tempo. Sua origem então pode ser identificada na filosofia da ilustração, quando a ideia da neutralidade, do "juiz-boca-da-lei" já era pregada, como se vê claramente em Montesquieu. Essa também era a compreensão do famoso Marquês de Beccaria ao afirmar, ainda no século 18, que "onde as leis são claras e precisas o ofício de um juiz não vai além do acertamento do fato".[429]

Com a Revolução Francesa, pautada por um discurso racionalista, particularmente por conta da necessidade que se tinha de desvincular a imagem dos juízes da "vontade do rei", firmou-se a ideia de que os juízes seriam neutros. Não havia tempo para formar novos juízes e assim aproveitaram-se os mesmos de antes. Com o discurso de que o juiz era neutro, ficava mais fácil explicar para o povo como aquele juiz que até ontem fazia a "vontade do rei", agora faria a "vontade da lei", expressão maior da "vontade popular".

Foi com esse espírito que se fomentou a ideia – de todo falaciosa, como se sabe depois de Freud e Lacan compreenderem como opera o inconsciente – de que o juiz pudesse ser um sujeito neutro, alheio a tudo que acontece ao seu redor e que isso seria uma garantia. Hoje não se pode perder de vista que o juiz é um ser humano e, como tal, sujeito a toda sorte de influências externas e experiências de vida. Não se pode olvidar que, antes de ser juiz, o magistrado foi criança, adolescente e viveu como qualquer ser humano – e continua a viver. Teve, tem e continuará tendo experiências de vida boas e ruins. Viveu – e traz sempre consigo – seus traumas, suas angústias, suas frustrações e seus recalques, como qualquer pessoa. Construiu e traz consigo seus preconceitos (conceitos antecipados), seus "pré-juízos" de valor (juízos antecipados), como, repita-se, toda e qualquer pessoa. E, como acontece com todas as pessoas, o juiz também tem que conviver com tudo isso.

Nesse ponto é que a melhor doutrina de processo penal procurou conceber a inércia probatória do julgador como um mecanismo que o impeça (que impeça o "ser no mundo" de Heidegger, não neutro e investido da função de julgar) de deixar que por ocasião da colheita da prova ele seja conduzido – inconscientemente até – por seus preconceitos, seus pré-juízos de valor a respeito dos fatos, das pessoas, dos crimes. A inércia então é utilizada pela doutrina mais moderna de processo penal como freio para evitar que o juiz saia – até mesmo inconscientemente, repita-se – em busca da prova que possa justificar um "prévio acerto mental", pois, se alcança elementos que lhe permitem confirmar este possível "prévio acerto mental", ele goza no sentido psicanalítico.

Tudo isso considerado, percebe-se que o discurso da defesa dos investigados na Lava Jato parece trilhar o caminho de considerar que o juiz Sergio Moro está comprometido em sua imparcialidade porque – segundo estes críticos – produziu diligências investigatórias e provas de ofício, mesclando sua atividade de julgador com a de investigador ao traçar as linhas de investigação, vazando notícias para imprensa e se autopromovendo. Na petição de exceção de suspeição que os advogados de Lula protocolaram e tornaram pública, por exemplo, referem-se a Moro como "juiz combatente do mal em lugar de juiz equidistante e imparcial".[430] Nesta petição ainda referem que Lula e seus familiares ingressaram com ações contra a União, pleiteando danos morais por condutas que reputam ilícitas por parte de Sergio Moro e que por isso ele não pode julgá-los, já que estão "como partes adversas em alguns procedimentos e, quando alguém tem o poder de julgar seu adversário, o resultado pode ser previamente conhecido... É a justiça da guerra, em que se julga o inimigo". Sem querer entrar no mérito, mas apenas porque a questão se tornou pública, parece incidir aqui a regra do artigo 256 do Código de Processo Penal: "A suspeição não poderá ser declarada nem reconhecida quando a parte injuriar o juiz ou de propósito der motivo para criá-la".

Seja como for, analisando o que foi divulgado da Lava Jato, não parece possível dizer que o magistrado esteja agindo na produção de provas de ofício, ou traçando linhas de investigação, ou ainda que seja responsável por vazamentos para a imprensa. Também não parece que esteja mesmo agindo com o intuito de autopromoção, como se resolveu insistentemente colar na opinião pública, ainda que a exposição exagerada de sua figura, mais por opção da mídia e de quem lhe admira como profissional ou professor de direito processual penal, do que dele próprio (não são poucos os episódios em que, justamente para evitar falatório, ele se recusa a permanecer em determinado ambiente ou evento quando depara com a presença da mídia), de fato possa provocar questionamentos.

Por fim não parece correto considerar que Moro esteja conduzindo a investigação da Lava Jato. Nisso parece haver verdadeira confusão, principalmente de parte da mídia, blogueiros e comentaristas que volta e meia insistem em afirmações como "A astúcia de Moro",[431] com a conotação de que ele estaria de fato pensando as estratégias de investigação e decidindo o rumo da Lava Jato.

Na verdade, no curso das investigações, inclusive da Lava Jato, quem pensa e planeja os passos a serem dados não é o juiz, mas a polícia, junto com o Ministério Público. As investigações são feitas sempre para que o titular da ação penal, isto é, aquele que tem o poder/dever ou o direito de invocar a tutela do Estado/juiz – o Ministério Público e, excepcionalmente, a vítima – possa ao final decidir se formalizará uma acusação contra alguém ou não.

Nesta fase de investigação o juiz é inerte e só atua quando provocado pela polícia ou pelo Ministério Público. E essas provocações somente se dão quando há necessidade de intervenção do magistrado como "juiz de garantias", isto é, quando é necessário ponderar os direitos e garantias do cidadão (privacidade, intimidade, propriedade e liberdade, por exemplo) frente ao interesse público de esclarecimento da notícia de delito. Em outras palavras: na prática, no curso da investigação, a atuação do juiz somente se dá quando se fazem necessárias medidas cautelares pessoais (prisão temporária, preventiva ou outras medidas diversas da prisão, como retenção de passaporte e uso de tornozeleira), ou quando se fazem necessárias medidas cautelares reais (arresto ou sequestro de bens para garantir futuras indenizações à vítima), ou quando se faz necessária a produção de provas invasivas (como interceptação telefônica, quebra de sigilo bancário ou fiscal, além de buscas e apreensões), ou, por fim, na homologação de acordos de colaboração premiada. O magistrado Sergio Moro tem atuado nas investigações da Lava Jato apenas nestes momentos. E nestas questões não poderia se eximir de atuar, pois o modelo brasileiro de processo penal ainda não prevê a necessidade de que o juiz da fase da investigação seja diferente do juiz da fase de julgamento.

Para tomar decisões cautelares (pessoais, reais ou probatórias) é necessário ingressar na análise dos requisitos exigidos pela lei, normalmente relacionados à demonstração da materialidade do delito (isto é, provas de que ocorreu um crime) e indícios mínimos de autoria. Não há como, à luz do que exige a lei, afastar o juiz da análise dos pedidos cautelares, impedindo que se antecipe algum juízo de valor sobre os fatos nestas decisões. Diante da robustez de provas colhidas nas investigações da Lava Jato, o juiz Moro faz afirmações que desagradam às defesas, pois estas consideram que ele está prejulgando o caso. Não é demais levar em conta que as provas na Lava Jato são amplamente documentais e assim adquirem *status* de definitividade probatória desde o momento de sua juntada aos autos de investigação (diferentemente dos depoimentos colhidos no inquérito, que precisam ser depois repetidos em juízo, sob o crivo do contraditório, para adquirirem a condição de serem valorados na sentença). Por isso é mesmo difícil dissociar plenamente algumas análises exigidas na investigação de questões que guardam ao mérito de aspectos de um caso como este. De resto, como dito, provas muito contundentes vão permitindo formar juízos de valor que saíram há tempo da mera possibilidade para adquirir feições de ampla probabilidade, sem falar dos juízos de certeza emanados pelas sentenças condenatórias já proferidas. Não há como escapar dessa lógica, pois ela se dá com qualquer ser humano.

Mas isso não parece significar, por si só, que o juiz Sergio Moro esteja sendo parcial na Lava Jato. Mesmo na fase processual, quando o juiz tem postura mais ativa na inquirição das testemunhas e no interrogatório dos acusados, o que se vê, pelos vídeos dos depoimentos, é que Moro formula perguntas em tom naturalmente questionador, mas não necessariamente conclusivo.

Fora isso, algumas decisões podem ser consideradas questionáveis sob o prisma técnico de processo penal, como prisões cautelares que poderiam ter sido evitadas e/ou substituídas por medidas cautelares pessoais menos gravosas, como o afastamento das funções públicas. Mas para elas há sempre o controle externo dos atentos e competentes advogados dos acusados, que vêm corretamente promovendo ampla utilização dos mecanismos legais para questionar a legalidade de tais decisões, a exemplo de *habeas corpus* e de reclamações, e em alguns casos com sucesso, como na primeira prisão de Paulo Roberto Costa ou do empreiteiro Ricardo Pessoa, cuja decisão de soltura foi estendida a outros oito investigados.

Nas prisões cautelares, o ideal seria que a lei estabelecesse critérios mais objetivos para diminuir possível discricionariedade. Todavia, não há como tachar as decisões proferidas na Lava Jato como invariavelmente genéricas ou infundadas, como alguns têm pregado, pois em sua vasta maioria elas estão sendo mantidas pelos tribunais superiores.

No entanto, outras críticas poderiam ser – e foram – assimiladas pelo Poder Judiciário, como as conduções coercitivas, que, conforme já tratado, foram utilizadas na Lava Jato ao arrepio do Código de Processo Penal. Como já destacado, a lei só autoriza a condução coercitiva depois de prévia recusa em comparecer para prestar depoimento; assim, não pode ser a primeira opção, como ocorreu.

Quanto à gravação da conversa da então presidente Dilma Rousseff com o ex-presidente Lula, tratou-se, a toda evidência, de uma descoberta fortuita de prova. Não houve decisão de gravar conversas de Dilma; se houvesse, a decisão do juiz de primeiro grau seria nula. Dilma não foi grampeada, como ela e muitos outros insistentemente afirmaram na ocasião.

O telefone de Lula é que estava legalmente interceptado. A interceptação de comunicação telefônica é um meio de prova legalmente admitido, e os requisitos, nos termos da Lei 9296/96, parecem ter sido observados: o pedido foi formulado pelo Ministério Público, tratava-se de investigação criminal em curso e havia indícios de autoria, os delitos investigados são punidos com reclusão, e os meios probatórios tradicionais pareciam insuficientes.

O único ponto juridicamente questionável até agora é o fato de o juiz Sergio Moro ter divulgado a conversa de Dilma e Lula. Não pela divulgação em si, mas pelo fato de, à época, Dilma ser presidente e ter foro privilegiado no Supremo Tribunal Federal. Quem poderia dar publicidade à conversa seria o Supremo, pois, no momento em que o juiz Moro soube da gravação com Dilma, cessou sua jurisdição.

Ao prestar esclarecimentos na Reclamação nº 23.457, oposta por Dilma no STF, Moro justificou que entendia ser competente para dar publicidade ao caso porque Lula ainda não tomara posse como ministro, e o crime de obstrução da justiça somente diria respeito ao ex-presidente. Ou seja: nas explicações ao ministro Teori Zavascki, Moro deixou transparecer que não via crime na conduta de Dilma:

> O levantamento do sigilo não teve por objetivo gerar fato político-partidário, polêmicas ou conflitos, algo estranho à função jurisdicional, mas, atendendo ao requerimento do MPF, dar publicidade ao processo e especialmente a condutas relevantes do ponto de vista jurídico e criminal do investigado do ex-presidente Luiz Inácio Lula da Silva que podem eventualmente caracterizar obstrução à justiça ou tentativas de obstrução à justiça (art. 2º, § 1º, da Lei nº 12.850/2013). (...) Quanto ao conteúdo, da mesma forma que os demais, entendeu este julgador que ele tinha relevância jurídico-criminal para o ex-presidente, já que presente a apuração se a aceitação por ele do cargo de ministro-chefe da

Casa Civil teria por objetivo obter proteção jurídica contra as investigações.

Considerando que a investigação tinha por foco condutas supostamente criminais do ex-presidente e o conteúdo, na perspectiva criminal, juridicamente relevante do diálogo para ele, entendi que não haveria óbice na interceptação e no levantamento do sigilo.

No momento, de fato, não percebidos eventuais e possíveis reflexos para a própria Exma. Presidenta da República. (...) Não tem este juízo qualquer dúvida de que somente o egrégio Supremo Tribunal Federal pode autorizar investigação criminal em relação à pessoa exercente do cargo de presidente da República e que igualmente, colhido fortuitamente diálogo da espécie, com conteúdo jurídico criminal relevante para o exercente do cargo de presidente da República, o processo deve ser remetido imediatamente ao Supremo Tribunal Federal, a quem cabe decidir ou não pelo prosseguimento das investigações, com ou sem sigilo. Entretanto, no caso, o foco da investigação era o ex-presidente da República, então destituído de foro por prerrogativa de função e, embora o referido diálogo no contexto de obstrução fosse juridicamente relevante para ele, não parece que era tão óbvio assim que também poderia ser relevante juridicamente para a Exma. Presidenta da República.

Rigorosamente, a Exma. Sra. Presidenta da República negou, publicamente, o caráter ilícito do diálogo.

Se é assim, se o referido diálogo não tinha conteúdo jurídico-criminal relevante para a Exma. Sra. Presidenta da República, então não havia causa para, em 16/03, determinar a competência do Supremo Tribunal Federal, o que só ocorreria com a posse do ex-presidente Luiz Inácio Lula da Silva no cargo de ministro-chefe da Casa Civil, então marcada para 22/03/2016, depois antecipada para 17/03/2016.[432]

Mas não foi essa a compreensão do ministro Teori Zavascki, que, justamente por considerar possível a ocorrência de delito na conduta da então presidente, viu cessar de imediato a competência do juiz de primeiro grau e deferiu a reclamação impetrada por Dilma.

Abstraindo a questão da competência, não parece haver invasão de privacidade na divulgação daquela conversa, ainda que alguns respeitados professores entendam em sentido contrário ao dizer que a lei ordinária proíbe a divulgação. Nesse ponto, a melhor doutrina a respeito dos limites da personalidade é a dos círculos concêntricos de Heinrich Hubmann, trabalhada também por Adriano de Cupis,[433] a qual estabelece diferentes graus de proteção da personalidade, explicitados em círculos concêntricos. No círculo mais interno está a mais protegida de todas: a intimidade (por exemplo, vida amorosa, orientação sexual, segredos íntimos); no segundo círculo em torno do primeiro, um pouco menos protegida, a vida privada (relações no trabalho, na família, com os amigos); e no terceiro círculo, mais afastado do centro e o menos protegido de todos, a vida pública.

A vida pública de qualquer pessoa é a menos protegida e permite, por exemplo, que filmagens de crimes praticados na rua, numa loja ou noutro ambiente de acesso público possam ser usadas como prova sem que a gravação tenha sido autorizada judicialmente ou consentida pelo sujeito filmado. A proteção fica ainda mais diminuta quando a pessoa é um agente público, um servidor do Estado, pois incide aqui o princípio da publicidade como norte no trato da coisa pública. O servidor público, por aderir ao serviço público, tem sua liberdade e sua intimidade menos protegidas que o particular. Não que tudo o que ele converse ao telefone deva ser público, lógico que não. Mas, se as conversas por ele travadas foram gravadas legalmente, com prévia autorização judicial, justamente porque giram em torno de crimes que lesam o erário, são menos protegidas que conversas de teor criminoso travadas por particulares longe do trato da coisa pública. A teoria dos círculos concêntricos, então, deve ser somada às precisas colocações do professor italiano Stefano Rodotà:

> A esfera privada das pessoas notórias ou que exercem funções públicas deve ser respeitada se as notícias e os dados não têm qualquer relevância a respeito dos seus papéis ou a respeito de suas vidas públicas. Insisto: qualquer relevância. E isso quer dizer que nestes casos ocorre uma redução da expectativa de privacidade, na qual o interesse público ao conhecimento prevalece sobre aquele privado à reserva.
>
> Por que uma limitação assim tão pesada? Porque a democracia não é simplesmente "governo do povo", mas "governo em público". Porque a democracia exige que todos os cidadãos estejam em condições de participar do governo da coisa pública, em primeiro lugar como titulares de um poder difuso de controle, fundado mesmo no conhecimento. Porque "a luz do sol é o melhor desinfetante", como dizia, com uma expressão que se tornou quase um provérbio, o juiz americano Louis Brandeis, referindo-se propriamente à necessidade da transparência como instrumento primeiro na luta contra a corrupção.[434]

Ou seja: a esfera de privacidade de agentes públicos é diferente da esfera de privacidade do cidadão comum. Se a conversa fosse, por exemplo, a respeito do relacionamento amoroso de Lula ou Dilma, a conversa evidentemente estaria protegida pelo sigilo e não poderia ser divulgada. Porém, a conversa gravada girou em torno da nomeação de Lula como ministro numa circunstância que poderia até evidenciar crime, pois era notório que o ex-presidente estava receoso de que pudesse ser preso preventivamente na Lava Jato e essa possibilidade de prisão seria evitada caso obtivesse foro privilegiado como ministro. Uma conversa cujo conteúdo pode até mesmo caracterizar crime não parece albergada pela esfera de privacidade da pessoa pública, e aqui o princípio da publicidade previsto constitucionalmente deve prevalecer sobre regras infraconstitucionais de caráter genérico.

Cabe relembrar que a Constituição brasileira prevê que "a lei só poderá restringir a publicidade dos atos processuais quando a defesa da intimidade ou o interesse social o exigirem". A publicidade é novamente referida como um dos princípios a orientar a administração pública no artigo 37. Na conversa de Dilma e Lula não havia intimidade alguma a ser preservada, já que se tratava de questão institucional, e muito menos interesse social a proteger. Nas circunstâncias, dava-se o exato avesso.

Porém, na medida em que a conversa foi gravada e nela se evidenciou, ao menos em tese, a possibilidade de estar em curso crime por parte da presidente, a competência do juiz Sergio Moro cessou na mesma hora, e o caminho seria a imediata remessa dos autos ao Supremo Tribunal Federal, diante do foro privilegiado da presidente. Não era legítima, portanto, a divulgação da conversa naquele momento, pois a competência de Moro havia cessado.

Nesse episódio também se discutiu o aproveitamento da prova obtida, pois o juiz Moro havia determinado a suspensão das gravações antes de saber da interceptação da conversa entre Lula e Dilma. Este tema é bastante interessante e polêmico. Não havia precedente na Suprema Corte discutindo a especificidade deste caso. E, analisando a decisão tomada na Reclamação nº 23.457, é possível dizer que continua não havendo precedente, pois a decisão sequer mencionou a complexidade do caso e saiu pela tangente ao dizer genericamente que não havia mais ordem judicial para a interceptação prosseguir.

Para entender o que deixou de ser abordado no julgado do Supremo, vale aprofundar-se um pouco. O que costuma acontecer em casos de interceptação telefônica é que o juiz defere a interceptação pelo prazo legal de quinze dias. Assim, quando a companhia telefônica recebe o ofício (o que, é evidente, não ocorre na mesma hora da decisão do magistrado), implanta a interceptação, que é programada para se encerrar automaticamente quinze dias depois. No caso de Lula, o juiz Moro determinou a interceptação por quinze dias, mas resolveu interrompê-la antes. A ordem nesse sentido foi registrada no sistema do processo eletrônico às 11h12 de 16 de março de 2016. Essa ordem precisa ser materializada, normalmente em ofício expedido pelo escrivão ou secretaria da vara. No caso específico, a secretaria anotou no processo eletrônico que informou ao delegado, por telefone, às 11h44. Nesse mesmo dia, porém sem registro do horário, o delegado informou ao funcionário da empresa de telefonia que a interceptação deveria ser suspensa. Além disso, um e-mail foi enviado pela vara à operadora Claro às 12h46. Enviado, mas não necessariamente lido.

Há uma natural demora entre a ordem e sua efetivação. No presente caso, duas horas depois da inserção da decisão de Moro no sistema do processo eletrônico e 46 minutos depois de enviado o e-mail, precisamente às 13h32, foi gravado o diálogo de Lula e Dilma. As gravações somente foram encerradas pela Claro às 23h33 daquele dia, 16 de março. O importante é que a interrupção das gravações foi no mesmo dia, como se explicará adiante.

Antes, porém, é relevante considerar que circularam duas leituras sobre o aproveitamento da gravação como prova. A primeira de que não pode ser usada porque já havia ordem para parar a gravação (adotada pelo Supremo na decisão do ministro Teori Zavascki, na Reclamação nº 23.457); a segunda pelo aproveitamento da gravação, pois a ordem ainda não havia chegado ao conhecimento da operadora (adotada, em termos, pelo juiz Moro). Respeita-se a decisão do Supremo, mas também é defensável a segunda corrente de interpretação, que parece mais técnica à luz da operacionalização da diligência e à luz do princípio de proibição de prova ilícita e das teorias de aproveitamento probatório.

É bom que se tenha presente que tudo ocorreu no mesmo dia, pois o prazo da Lei 9.296/96 é contado em dias e não em horas. Só por isso a discussão fica esvaziada, mas, como dito, a decisão do Supremo Tribunal Federal nem passou perto dessa questão. Basta mencionar que há poucos anos, quando ainda não havia processo eletrônico, ninguém teria questionando nada, pois a hora da decisão não era registrada nos autos físicos, até porque, repita-se, os prazos são contados em dias. Portanto, o cumprimento ocorreu no mesmo dia da ordem dada e está tudo certo.

Ademais, as decisões podem ser lidas como atos complexos, isto é, que se aperfeiçoam somente após o cumprimento de uma sequência de atos. Por exemplo: quando se obtém julgamento favorável em *habeas corpus*, o preso não é colocado em liberdade no mesmo instante em que a decisão é proferida. É preciso que a secretaria do tribunal elabore o alvará de soltura e que alguém leve esse documento até o detentor do preso para que o detentor tome ciência da ordem e a cumpra, colocando o preso em liberdade. Agora pergunta-se: o tempo que a pessoa ficou presa entre a ordem de soltura e o cumprimento do alvará se caracteriza como abuso? Terá ela direito a uma indenização pelas horas de demora no cumprimento do alvará? As perguntas são retóricas, é claro.

As ordens dos magistrados normalmente não surtem efeito imediato e se concretizam após chegar ao conhecimento do destinatário. Devem ser cumpridas preferencialmente no mesmo dia (há exceções, como no caso de busca e apreensão ou de requisição de documentos bancários e similares), mas não no mesmo minuto. O mesmo se dá no caso da interceptação. Tanto a implantação quanto a interrupção não ocorrem de imediato.

De resto, as regras de exclusão de provas, importadas do direito norte-americano para o direito brasileiro pelos princípios de proibição de prova ilícita e da prova ilícita por derivação (teoria dos frutos da árvore envenenada, incorporada no artigo 157 e parágrafos do Código de Processo

Penal em 2008), existem para evitar que o Estado abuse do poder. Quando evidentemente não há abuso, não há ilicitude.

A Suprema Corte norte-americana tem precedentes do aproveitamento da prova quando o agente está de boa-fé. Aliás, o caso que gerou a teoria da boa-fé lá (Estados Unidos versus Leon, 1984) era muito similar ao caso aqui em análise, pois discutiu a validade de provas obtidas no cumprimento de um mandado de busca por policiais que ignoravam o fato de o juiz ter determinado o recolhimento do mandado. A Suprema Corte aceitou a prova sob o argumento de que ninguém agiu de má-fé.

Na Lava Jato, não parece que a gravação da conversa de Dilma e Lula tenha sido de má-fé, até porque ninguém tinha bola de cristal para adivinhar que Dilma ligaria para Lula naquele momento. Isso, ao que consta, só foi percebido depois, inclusive pela polícia. Portanto, não haveria problema em aceitar a prova. Como já destacado, a posição adotada pelo STF foi em sentido contrário, e a gravação da conversa não foi considerada prova válida.

Enfim, ingressou-se nessa discussão para mostrar que a decisão do juiz Sergio Moro neste caso, pelo que foi tornado público, não pode ser considerada abusiva, pois está inserida na interpretação autorizada da "independência funcional" do magistrado. Ou seja, está na margem dada pela lei aos juízes para que ninguém diga a ele como deve ser a decisão, a não ser a Constituição, a lei e a prova do caso. Trata-se de uma garantia de que o juiz não será manipulado politicamente por terceiras pessoas ou agirá além do que disciplina o regramento. Uma coisa é agir dolosamente de forma abusiva, isto é, com consciência e vontade de abusar, de ultrapassar os limites da lei. Havendo prova de que o magistrado agiu assim, não há dúvida de que deva ser responsabilizado. Porém, outra coisa bem diferente é divergir, com argumentos lógicos e racionais, na interpretação de uma lei, nos limites de sua independência funcional. Neste caso é possível até se discordar da interpretação, dela recorrer, criticá-la, afirmar que está errada, mas não é possível dizer que foi abusiva.

Mesmo assim, a discussão é polêmica e serve para alertar o legislador brasileiro quanto à necessidade de melhor disciplinar toda a questão dos limites da publicidade de gravações de conversas judicialmente autorizadas e que servem de prova a práticas delitivas. Não se trata de reformas como a pretendida pelo senador Renan Calheiros (PMDB) no Projeto de Lei nº 280, de 2016, que prevê como crime de abuso de autoridade o fato da decisão de um juiz de primeiro grau ser reformada por um tribunal. Caso isso fosse aprovado, o fato do STF discordar da interpretação do juiz Moro significaria que este cometeu crime de abuso de autoridade. Haveria o "crime de interpretação", o que não pode ser aprovado. Mas é preciso disciplinar melhor este e outros temas polêmicos das interpretações surgidas no curso da Lava Jato.

Corrupção: tal qual fênix

Ao final dos processos da Operação Mãos Limpas, descontadas as prescrições e as consequências das leis de descriminalização, o resultado foi de 5% de absolvição no mérito. Isso poderia ter inibido novas práticas, mas o saldo positivo das decisões de mérito foi praticamente neutralizado pelas inúmeras leis salva-corruptos que o Parlamento italiano editou. O recado maior que se passou aos políticos foi de que é possível continuar na trilha da corrupção e desvio de verbas, pois sempre há um compadrio para salvar boa parte dos envolvidos.

Os partidos italianos sofreram consequências, sendo extintos. Ou melhor: mudaram de nome. A mudança de nome, no entanto, não trouxe mudança nas práticas.

No Brasil, os partidos envolvidos na Lava Jato continuam operando. É certo que as investigações contribuíram para criar um caldo cultural contra alguns deles, notadamente o Partido dos Trabalhadores (PT), Partido Progressista (PP) e Partido do Movimento Democrático Brasileiro (PMDB), integrantes da coligação que mais se beneficiou dos desvios de verba da Petrobras e de outras estatais. Os demais partidos com ampla influência no país não são exatamente referenciais éticos ou ilhas da moralidade capazes de apresentar um cenário novo ou mudanças no comportamento dos políticos brasileiros.

Na Itália pós-Mãos Limpas, o ressurgimento da corrupção e de parcela simbolicamente significativa dos personagens envolvidos e condenados por corrupção nos anos 1990 são um desalento para o povo italiano. E servem de alerta aos brasileiros para o que poderá advir depois da Lava Jato, já que os dois países são muito parecidos no modelo torto de fazer política e na capacidade de perpetuar os corruptos de sempre.

Ao longo e depois da Mãos Limpas, o que se viu e vê na Itália é que vários envolvidos nas investigações, e mesmo vários condenados, receberam proteção e benefícios do poder político. Alguns retornaram às velhas práticas de corrupção.

Sobre proteção e favorecimento político, serve de exemplo Paolo Mario Scaroni. Preso em 14 de julho de 1992, firmou um acordo de colaboração premiada em 1996. Recebeu pena de 1 ano e 4 meses de prisão por ter pago propina ao Partido Socialista Italiano enquanto era administrador da Techint para facilitar um contrato com a ENEL, equivalente à Eletrobras brasileira. Em 2002, foi nomeado pelo primeiro-ministro Silvio Berlusconi presidente da ENEL (!), cargo que ocupou até 2005. Depois foi brindado com o cargo de presidente da ENI, equivalente à Petrobras, de 2005 a 2014![435] Parece escárnio que o sujeito condenado por fraudar uma estatal, depois de confessar o crime e ser condenado, venha a ser nomeado seu presidente.

Também serve de ilustração Corrado Passera, diretor da Olivetti, acusado de balanço contábil falso qualificado nos exercícios de 1994–1996.

Em 1999, Passera firmou acordo de colaboração premiada, foi condenado a 3 meses de reclusão e multa de 15 milhões de liras, mas em 2002 foi beneficiado por uma lei que descriminalizou sua conduta. Enquanto respondia ao processo, em 1998, foi nomeado diretor dos correios e entre 2011 e 2013 foi ministro do Desenvolvimento Econômico e ministro da Infraestrutura e dos Transportes no governo de Mario Monti.[436]

No que diz respeito ao retorno às práticas corruptas, talvez os exemplos mais emblemáticos sejam Mario Chiesa, Gianstefano Frigerio e Primo Greganti. Famosos nos escândalos da Mãos Limpas em 1992 e 1993, voltaram a se envolver em corrupção nos anos 2000.

Mario Chiesa foi o primeiro preso da Operação Mãos Limpas em 1992. Foi também o primeiro a fazer acordo de colaboração premiada e foi com ele que toda a investigação teve início. Naquela ocasião foi condenado a 5 anos e 4 meses. Passados dezessete anos, em março de 2009, foi novamente investigado e preso por pagamento de propinas ligadas à gestão de lixo tóxico na região da Lombardia pela empresa Solarese.[437] Chiesa administrava a empresa Servizi Ecologici Milano, contratada para gerir o lixo gerado na região junto à Solarese. Segundo a imprensa italiana, a empresa gerenciada por Chiesa alterava o peso do lixo para mais e retirava terra no lugar de lixo para superfaturar as notas fiscais.[438] Descoberto nesta nova prática criminosa, em dezembro de 2009 Chiesa fechou acordo para cumprir 3 anos de pena.[439]

Gianstefano Frigerio foi aquele que aplaudiu o decreto salva-ladrões em 1994 como uma "séria contribuição para se romper com o passado, sem moralismos judiciários". Em 2001, visando apagar seu passado da memória dos eleitores, mudou o nome para Carlo e foi eleito deputado. Não pôde exercer o mandato em razão de três condenações definitivas que resultaram em 6 anos e 8 meses de prisão por corrupção, receptação e financiamento ilícito. Não foi preso, beneficiado por alterações legislativas que transformaram sua pena em prestação de serviços sociais. Detalhe relevante e sintomático: a pena alternativa de prestação de serviços sociais resultou em permanecer na política, indicada como "atividade socialmente útil".[440] Em 2014, foi preso novamente por corrupção na Expo Milão 2015.[441]

Primo Greganti havia sido preso em 1993, quando tesoureiro do Partido Comunista e encarregado de receber as propinas do partido. Foi condenado a 3 anos e 4 meses de reclusão na época. Em 2014 foi novamente preso por corrupção na Expo Milão 2015.

No Brasil o cenário não é muito diferente. Antes da prisão pela Lava Jato, o doleiro Alberto Youssef já havia sido condenado no Caso Banestado. Fez acordo de colaboração premiada e se comprometeu moralmente a não mais praticar delitos...

Caso se analise o histórico de envolvimento em práticas delitivas de boa parte dos personagens investigados, acusados e condenados na Lava Jato, não é nada difícil encontrar situações muito similares aos exemplos italianos. A explicação para o retorno cíclico dos mesmos de sempre não é simples, mas é possível traçar um diagnóstico aproximado.

O ser humano é o problema

O que a Mãos Limpas e a Lava Jato revelam ao público é que mesmo pessoas abastadas e politicamente bem-sucedidas são capazes de prosseguir anos a fio em práticas de corrupção e desvio de verbas públicas sem considerar os reflexos sociais, políticos e econômicos negativos. Nas relações entre cidadão, servidor e poder público, inclusive no que diz respeito à consolidação do processo democrático, é relevante entender o problema que envolve a tendência humana a desvios de comportamento e a possibilidade de se estabelecer freios morais compartilhados, notadamente no trato da coisa pública, numa sociedade de valores tão fluidos e tensionados como essa que oscila entre a modernidade e a pós-modernidade.

Pós-modernidade é o reflexo do sucesso da industrialização e da dessacralização do mundo ocidental, filosoficamente sintetizada por Nietzsche em sua sentença "Deus está morto". Os valores cristãos que por muito tempo seguraram os ímpetos e pulsões humanas, impedindo a realização de comportamentos moralmente condenáveis, agora não são mais vistos como valores a serem necessariamente seguidos e passaram a ser considerados por muitos de forma fluida, isto é, ao sabor da vontade pessoal.

Ao longo do século 20 e avançando no século 21, o homem consolidou a ideia de que não existem verdades absolutas e de que tudo é relativo. Nessa relatividade absoluta até mesmo incoerente (a afirmação é contraditória em si, pois, se não existem verdades absolutas, a própria afirmação é uma mentira) há uma perda de referenciais, de valores positivos, e muitos já não sabem discernir com clareza o certo do errado em termos morais.

O sucesso desse relativismo moral exacerbado é ao mesmo tempo libertador de algumas amarras morais e paradoxalmente angustiante justamente pela ausência de amarras morais. Soma-se ao caldo cultural complexo o fato de que, se para muitos Deus está morto, se para muitos Deus não mais explica o mundo, se para muitos não há mais sentido em viver como um verdadeiro cristão (no sentido de pregar os ditames cristãos como norte de vida) na esperança de que após a morte se possa viver a vida eterna ao lado de Deus, para onde essa enorme parcela da sociedade pós-moderna voltará a razão de ser de sua vida?

Viver é angustiante se, a partir da visão de que Deus está morto, não há nenhum outro propósito a não ser compreender que se é apenas mais um elo na cadeia evolutiva do *Homo sapiens*, como explica a teoria darwiniana substitutiva da explicação cristã de mundo. O homem descrente de Deus dessa sociedade pós-moderna passa então a procurar novos sentidos para sua existência.

Nesse caminho, muitos até reorganizaram suas dúvidas: ao concluir que não há como abandonar uma visão metafísica religiosa, repaginaram a crença em Deus, buscando explicação para a vida em novas religiões. Não à toa há uma proliferação de novas igrejas no Brasil.

Outros, descrentes de uma explicação metafísica religiosa, voltaram o sentido de suas vidas para o resgate de velhos ideais de mundo. Não à toa as bandeiras de mundo ideal socialista, dadas como mortas após a queda do Muro de Berlim, estão sendo reerguidas principalmente por uma juventude visivelmente desorientada pela ausência de referenciais. Ao não mais justificarem sua existência num Deus cristão a seguir, buscam num deus da ideologia a nova fonte de vida.

Mas a grande maioria parece mesmo olhar para o deus do consumo. O consumo desenfreado parece ser o grande substitutivo que visa saciar o vazio existencialista da pós-modernidade.

Esse pano de fundo deve ser considerado na questão de frear ímpetos de corrupção daqueles que lidam com o dinheiro público. Pessoas movidas pelo consumo egoístico hedonista agem orientadas pela ganância e pela visão de que devem se permitir justificar sua existência pelo gozo desenfreado do consumo. Considerando que o consumo de bens capazes de gerar gozo exige sempre e cada vez mais dinheiro, a tentação de se corromper é significativamente amplificada ao se gerenciar grandes volumes de dinheiro público sem freios morais e sem controles internos e externos efetivamente capazes de constranger e inibir impulsos corruptos.

Alguns casos da Lava Jato bem ilustram como isso se dá. A ostentação consumista própria do mundo pós-moderno é visível nos carros e lanchas caríssimos, nas joias de valores assombrosos, nas bolsas e roupas de grifes de preços astronômicos, em uma profusão de outros bens de valores incalculáveis, nas viagens e hospedagens em hotéis de luxo dos políticos e empresários – e de seus familiares – envolvidos na corrupção. O detalhe inescapável é que toda essa mordomia é paga com dinheiro público desviado em corrupção e delitos correlatos.

Esse cenário é um tanto desalentador, mas pode ser melhorado para as gerações que virão. É preciso crer na possibilidade de reformulação deste modelo, pois, ainda que nesse momento as sociedades brasileira e italiana orientem-se com dificuldade para estabelecer valores plenos para a vida boa, não é possível ampliar essa compreensão a ponto de se ter um vale-tudo. Não é razoável aceitar o pretenso relativismo absoluto como normal a ponto de acreditar que qualquer um possa de fato escolher qual valor norteará sua conduta ao deliberar sobre como deve cuidar da coisa pública. É importante considerar que o ser humano enfrenta variados dilemas morais em diversos momentos da vida, mesmo nessa sociedade pós-moderna, e a partir disso faz escolhas. Ele continua sendo, em certa medida, livre para isso.

Alguém poderia objetar de imediato a afirmação de que somos livres para realizar escolhas dizendo que ninguém é livre, seja pelo determinismo social, psicanalítico ou até mesmo neurológico. É evidente que o meio ambiente e os planos psicológico e neurológico nos influenciam, servindo de molde e atuando como limitadores e orientadores do agir cotidiano. Resta saber se isso é absoluto, se não admite mitigações e variações de intensidade e se esse determinismo anularia o livre-arbítrio, como defendem alguns autores.

Nessa discussão é importante considerar que o que diferencia o homem do animal é justamente a capacidade de fazer escolhas e se determinar de acordo com elas. Enquanto o animal nasce sabendo tudo de que precisa para viver e se limita a agir pautado pelos instintos, o homem não nasce sabendo, aprende ao longo da vida e com isso passa a ter a capacidade de escolher, de decidir o que é melhor para si e de agir a partir dessas escolhas. Por isso o determinismo não pode ser lido como absoluto.

Como recorda o filósofo francês Luc Ferry: "O materialismo diz, por exemplo, que não somos livres, mas está convencido, é claro, de que afirma tal coisa livremente, que ninguém o obriga de fato a fazê-lo, nem seus pais, nem seu meio social, nem sua natureza biológica. Ele diz que somos inteiramente determinados por nossa história, mas não deixa de nos convidar a nos emancipar dela, a mudá-la, a, se possível, fazer a revolução".[442] A contradição fala por si e deixa transparecer como até mesmo em discursos deterministas mais radicais (não no sentido de "raiz", mas de sectarismo) o livre-arbítrio caminha ao lado do determinismo.

Portanto, como destacado, é a capacidade de valorar e se determinar de acordo com esse valor que diferencia o homem do animal. Neste ponto, Rousseau tinha razão e vale lembrar sua ilustração de como os animais se comportam condicionados pelos instintos. Ele dá o exemplo do pombo e do gato, ponderando que o primeiro morreria de fome ao lado de uma bandeja repleta das melhores carnes, e o segundo teria o mesmo destino se lhe sobrasse apenas um monte de frutas ou grãos. "Muito embora", diga Rousseau, "tanto um quanto outro pudessem muito bem nutrir-se do alimento que desprezam, caso ousassem experimentá-lo".[443] O instinto puramente animal não lhes permite experimentar algo novo, não lhes permite aperfeiçoar sua existência pela escolha de novas opções.

Se o mundo em que o homem vive é o que é hoje, não foi porque uma entidade assim determinou; há muito de deliberação e influência do homem na construção do seu entorno. O homem, por ser capaz de valorar, escolhe entre dois ou mais caminhos e interfere na realidade promovendo mudanças em seu mundo. Mais do que isso, lembra Luc Ferry, o homem é o único capaz de "ser diabólico", de planejar o mal, de "se organizar conscientemente para fazer tanto mal quanto possível a seu próximo" e "a prova" desse livre-arbítrio que o diferencia do animal "é o fato de que não existe nada no mundo animal, no universo natural, portanto, que se aparente à tortura".[444] E prossegue: "O homem tortura seus semelhantes sem nenhum objetivo além da própria tortura. Por que milicianos sérvios obrigam (...) um infeliz avô croata a comer o fígado de seu neto ainda vivo? Por que os hutus cortam os membros dos recém-nascidos tutsis para se divertirem, apenas para nivelarem suas caixas de cerveja?". E, não apenas curiosamente, mas como demonstração dessa capacidade de escolha, ninguém nunca viu "um homem ter prazer em torturar um relógio de pulso ou um pêndulo".[445] Trata-se de uma escolha pelo mal ou pelo seu oposto, a generosidade, que só o homem é capaz de ter.

Assim, o mundo do homem é diferente, por exemplo, do que ocorre nos universos das abelhas, dos mosquitos ou das formigas, que são iguais ao que sempre foram, em todos os tempos. A formiga, a abelha ou o mosquito, porque não valoram, não podem escolher fazer outra coisa senão aquilo para o que sua natureza os pré-condicionou. Enfim, como recorda Yuval Noah Harari em análise que serve para se entender o que é dito aqui no contexto da Mãos Limpas, da Lava Jato e da necessidade de um olhar crítico para as práticas de corrupção, "as abelhas não precisam de advogados porque não existe o risco de elas esquecerem ou tentarem violar a constituição da colmeia. As rainhas não roubam das abelhas-faxineiras seu alimento, e estas nunca entraram em greve exigindo melhores salários".[446]

Com tudo isso não se quer dizer, volta-se a frisar, que também não haja ampla influência dos campos sociais, psicanalíticos e neurológicos sobre o homem, mas o que se quer deixar anotado é que sempre resta algum espaço para a escolha pessoal. Se fosse válida a ideia do determinismo absoluto, seríamos obrigados a dizer que todas as pessoas que têm as mesmas condições de vida e educação deveriam ter o mesmo tipo de comportamento social. Tudo equivaleria ao reflexo mecânico da socialização, educação e experiências pessoais. Não é preciso ir muito longe para entender que isso não é verdadeiro. Basta considerar que pessoas pertencentes às mesmas classes sociais e/ou que tiveram o mesmo tipo de educação moral e/ou que tiveram as mesmas experiências de vida, ou mesmo gêmeos univitelinos possuem diferentes valores, reagem diversamente e adotam diferentes escolhas e modos de vida.

Ainda que não se possa estabelecer para qual lado penderá a mediatriz de duas coordenadas cartesianas imaginárias entre o determinismo e o livre-arbítrio, não há como escapar da conclusão de que o ser humano faz escolhas. Ao tratar deste tema no campo da corrupção e da moral, Clóvis de Barros Filho diz: "O que há no mundo da vida são pessoas. E, seja qual for o sistema, sempre haverá a possibilidade de dizer: 'Este jogo eu não jogo'. (...) Não me venham querer fazer acreditar que as condições de vida possam ser tais que eu me veja impedido, em última instância, até mesmo de recusar-me a participar do jogo quando não houver nenhuma possibilidade de que ele seja conduzido como eu quero. (...)Dizer, portanto, que o sistema constrange à corrupção sem que haja nenhuma possibilidade de questionamento me parece extremamente confortável para todos aqueles que buscam, muitas vezes, tirar de si a responsabilidade pelas escolhas diárias".[447]

De fato, a velha válvula de escape de jogar para o outro a responsabilidade do problema, como quem diz "a culpa é do sistema" ou "todos fazem assim", que se revelou uma estratégia de defesa na Mãos Limpas italiana e na Lava Jato brasileira, não pode ser lida senão como uma tentativa própria daqueles que procuram criar para si uma desculpa que conforte a ruptura moral compartilhada. Numa tentativa de explicar-se para si mesmo, o servidor corrupto que usa esses escapes coloca-se como uma espécie de sobrevivente numa ética invertida de valores que desconsidera o outro, a intersubjetividade; que desconsidera o fato de que o dinheiro para ele desviado ou aceito para proporcionar benefícios privados a terceiros não é dele.

Também serve de exemplo o que declarou numa entrevista um dos investigados da Mãos Limpas, o advogado Roberto Mongini, quando foi preso preventivamente: "Eu disse a mim mesmo: mas eu não matei ninguém. O fato de que se dissesse que Mongini fazia parte do sistema de financiamento ilícito dos partidos não me tirava o sono; era como dizer que as crianças gostam de chocolate".[448]

A criminologia também explica essa autodefesa ou defesa social de quem procura incutir-se de uma espécie de "inexigibilidade de conduta diversa". Essa visão decorre do que Gresham M. Sykes e David Matza,[449] em análise desenvolvida a partir da teoria da "associação diferencial" de Edwin H. Sutherland,[450] definiram como "técnicas de neutralização" da reprovabilidade da conduta pelas quais, no processo de interação social, o ser humano costuma ressignificar o desvio de comportamento, permitindo sua aceitação e difusão social. Ou seja: se o sujeito afirma que a culpa é do sistema, é porque no fundo sabe que o que faz é errado à luz da moral compartilhada em comunidade e aceita no âmbito constitucional, mas mesmo assim age. E age, neste nicho de casos, a partir de um cálculo mental que implica em avaliar os riscos de vir a ser responsabilizado.

Neste ponto, Jean-Pierre Dupuy considera que os castigos em geral não são mais do que os "preços a pagar" pelas escolhas. E exemplifica com a diferenciação entre o "motorista que paga o seu lugar de estacionamento e o que corre o risco de pagar uma multa ao estacionar em cima do passeio ou de passar alguns anos na prisão (ou no hospital) ao ultrapassar numa lomba", dizendo que ambos se comportam "fundamentalmente da mesma maneira – como *homo oeconomici* pesando os custos e as vantagens".[451]

No mesmo sentido é a conclusão de inúmeros outros autores à luz da criminologia, valendo destacar a lição de Blanco Cordero, que trabalha com a "teoria das atividades rotineiras", também conhecida como "teoria da oportunidade", formulada por Lawrence E. Cohen e Marcus Felson,[452] esclarecendo que normalmente um delito como a corrupção não se efetiva se não existe uma oportunidade.[453] Esta oportunidade é explicada pela "teoria criminológica da eleição racional", elaborada por Cornish e Clarke,[454] como decorrente do fato do "delinquente ser um ser racional" e de que "determinados delitos se elegem e se cometem por algumas razões específicas".[455] O cometimento do delito está relacionado às "características tanto dele mesmo quanto do delinquente e é produto de uma interação entre ambos".

Pesa, portanto, a natureza do delito de corrupção, pois as razões que levam alguém a se corromper diferem das razões que levam alguém a cometer outro tipo de delito, como, por exemplo, homicídio. Pesa também a "organização espaço-temporal das atividades sociais na vida moderna que favorecem que as pessoas com inclinações delitivas passem ao ato".[456]

Trabalhando a partir destas teorias, Blanco Cordero estabelece quatro variáveis levadas em conta por quem pretende cometer um delito patrimonial: valor, inércia, visibilidade e acesso. Os delinquentes só estão interessados em objetos que consideram valiosos, não importa o motivo; agir ou ficar inerte relaciona-se ao tamanho e ao peso do objeto, que podem facilitar ou não seu apoderamento; agir também depende da visibilidade, da exposição e do local em que se encontra o objeto, o que pode torná-lo mais apetecível; e o acesso diz respeito à localização dos bens, preferindo-se os mais acessíveis. Soma-se a isso a falta de protetores eficazes, aqui compreendidos não apenas agentes policiais do Estado, mas notadamente as pessoas que estão ao redor do objeto e o fiscalizam de perto. Enfim, para que ocorra um delito patrimonial, diz o autor, "é preciso identificar um delinquente motivado que encontre um objeto apropriado na ausência de um protetor eficaz".[457]

Em outras palavras, na linha proposta por Clarke, em se tratando de corrupção *lato sensu*, os servidores públicos com tendências a desvios de comportamento atuam "em função das expectativas de benefício que possam obter" e, numa "relação entre recompensas e riscos, o sujeito optará por cometer um delito quando os benefícios calculados forem maiores que os riscos gerados".[458] Essa liberdade de escolha que inegavelmente existe, como já destacado, pode, por outro lado, ocorrer em maior ou menor medida, a depender das influências determinantes de natureza psicológica e social.

É relevante tentar entender por que alguns fazem escolhas consideradas tortas à luz dos princípios morais que ainda podem ser lidos como fruto do tecido comum que organiza a vida em sociedade. Por que há pessoas com tendências a realizar esse tipo de valoração do risco e optar por comportamentos corruptos e outras são capazes de conter o gozo absoluto?

Talvez uma única resposta, pronta e acabada, seja difícil de estabelecer, mas é possível encontrar explicações, por exemplo, na psicanálise de Freud e Lacan. Ambos nos explicam, cada um a seu modo, que a natureza humana é constituída por falta. Uma grande e incompreendida falta. Freud se refere a ela como *das Ding* – "a coisa" –,[459] Lacan a denomina "objeto a".[460] Algo nos falta, não sabemos bem o quê. Como não sabemos, substituímos essa grande falta por pequenas faltas no cotidiano. Essas faltas, por sua vez, alimentam desejos que precisam ser gozados. Assim que há o gozo – a satisfação do desejo – é preciso que surja uma nova falta, um novo desejo e um novo gozo. E assim vamos vivendo. Quando não houver mais falta alguma, corre-se o risco da depressão e da morte. A mecânica da psique em Freud pode ser assim definida: a "pulsão" (*Trieb*)[461] é considerada uma "força" (*Drang*) constante (algo como a vontade em Schopenhauer), que age por meio de uma energia, que é a libido.[462] A "meta da pulsão" (*Ziel*) é outro elemento, considerado como a satisfação da pulsão;[463] e o "objeto" (*das Ding* – a coisa) – é o que falta e pode ser qualquer coisa.

Freud considerou ainda que são três as fontes do sofrimento humano: "O poder superior da natureza, a fragilidade de nossos próprios corpos e a inadequação das regras que procuram ajustar os relacionamentos mútuos dos seres humanos na família, no Estado e na sociedade".[464] Freud observou que o ser humano, além de não gostar de respeitar regras, é naturalmente impulsivo e agressivo. Em *O futuro de uma ilusão*, Freud explicita o quanto é dramática a colisão de interesses, notadamente entre a liberdade de gozar plenamente todos os impulsos inatos e a necessidade de estabelecer freios em nome de uma segurança pessoal e coletiva:

> Se se imaginarem suspensas as suas proibições – se então se pudesse tomar a mulher que se quisesse como objeto sexual, se fosse possível matar sem hesitação o rival ao amor dela ou qualquer pessoa que se colocasse no caminho e se também se pudesse levar consigo qualquer dos pertences de outro homem sem pedir licença –, quão esplêndida, que sucessão de satisfações seria a vida! É verdade que logo nos deparamos com a primeira dificuldade: todos os outros têm exatamente os mesmos desejos que eu e não me tratarão com mais consideração de que eu os trato. Assim, na realidade, só uma única pessoa se poderia tornar irrestritamente feliz por meio de uma tal remoção das restrições da civilização e essa pessoa seria um tirano, um ditador que se tivesse apoderado de todos os meios de poder. E mesmo ele teria todos os motivos para desejar que os outros observassem pelo menos um mandamento cultural: não matarás.[465]

Assim, o que se tem é um paradoxo na natureza humana. O homem é um ser constituído por faltas que geram impulsos egoístas que ele gostaria de gozar sempre, indiferente ao outro; porém, esse mesmo homem necessita do outro para viver. A questão vem bem traduzida pela "insociável sociabilidade" de Kant. Ou seja, o homem é um ser sociável, necessita viver em sociedade, mas, em claro antagonismo, tende a agir de forma repulsiva em relação a ela, pensando primeiro em si do que na coletividade.

É nesse contexto ambivalente e angustiante de ser necessário conter os próprios instintos e levando em conta a insatisfação do homem com a imposição das regras que se encontra o servidor público a cuidar do que não é seu.

Como conter-se?

Como constatam os pesquisadores norte-americanos Duane Schultz e Sydney Ellen Schultz, boa parte dos teóricos da personalidade têm "concluído que nenhuma teoria pode abranger totalmente a explicação de todos os aspectos da personalidade e do comportamento".[466] Seja como for, uma das explicações interessantes de como ocorre a formação primeira da personalidade se dá à luz da psicanálise freudiana. Segundo Freud, é na primeira infância que se forma a personalidade do sujeito,[467] pelos "nãos" que a figura simbólica do "pai castrador" impõe ao filho, fazendo-o compreender que ele não é o único ser do mundo. Na primeira infância moldam-se valores. Aí se tem a esperança de que sejam valores pautados pelo amor ao próximo.

O amor ao outro, pode-se dizer com Comte-Sponville, funda a boa moral.[468] Aquele que assimilou esses valores na infância e não sofre nenhum trauma relevante capaz de afetar e alterar essa compreensão de mundo (sem com isso se esquecer que a personalidade continuará a desenvolver ao longo da vida) tende a não precisar de controles externos muito amplos na fase adulta. Há ainda uma segunda boa oportunidade de aprender esses valores a partir do círculo de relacionamento social. Se todos ao redor respeitam uns aos outros, agir de modo contrário poderia implicar em ser surpreendido em conduta vergonhosa. Desta forma, ou aprendemos na infância, ou sentimos tamanha vergonha que se incorpora uma força interna capaz de conter os impulsos. Nem é preciso dizer que uma ampla margem de pessoas em qualquer sociedade (na italiana da Mãos Limpas e na brasileira da Lava Jato inclusive) não se encaixa nas premissas de contenção. Daí vem o direito como última possibilidade de controle.

Temos pessoas com diversos níveis de autocontrole na sociedade e boa parte delas agirá, em maior ou menor medida, pautada por ganâncias pessoais que desconsideram o outro a depender dos fatores apontados acima pela criminologia. Como lembra Blanco Cordero, "a disposição de realizar comportamentos corruptos não é constante num funcionário público e pode variar no tempo na mesma pessoa em função do contexto em que ela se encontre".[469] Não se perca de vista que, no trato da coisa pública pautado pela combinação de influências deterministas e livre-arbítrio, "há mérito em agir bem, em preferir o interesse geral ao interesse particular, o bem comum ao egoísmo", como ressalta Luc Ferry.[470]

Por isso, quando a comunidade seleciona um dos seus para cuidar do dinheiro de todos, para gerenciar algo que não lhe pertence em benefício de todos, nele deposita a confiança de que aja corretamente, dando a chave do cofre, mas ao mesmo tempo desconfia. E, desconfiando de que ele possa agir mal, a comunidade elege antecipadamente, no momento da constituição do Estado, como diz Jürgen Habermas, alguns valores que são impostos a quem cuidará da coisa pública. O gestor deve agir dentro da legalidade, com publicidade de seus atos, além de se conduzir pela impessoalidade, moralidade e eficiência. Esses valores são constitucionalmente elevados à categoria de princípios como visto no artigo 37 da Constituição brasileira. São normativos, são deveres.

Na medida em que o servidor público corresponda à expectativa de não violar seus deveres, que seja fiel aos valores estabelecidos para o gerenciamento da coisa pública, o resultado é a consolidação e a preponderância da confiança nele. Caso ele rotineiramente viole esses deveres, a confiança inicialmente depositada diminui e por vezes deixa de existir em definitivo.

Surge aí o problema, pois, como não se consegue escapar do paradoxo entre confiança e desconfiança, vem a necessidade de se criar mecanismos que permitam melhor controlar aqueles que não internalizaram os valores de vida boa em sociedade na infância ou que não tenham suficiente vergonha na cara nas relações interpessoais e no trato da coisa pública. Tudo isso vincula-se diretamente à qualidade e efetiva consolidação da democracia. Portanto, quando se vê tudo o que estava debaixo dos panos e foi revelado na Mãos Limpas e na Lava Jato, reforçando e ampliando a desconfiança de italianos e brasileiros naqueles eleitos para servir ao público, é preciso avançar na reflexão. É preciso compreender melhor a dualidade entre confiança e desconfiança e os riscos que as democracias dos dois países correm quando os níveis de desconfiança se impõem de modo significativo.

Confiança e democracia

O diagnóstico de muitos analistas políticos da Operação Mãos Limpas da Itália na década de 1990 e da atual Lava Jato brasileira é de que os dois países passam por uma crise de confiança nas instituições políticas. Crise de confiança nas instituições políticas pressupõe uma perturbação aguda, brusca, que afeta temporariamente o padrão de respeitabilidade e fidelidade aos valores democráticos delas esperados. No que concerne à confiança da população na administração pública e nos partidos políticos, não existe propriamente uma crise de confiança nem na Itália, nem no Brasil. A desconfiança popular em relação a ocupantes de cargos públicos nos dois países revela-se mais crônica do que aguda e pontual.

Na Itália, passados 25 anos do início da Mãos Limpas e levando em conta todas as mudanças legislativas realizadas desde então para proteger os corruptos detentores de poder, a desconfiança com a classe política ainda é generalizada. No Brasil, a desconfiança mostra-se no desapreço de parte da população pelo regime democrático e nos pedidos de volta do regime militar ditatorial. Neste ponto, Itália e Brasil encaixam-se fortemente no que Richard Rose e Doh Chull Shin, ao analisarem democracias recentes – como Rússia, República Tcheca e Coreia do Sul –, denominaram de *broken-back democracies*,[471] "sistemas institucionais deficientes, incapazes de assegurar plenamente o governo da lei (e não dos homens), a competição política e a responsabilização dos governos".[472]

A relação entre índices de confiança social e instituições democráticas é estudada há algumas décadas, permitindo traçar-se certos diagnósticos e prognósticos a partir das investigações em curso. As primeiras pesquisas empíricas datam de 1948 na Alemanha Ocidental. Em 1958, foram introduzidas e ampliadas nos Estados Unidos.[473] Pela envergadura pioneira, destaca-se a pesquisa de Gabriel Almond e Sidney Verba em 1963, com estudos comparados em cinco países (Estados Unidos, Grã-Bretanha, Alemanha, Itália e México), publicados no livro *The Civic Culture: Political*

Attitudes and Democracy in Five Nations (Cultura cívica: atitudes políticas e democracia em cinco nações).[474]

Os resultados de inúmeras pesquisas posteriores, elaboradas por autores de diferentes orientações teóricas e sob diferentes critérios – sociopsicológico, cultural, econômico e institucional –, pontua José Álvaro Moisés, revelam que a qualidade do regime democrático está diretamente vinculada aos "mecanismos de *accountability* e responsividade" e que a confiança interpessoal e nas instituições possui papel central na "percepção do sentimento dos cidadãos acerca da eficácia política e, em consequência, da legitimidade que eles reconhecem ao regime democrático".[475]

Existe uma relação direta entre a desconfiança crônica dos cidadãos em relação às instituições e sua capacidade de colaborar com a observância de normas e acreditar no regime democrático como algo a ser defendido. José Álvaro Moisés aponta que "a desconfiança generalizada, crescente e longamente duradoura, ainda que não coloque em questão a existência da democracia no curto prazo, sinaliza a percepção negativa dos cidadãos quanto à capacidade das instituições públicas de operar como meios de realizar seus interesses ou preferências".[476] No mesmo sentido é a percepção de Seymour Martin Lipset e William Schneider quando avaliam a questão nos Estados Unidos em *The Confidence Gap: Business, Labor and Governement in The Public Mind* (Falta de confiança: negócios, trabalho e governo na mente do público).[477] Os autores também realizaram estudo similar durante o governo Ronald Reagan (1981–1987).[478] Outro trabalho relevante que conclui o mesmo é o de John T. Williams, *Systemic Influences on Political Trust: The Importance of Perceived Institutional Performance* (Influências sistêmicas na confiança política: a importância da percepção do desempenho institucional), publicado em 1985.[479]

Voltando ao Brasil, um importante termômetro é o Latinobarômetro, entidade não governamental sem fins lucrativos com sede no Chile, que há mais de vinte anos realiza pesquisas e estudos anuais de opinião pública, investigando o desenvolvimento da democracia, da economia e das diversas sociedades latino-americanas.[480] Dos temas pesquisados pelo Latinobarômetro destaca-se a relação entre a confiança da população nas instituições públicas e privadas e suas percepções democráticas.[481]

A primeira pesquisa do Latinobarômetro foi realizada em 1995. No Brasil, apresentou resultados nem um pouco surpreendentes, porém extremamente preocupantes. As opções de resposta eram "muita confiança", "alguma confiança", "pouca confiança", "não sabe", "não respondeu". Para a pergunta "Quanta confiança você tem na administração pública?", 39,2% dos entrevistados responderam "pouca confiança" e 28,6%, "nenhuma confiança". Ou seja, quase 70% não confiavam na administração pública. A resposta "muita confiança" alcançou apenas 11%. O resultado foi ainda pior na pergunta relacionada à confiança nos partidos políticos: 32,4% responderam "pouca confiança" e 48,1%, "nenhuma confiança". Apenas 4,7% responderam "muita confiança". Portanto, para 80,5% dos entrevistados os partidos políticos não inspiravam confiança.

As pesquisas anuais deste então e, particularmente a de 2015, mostram que não houve alteração significativa nessas percepções. Em 2015, na pergunta sobre a administração pública, 39,9% responderam "pouca confiança"; 28,6%, "nenhuma confiança"; e 11,1%, "muita confiança". A situação se agravou em relação aos partidos políticos: apenas 1% respondeu "muita confiança"; ao passo que 36,1% disseram ter "pouca confiança" e 51,4%, "nenhuma confiança".

Em vinte anos de pesquisas anuais, tem-se como média que 70% da população brasileira não confia na administração pública e quase 90% não confia nos partidos políticos! Nova pesquisa após as manifestações de rua de 13 de março de 2016 e do que foi revelado pela Lava Jato apresentou índices ainda piores. Na pergunta sobre a administração pública, 37,8% responderam "pouca confiança"; 51,2%, "nenhuma confiança"; e 1,9%, "muita confiança". Mais do que dobrou o índice de nenhuma confiança na administração pública em relação ao ano anterior. A situação se agravou ainda mais em relação aos partidos políticos: apenas 0,6% respondeu "muita confiança"; ao passo que 28,2% disseram ter "pouca confiança" e 65,4%, "nenhuma confiança". Ou seja: 93,6% dos brasileiros não confiam nos partidos políticos. O estudo do Latinobarômetro confirma que não vivemos uma crise de confiança na administração pública ou nos partidos políticos. A falta de confiança, como destacado no início, é crônica.

O Latinobarômetro fez uma pergunta relevante sobre o apoio à democracia: "Com qual das seguintes frases você está mais de acordo?". As opções de resposta eram: "A democracia é preferível a qualquer outra forma de governo", "em algumas circunstâncias, um governo autoritário pode ser preferível a um democrático", "a mim dá no mesmo um regime democrático e outro não democrático", "não respondeu", "não sabe". Nos vinte anos de estudo, ainda que a maioria tenha respondido que "a democracia é preferível" (entre 30% e 55% ao longo dos anos), registra-se um elevado e similar índice de pessoas que acreditam que um governo autoritário possa ser preferível ou que não se importam (somados dão média entre 33% e 53%). Há, portanto, um empate técnico entre os que preferem a democracia a qualquer outro regime e aqueles que não se importam ou que acreditam que seria melhor um regime autoritário. As pessoas que não souberam dizer ou não responderam o que preferem correspondem a um índice médio oscilante entre 5% e 15%. Isso pode indicar que não se importariam se o regime fosse autoritário, agravando ainda mais o cenário.

Outro aspecto alarmante detectado pelo Latinobarômetro é que a desconfiança dos brasileiros apresenta uma "evolução geracional". À medida que "vão morrendo as gerações que mais confiavam nas instituições, vão nascendo gerações que confiam menos".[482]

O "Latinobarômetro" registra que, diferentemente do que ocorre em outras áreas mais civilizadas do globo, "por aqui, quando ninguém está olhando, as regras mudam".[483] Assim, "enquanto na América Latina, oito em cada dez cidadãos não confiam no outro, nos países nórdicos oito em cada dez cidadãos confiam no outro".[484] Isso deve-se às desigualdades sociais e aos mecanismos de fiscalização e controle de quem detém poder. Quanto mais controlado e fiscalizado for o exercício da função pública, mais confiança as instituições produzirão na população e mais garantida estará a manutenção do regime democrático.

O futuro da democracia brasileira pós-Lava Jato, portanto, depende de melhores condições de educação – uma educação que neutralize os efeitos deletérios do mundo pós-moderno voltado para uma sociedade consumista descontrolada – e da criação de mecanismos efetivos de controle. Para o diagnóstico do que está acontecendo no Brasil e para estabelecer prognósticos do que possa ocorrer depois da Lava Jato, é interessante aprender com o passado italiano.

O que a experiência italiana ensina ao Brasil?

Antonella Beccaria e Gigi Marcucci contabilizam a investigação de 4.520 pessoas na Operação Mãos Limpas entre 1992 e 2002. Destas, 1.254 foram condenadas definitivamente, 430 foram absolvidas no mérito (muitas pela posterior descriminalização das condutas), 422 beneficiaram-se da prescrição, e o restante não foi processado. O cálculo de Gherardo Colombo é mais dramático: se, no início da investigação os processos resultavam numa média de 4% de absolvição sem prescrição, ao final houve 20% de absolvição e 40% de prescrição.[485]

Os números finais da Itália são bem superiores aos que a Operação Lava Jato vem apresentando, ainda mais considerada a diferença populacional entre Itália (60 milhões de habitantes) e Brasil (200 milhões de habitantes). É certo, no entanto, que a investigação aqui parece longe do fim.

Passados quatro anos do início da Lava Jato, em agosto de 2018 os números oficiais eram os seguintes: 2.476 procedimentos investigatórios, 78 ações penais contra 328 pessoas, 43 processos com condenações em primeiro grau por corrupção, crimes contra o sistema financeiro nacional, tráfico internacional de drogas, formação de organização criminosa e lavagem de dinheiro, dentre outros. O dinheiro desviado em fatos que já foram objeto de acusação formal até agosto de 2018 alcança R$ 6,4 bilhões, dos quais R$ 3,2 bilhões já recuperados. Outros R$ 12,3 bilhões são alvo de acordos de colaboração premiada e mais R$ 14,5 bilhões são cobrados de cinquenta pessoas físicas, 16 empresas e um partido político em ações civis. Porém, levando em conta o total que o Ministério Público Federal está pedindo de ressarcimento, inclusive de atos que não chegam a caracterizar crime, mas são improbidade administrativa – ilícitos alcançáveis por ações civis públicas – e somadas as multas, o valor atinge R$ 38,1 bilhões.[486]

Ainda que a Lava Jato esteja em curso e muita coisa ocorra ao mesmo tempo, é preciso ficar atento para o que possa acontecer daqui para frente, considerando a similitude de estratégias de investigadores e investigados nas operações brasileira e italiana. Analisando os resultados da Mãos Limpas no âmbito penal, vê-se que foram razoáveis. Poderiam ter sido mais consistentes, já que em grande parte as absolvições decorreram das leis posteriores para salvar os corruptos. Contudo, a cultura e as práticas de corrupção não mudaram; além disso, as dificuldades legais para alcançar e responsabilizar os malversadores da coisa pública aumentaram.

É quase consenso entre os analistas italianos e procuradores do Ministério Público que atuaram na Mãos Limpas que pouca coisa mudou na forma dos italianos lidarem com a corrupção. Os índices de corrupção continuam os mesmos, e os índices de desconfiança da população nos políticos também.

Há quem diga que agora os políticos estão mais sofisticados nas ações ilegais e que, se naquela época "se roubava para fazer política, hoje se entra na política para roubar", como declarou Giovanni Maria Flick, advogado de Raul Gardini (investigado na Mãos Limpas) e ex-ministro da Justiça e ex-presidente da Corte Constitucional.[487] Os pesquisadores italianos Donatella Della Porta e Alberto Vannucci complementam:

> Diversas pesquisas sobre o caso italiano trouxeram à luz a presença de condições ambientais favoráveis para o desenvolvimento da corrupção: um sistema de leis obscuro e complexo, uma administração pública com grandes bolsões de ineficiência e clientelismo, o baixo nível de confiança nas instituições do Estado, um sistema de mídia de massa caracterizado por baixa profissionalização e alta politização, um *welfare state* cada vez mais incapaz de garantir os direitos de maneira universalista, altos níveis de ilegalidade na sociedade civil, desde a economia oculta até a evasão fiscal. Estas condições não apresentaram mudanças significativas como resultado dos escândalos causados pelas investigações da Mãos Limpas, embora tenham levantado muitas expectativas. Pelo contrário, após o clamor inicial e os debates sobre a necessidade de sanções mais severas aos corruptos e o melhoramento dos instrumentos de investigação para o Ministério Público, os últimos anos viram a aprovação de medidas que impediram a investigação dos crimes econômicos, despenalizando crimes, acelerando a prescrição e restringindo a autonomia do Ministério Público. Na Itália, por isso, permanecem as condições favoráveis para o desenvolvimento e fortalecimento de formas de corrupção sistêmica.[488]

O livro de Donatella e Vanucci é de 2007 e, passados dez anos, o ritmo de escândalos de corrupção, concussão e financiamento ilícito de políticos na

Itália segue inalterado. Para ilustrar, pode-se citar o Caso Mose, que leva o nome de uma obra de engenharia civil e ambiental com intuito de proteger Veneza das enchentes. Como recordam Antonella Beccaria e Gigi Marcucci, em 4 de junho de 2014 foram presos 35 empreendedores, gerentes, administradores e políticos envolvidos em propinas no financiamento do projeto.[489]

Luigi Ferrajoli avalia que o fenômeno de percepção generalizada da corrupção pode ser debitado a um "objetivo-finalidade da estratégia demagógica de construção do consenso" voltado para "o rebaixamento do senso moral e a destruição do espírito público", pois a mensagem transmitida pelos políticos corruptos – comunicada nos termos "sou um de vocês, sou como todos vocês, sou (ou somos) todos vocês" –, provoca uma "anticultura" e uma "antipolítica".[490] Isso favorece os corruptos, como revelou o caso de Silvio Berlusconi, que, mesmo envolvido em sucessivos escândalos de corrupção, mantinha elevados índices de aprovação nas pesquisas eleitorais. Fenômeno semelhante, guardadas as proporções, talvez explique o sucesso que Lula mantém no Brasil mesmo após cinco denúncias criminais na Lava Jato.

O certo, diz Ferrajoli, é que essa "forma de contágio recíproco" promove uma "deseducação da massa", contribuindo para "a desqualificação da moral pública como moralismo e hipocrisia e, portanto, a promoção da desconfiança e da suspeição de todos os atores da vida pública".[491] Aos olhos do eleitorado, se todos são assim, constrói-se a visão torta de que não há alternativa, por isso ficamos com o "menos pior" no plano ideológico. Esse círculo vicioso de reforço da desconfiança esfacela a crença na democracia, como já destacado.

Na Itália, verificou-se um processo crescente de "desagregação social"[492] e de "despolitização de grandes setores do eleitorado, que se manifesta no absenteísmo, na antipolítica, na indiferença política e, por outro lado, no estímulo e na legitimação de todos os egoísmos, individuais e sociais".[493]

Além disso, constata-se o desinteresse dos jovens pela política, com uma "profunda crise no recrutamento de pessoas que queiram fazer política", facilitando que a "renovação da classe política" acabe "inevitavelmente confiada às relações pessoais, ou, pior ainda, às relações familiares e clientelistas dos dirigentes" partidários.[494] O resultado "é um rebaixamento da qualidade não só profissional, mas sobretudo moral e intelectual, de toda a classe política".[495]

Se o Brasil não quer repetir o cenário de decepção italiano, se quer afastar o risco de regressos totalitários e se deseja de fato ser um país melhor nos próximos vinte anos, consolidando o processo democrático, é preciso levar em conta dois temas centrais. Primeiro, é preciso estar atento principalmente ao Congresso Nacional. A lição italiana deixa claro um aspecto: é no Parlamento que se pode criar legislação penal mais efetiva para crimes do colarinho-branco, mas é também no Parlamento que o caminho inverso pode se concretizar, permitindo a perpetuação de modelos corruptos de fazer política. A Itália optou pelo segundo caminho, como sintetiza Gabrio Forti:

> Uma percepção que ainda não parece ter encontrado eco adequado em nosso país, pelo menos de acordo com as escolhas legislativas já mencionadas, é que, mesmo elas não estando diretamente direcionadas à disciplina penal da corrupção, produziram, de fato, um enfraquecimento da gama de instrumentos de direito substantivo e processual, justamente daqueles que a experiência da *Tangentopoli* revelou estarem entre os mais úteis para mitigar a "seletividade criminosa", tudo em benefício de corruptos e corruptores, ou seja, a enorme lacuna entre a abstrata previsão destes fatos como crimes e suas concretas perseguições.[496]

O problema que isso representa, segundo Piercamillo Davigo, é que, "enquanto na descoberta daqueles primeiros fatos a opinião pública reagiu com indignação, agora o grave risco é que reaja com resignação, o que significaria que o contexto social não consegue mais gerar anticorpos de tal ordem que mantenham em níveis aceitáveis estes fenômenos".[497]

No caso brasileiro, o Congresso Nacional já deu sinais perigosos da intenção de criar leis que beneficiem a criminalidade elitizada do colarinho-branco. A Lei 13.254/2016, conhecida como Lei de Repatriamento de Ativos, foi uma destas iniciativas pioneiras. Há quem defenda nova lei neste sentido, ainda mais ampla e que permita também a políticos e seus parentes repatriarem valores sem risco de responder criminalmente.

Outros projetos que podem tramitar no Congresso Nacional são igualmente preocupantes. Alguns parlamentares estão elaborando uma Proposta de Emenda Constitucional de ampliação do foro privilegiado para ex-autoridades.[498] A ideia é defendida, por exemplo, pelo deputado federal Wadih Damous, do PT, conforme entrevista ao jornal *O Globo* em 9 de março de 2016.[499] A pretensão parece de encomenda para favorecer ex-autoridades envolvidas na Lava Jato. Há de se reconhecer que essa ideia não entrou na pauta das discussões somente agora e nem sempre o PT foi a favor de medidas protetivas desta natureza, como já visto.

A senadora Gleisi Hoffmann, também do PT, propôs o Projeto de Lei nº 123/2016, visando "determinar a revogação do segredo de justiça na hipótese de divulgação indevida nos meios de comunicação de trechos dos processos que estejam classificados como sigilosos". Segundo a senadora, o projeto protegeria os investigados de divulgações parciais das investigações e forçaria o Judiciário, o Ministério Público e a polícia a terem mais cuidado na proteção do sigilo das investigações.

A proposta da senadora pode atuar em dois sentidos. Ao proporcionar mais transparência, permite maior controle externo social do que está sendo investigado e permite ao investigado surpreendido com a notícia preparar-se melhor para a defesa. Mas a transparência plena pode também dificultar a investigação, pois a divulgação de tudo revelaria aspectos que não poderiam vir a público por estarem vinculados a diligências em curso.

A questão é que o projeto parte de uma premissa não necessariamente verdadeira: de que os vazamentos são produzidos por quem investiga. É claro que isso pode ocorrer, mas o vazamento também pode partir de algum advogado que não queira manter seu cliente como foco único da mídia, para desviar a atenção. Ou para criar um factoide político para acusar os acusadores e desmoralizá-los. O investigado também pode ser o autor do vazamento, caso pretenda mandar um recado aos coautores do delito, mostrando que já delatou algumas coisas, mas ainda não falou tudo o que sabe, como recorda Francesco Saverio Borrelli.[500] Uma espécie de recado e pedido de ajuda simultâneo, se não para si, para seus familiares, por exemplo. Ou, por fim, para o investigado criar uma terceira via para a solução de seus problemas criminais, como elucida Luciana Asper:

> Hoje os envolvidos na Lava Jato vislumbram em regra duas opções:
>
> A) submeter-se ao curso normal do processo, devolver o dinheiro identificado como desviado e suportar anos e anos de cadeia; ou
>
> B) colaborar trazendo informações que elucidem ainda mais os crimes de corrupção, devolver 100% do dinheiro roubado e ainda assim ir para a cadeia, mesmo que por um tempo menor – a cadeia ainda é regra.
>
> Para quem estava acostumado com a certeza da impunidade nenhuma destas duas opções parece muito interessante, de modo que poderiam, pelo menos hipoteticamente, estar buscando, com muita criatividade, uma terceira via: a tão almejada impunidade.

O investigado poderia apresentar-se como "colaborador", vazar o teor da colaboração para grandes veículos da imprensa, imputar os vazamentos aos investigadores e com isso tentar minar o imenso apoio popular e credibilidade da força-tarefa, criando menor resistência à aprovação de leis contra abuso de autoridade. Legislação nesse sentido poderia inviabilizar a continuidade da investigação, atribuir práticas impróprias aos investigadores e quem sabe conseguir as tão almejadas anulações pontuais das investigações ou condenações na justiça, com a obtenção do que já parecia distante: a impunidade.[501]

Na Itália, houve grande suspeita de que o vazamento do interrogatório de Silvio Berlusconi na Mãos Limpas tenha sido patrocinado por ele mesmo ou alguém próximo, como detalharam Barbacetto, Gomez e Travaglio.[502] O vazamento pode até ser provocado por um funcionário do cartório ou da polícia. Não há como dizer que o vazamento só parte de quem investiga, pois, diferentemente do que pensam muitos investigados, não raras vezes a publicidade da investigação não é do interesse dos investigadores. O motivo é óbvio: quando o caso vem a público, a investigação se torna mais difícil, pois alerta os demais envolvidos, que podem inclusive sumir com provas. Além disso, quem está à frente da investigação tem que disponibilizar tempo para atender a imprensa e pode vir a ser pautado pela mídia no que está fazendo e fará dali para frente e pode também ser cobrado quanto ao prazo de conclusão do trabalho. O tempo da mídia não é o mesmo tempo do processo. A publicidade costuma retirar a serenidade necessária para conduzir casos de complexidade investigativa.

Há ainda o Projeto de Lei nº 4372/2016 do deputado do PT Wadih Damous proibindo o acordo de colaboração premiada para indiciados ou réus presos. Segue a lógica de setores da advocacia criminal de que a prisão retira a voluntariedade do acordo. Se aprovado, o projeto criará duas categorias de réus, uma com mais direitos do que a outra. Aliás, se aprovado, poderá impedir que o réu condenado e preso possa fechar acordo de colaboração que diminua a pena. Nos termos do projeto, o réu preso não terá os mesmos direitos do réu solto, que poderá realizar acordo de colaboração.

O mesmo projeto tipifica a conduta de "divulgar o conteúdo dos depoimentos colhidos no âmbito do acordo de colaboração premiada, pendente ou não de homologação judicial", estabelecendo penas de um a quatro anos de reclusão e multa. Este tipo penal genérico colide com o texto constitucional que prevê a publicidade dos processos (artigo 5º, LX – A lei só poderá restringir a publicidade dos atos processuais quando a defesa da intimidade ou o interesse social o exigirem) e também com seu reforço em casos relacionados ao trato da coisa pública, igualmente orientado pelo princípio da publicidade (artigo 37 – A administração pública direta e indireta de qualquer dos poderes da União, dos estados, do Distrito Federal e dos municípios obedecerá aos princípios de legalidade, impessoalidade, moralidade, publicidade e eficiência).

Outro projeto para prestar atenção é o de número 9.054, de 2017, tramitando na Câmara dos Deputados. Já aprovado no Senado, onde tinha o número 513, de 2013, é de autoria de Renan Calheiros (PMDB) e visa alterar a lei de execuções penais. No entanto, ao final engloba uma série de outros assuntos em péssima técnica legislativa, misturando temas sem reflexão apropriada. Um destes temas visa ampliar a possibilidade de suspensão condicional do processo para crimes sem violência ou grave ameaça cuja pena mínima seja igual ou inferior a três anos. Hoje tal possibilidade é reservada a delitos cuja pena mínima seja igual ou inferior a um ano. Sucede que todos os crimes do colarinho-branco previstos na legislação penal brasileira se encaixam no conceito proposto no projeto, pois não são praticados "com violência ou grave ameaça" e possuem penas mínimas iguais ou inferiores a três anos. Na prática é como dizer: quem cometer corrupção, lavagem de dinheiro, sonegação de impostos, fraudes em licitação, peculatos desvio, dentre outros crimes correlatos, pode ficar sossegado, pois a chance de uma sentença condenatória vir é mínima, dado que basta ressarcir os cofres públicos do dinheiro desviado ("salvo impossibilidade de fazê-lo", diz o projeto), aceitar a proposta de suspensão do processo por seis meses a cinco anos (o novo lapso de período de prova do projeto), apresentar-se uma vez ao mês em juízo para informar o que está fazendo e, ao final, ter extinguida sua punibilidade. Detalhe: a nova lei, por ser mais benéfica, teria aplicação retroativa, alcançando os processos em curso na Lava Jato. O interessante – e preocupante – é que ele tramita em regime de prioridade na Câmara e ninguém discute esse tema na mídia.

É importante acompanhar também o que se produzirá na comissão instaurada em 2 de março de 2016 na Câmara dos Deputados para dar seguimento à discussão do novo Código de Processo Penal (PL 8045/2010). Como está tudo em aberto, o resultado pode desenhar o futuro do processo penal brasileiro. Provavelmente será também esse o local de discussão das propostas elaboradas pelo Ministério Público Federal e encampadas em projetos de iniciativa popular protocoladas no Congresso Nacional em 29 de março de 2016. Para que se possa avançar para uma sociedade mais justa, é imprescindível manter o equilíbrio entre a necessidade de se preservar garantias (proibição de excesso) e permitir efetividade ao processo (proibição de proteção insuficiente).

Além de estar atento ao que o Congresso Nacional possa produzir em sentido negativo na legislação, é preciso mexer nos pontos de estrangulamento da lei penal e processual penal brasileira referente a crimes contra a administração pública, hoje com penas mínimas muito brandas. Como já mencionado, a maior pena mínima em delitos contra a administração pública no Brasil é de três anos, ou seja, regime aberto e substituição por penas alternativas, como prestação de serviços à comunidade. Penas baixas, lapsos prescricionais igualmente baixos ou com poucas causas interruptivas, prescrição retroativa, excessivas possibilidades de recurso e a precária estrutura das instâncias formais de controle da criminalidade (polícia, Ministério Público e Judiciário) criam um conjunto que contribui decisivamente para a impunidade. O risco dos indultos natalinos beneficiarem os condenados em crimes contra a administração pública é outro ponto para se pensar. Recentemente boa parte dos condenados no Mensalão foram indultados.

O segundo aspecto a ser considerado, não menos fundamental, implica na concretização de investimentos mais efetivos em educação. Esta, aliás, é a preocupação e a bandeira do ex-procurador italiano Gherardo Colombo, documentada em *Lettera a un figlio su Mani pulite* (Carta a um filho sobre a Mãos Limpas).[503] Colombo reflete sobre o tema com a bagagem de quem viveu a dificuldade de fazer valer a igualdade de todos perante a Constituição e as leis, de quem percebeu que a via judicial muitas vezes é obstaculizada e obnubilada pela política e pela cultura corruptiva que insistem em premiar os desmandos com a coisa pública. Hoje o ex-procurador percorre as escolas italianas conscientizando os jovens da importância dos valores no trato da coisa pública. Colombo afirmou:

> Mãos Limpas me abriu a uma perspectiva diferente: aquela da centralidade da educação. Fez-me ver que a cultura vem antes das regras e que se não muda a cultura, as regras que não lhe sejam coerentes não são respeitadas. Fez-me ver que não é suficiente saber, no sentido de se ter informações, porque é necessário saber no sentido etimológico do verbo latino *sapio*, de onde nossa palavra deriva. Saber como "ter sabor", sabor bom ou sabor mau, sabor do justo ou sabor do errado. Nenhum de nós, depois da Mãos Limpas, pode dizer não saber que exista, ou tenha existido, um sistema de corrupção que ameaçou cada ângulo do nosso país. Mãos Limpas é também a demonstração de como é necessário algo a mais.[504]

Para finalizar, junto ao cuidado em melhorar os instrumentos legais no combate à corrupção, a lição italiana também nos faz voltar os olhos para a necessidade de uma revolução educacional. Este sempre será o caminho imprescindível para mudar a cultura da corrupção. Como a sabedoria popular já sentenciou: se quisermos um mundo melhor para nossos filhos, precisamos decidir que filhos deixaremos para o nosso mundo.

APÊNDICE

OS PROCESSOS CRIMINAIS CONTRA LULA

Bettino Craxi, o primeiro-ministro italiano no tempo da Mãos Limpas, teve contra si oito processos criminais, sendo condenado em seis deles. Até junho de 2018 o ex-presidente Luiz Inácio Lula da Silva também respondia a oito processos criminais, além de ter contra si outras três investigações criminais em razão da Operação Lava Jato. Os processos podem ser assim sintetizados, em ordem cronológica de instauração:

1) Acusação recebida em 28 de julho de 2016 por obstrução da justiça, referente à intervenção para comprar o silêncio do ex-diretor da Petrobras Nestor Cerveró, evitando que este revelasse o esquema de corrupção na empresa. O processo tem o número 0042543-76.2016.4.01.3400 e tramitou na 10ª Vara Criminal Federal em Brasília sob a presidência do juiz substituto Ricardo Augusto Soares Leite. Em 12 de julho de 2018, acolhendo pedido de absolvição de Lula formulado pelo Ministério Público Federal em alegações finais, foi proferida sentença absolutória do ex-presidente mediante entendimento de que o fato não constituiria infração penal. O Ministério Público Federal não recorreu da absolvição de Lula, tendo transitado em julgado em seu favor.

2) Acusação recebida em 20 de setembro de 2016 por corrupção passiva e lavagem de dinheiro, envolvendo o recebimento e a ocultação da propriedade de um apartamento de cobertura com três andares (tríplex) no edifício Solaris, na praia de Guarujá, São Paulo, no valor de R$ 1,1

milhão, mais R$ 926,2 mil para reformas estruturais e R$ 350,9 mil para decoração e mobiliário, além do custeio de manutenção do acervo presidencial, no valor de R$ 1,3 milhão, pela construtora OAS. Segundo a denúncia, os bens e reformas foram dados em troca da intervenção do então presidente Lula na nomeação de diretores da Petrobras que facilitaram contratos superfaturados com a OAS no valor de R$ 2,9 bilhões, dos quais R$ 87,6 milhões foram propina para diretores da Petrobras, o Partido dos Trabalhadores e o ex-presidente.

O processo tem o número 5046512-94.2016.4.04.7000 e tramitou na 13ª Vara Criminal de Curitiba, sob a presidência do juiz Sergio Moro. O caso foi sentenciado em primeiro grau, em 12 de julho de 2017, tendo Lula sido condenado a nove anos e seis meses de reclusão pelos delitos relacionados ao apartamento e absolvido pelos delitos relacionados à manutenção do acervo presidencial.

Após recursos de apelação tanto do Ministério Público quanto da defesa, em 24 de janeiro de 2018 o Tribunal Regional Federal da 4ª Região, em Porto Alegre, Rio Grande do Sul, manteve a decisão de primeiro grau em votação unânime dos desembargadores João Pedro Gebran Neto, Leandro Paulsen e Victor Laus, mas modificou a pena, elevada para doze anos e um mês de reclusão a ser cumprida inicialmente em regime fechado. Foi interposto recurso de embargo de declaração visando obter esclarecimento sobre o teor da decisão ou mesmo sua reversão. O recurso foi julgado parcialmente procedente para esclarecer pontos da decisão, sem efeito modificativo, em 26 de março de 2018.

A defesa do ex-presidente interpôs *habeas corpus*, primeiro junto ao Superior Tribunal de Justiça e, diante da negativa do STJ, perante o Supremo Tribunal Federal, para impedir o início do cumprimento da pena, mas não obteve sucesso. No dia 5 de abril de 2018 o desembargador Nivaldo Brunoni, do TRF 4, enviou ofício a Sergio Moro para que expedisse o mandado de prisão de Lula, o que foi cumprido no mesmo dia pelo juiz de Curitiba. Moro deu prazo para Lula se entregar à Polícia Federal até as 17 horas do dia 6, mas este optou por se reunir com companheiros de partido na sede do Sindicato dos Metalúrgicos em São Bernardo do Campo, São Paulo; entre três mil e cinco mil militantes do PT bloquearam as ruas de acesso ao prédio.[505] Lula permaneceu no local sem uma definição de como se daria o cumprimento do mandado de prisão. Na manhã de 7 de abril, sábado, participou de uma missa em homenagem à falecida esposa, Marisa Letícia; em discurso de cerca de uma hora, criticou o Ministério Público e o Poder Judiciário com veemência, dizendo-se inocente. Depois de almoçar, Lula negociou sua entrega à Polícia Federal, concretizada no início da noite. De São Bernardo do Campo o ex-presidente foi levado para Curitiba, onde iniciou o cumprimento da pena em um quarto de alojamento dos policiais adaptado como cela especial na sede da Polícia Federal.

3) Acusação recebida em 13 de outubro de 2016 por tráfico de influência, corrupção passiva e lavagem de dinheiro. A denúncia indica que, quando presidente, Lula teria influenciado na definição da política de financiamento internacional do BNDES, com favorecimento da construtora Odebrecht em troca de R$ 20,6 milhões. O valor teria sido camuflado em parte como pagamento à empresa L.I.L.S. Palestras, Eventos e Publicações, cujo proprietário é Lula (a sigla da empresa são as iniciais de seu nome). O ex-presidente é acusado ainda de ter recebido R$ 7,6 milhões disfarçados em contrato entre a Odebrecht e a empresa Exergia Brasil, de seu sobrinho Taiguara Rodrigues dos Santos, para participar de uma obra em Angola.

O processo tem o número 0016093-96.2016.4.01.3400 e tramita na 10ª Vara Criminal Federal em Brasília. O trâmite foi paralisado em 2018 por uma discussão de competência desencadeada pela criação de uma nova vara na Justiça Federal do Distrito Federal. Os autos foram encaminhados à 12ª Vara Criminal Federal em Brasília, mas em 8 de maio de 2018 retornaram à 10ª Vara. Em agosto de 2018 o processo estava em fase de instrução probatória, tendo retornado de diligência probatória onde se deferiu o compartilhamento de provas do Inquérito Policial nº 4325, em trâmite no STF. Desde 6 de junho de 2018, está com o Ministério Público Federal para análise dos 21 volumes de nova documentação juntada.

4) Acusação recebida em 16 de dezembro de 2016 por tráfico de influência e lavagem de dinheiro durante o governo de Dilma Rousseff, envolvendo a compra de 36 aviões militares Gripen, da empresa sueca Saab, no valor de R$ 5 bilhões, e a manutenção da política de incentivos fiscais regrada pela Medida Provisória nº 627/2003. A denúncia acusa Lula de ter recebido R$ 2,2 milhões dissimulados em contrato de consultoria da empresa de seu filho Luiz Cláudio Lula da Silva. O processo tem o número 0076573-40.2016.4.01.3400 e tramita na 10ª Vara Criminal Federal em Brasília. Em junho de 2018 o processo estava em fase final de instrução em primeiro grau.

5) Acusação recebida em 19 de dezembro de 2016 por corrupção e lavagem de dinheiro relacionadas ao recebimento de um terreno avaliado em R$ 12 milhões para sediar o Instituto Lula em São Paulo e ao recebimento oculto do apartamento nº 121, contíguo ao seu, no edifício Hill House, em São Bernardo do Campo, que estaria em nome de Glaucos da Costamarques, primo de José Carlos Bumlai, amigo pessoal de Lula. Segundo a denúncia, tudo teria sido custeado pela construtora Odebrecht em troca da intervenção do então presidente na nomeação de diretores da Petrobras que facilitariam contratos superfaturados com a construtora. Esse processo tem o número 5063130-17.2016.4.04.7000 e tramita na 13ª Vara Criminal da Justiça Federal em Curitiba, do juiz Sergio Moro. Já foram ouvidas as testemunhas e interrogados os acusados. Em junho de 2018 o processo estava em fase final em primeiro grau, aguardando o resultado de diligências probatórias periciais.

6) Acusação recebida em 1º de agosto de 2017 por corrupção passiva e lavagem de dinheiro, envolvendo o recebimento de um sítio localizado no município de Atibaia, em São Paulo, e reformas nele realizadas pelas construtoras OAS, Odebrecht e Schahin. Odebrecht e OAS teriam pago R$ 870 mil; a Schahin, por meio de José Carlos Bumlai, teria complementado com R$ 150,5 mil em troca de contratos com a Petrobras. A Odebrecht teria lucrado R$ 128 milhões em quatro contratos com a Petrobras; a OAS, R$ 27 milhões em três contratos. O processo tem o número 5006617-29.2016.4.04.7000 e tramita na 13ª Vara Criminal da Justiça Federal em Curitiba, do juiz Sergio Moro. Em junho de 2018 o processo estava em fase final de inquirição de testemunhas.

7) Acusação formalizada em 5 de setembro de 2017 no STF por participação em organização criminosa, cartel, corrupção passiva e lavagem de dinheiro, envolvendo R$ 1,485 bilhão desviados da Petrobras, BNDES e Ministério do Planejamento nos governos Lula e Dilma Rousseff. O processo tramitou originariamente no STF; depois, como Lula e Dilma não possuíam mais foro privilegiado, foi desmembrado e enviado para a 12ª Vara da Justiça Federal de Brasília em 8 de março de 2018. Em junho de 2018 o processo estava em fase inicial.

8) Acusação recebida em 20 de setembro de 2017 por corrupção passiva, referente a R$ 6 milhões recebidos pelo então presidente para prorrogar benefícios tributários à MMC Automotores (subsidiária da Mitsubishi no Brasil) e à Caoa (distribuidora da Ford, Hyundai e Subaru no Brasil) mediante a Medida Provisória nº 471/2009. O processo tem o número 37544-46.2017.4.01.3400 e tramita na 10ª Vara Criminal Federal em Brasília. Em junho de 2018 o processo estava em fase inicial de citação dos acusados.

Além dos processos criminais já instaurados, o ex-presidente Lula tem contra si outras três investigações criminais:

1) Investigação de obstrução da Justiça junto com a então presidente Dilma Rousseff, referente à tentativa da nomeação de Lula como ministro-chefe da Casa Civil, o que lhe garantiria foro privilegiado no STF, saindo da competência criminal de primeiro grau do juiz Sergio Moro.

2) Investigação em decorrência de acordos de delação premiada de Emilio Alves Odebrecht e Alexandrino de Salles Ramos Alencar, diretores da construtora Odebrecht, que relataram que Lula teria se comprometido a melhorar a relação entre o Grupo Odebrecht e a então presidente Dilma Rousseff. Em contrapartida, a Odebrecht apoiaria o projeto Touchdown, de criação de uma liga de futebol americano no Brasil, desenvolvido por Luís Cláudio Lula da Silva, filho do ex-presidente. A questão tramitou no STF como Petição nº 6842 (Inquérito 4325) e em 26 de junho de 2017 foi encaminhada para a Justiça Federal de São Paulo.

3) Investigação de pagamento de uma mesada para José Ferreira da Silva (Frei Chico), irmão do ex-presidente Lula, pela Odebrecht. Iniciou no STF como Petição nº 6841 e em 15 de junho de 2017 foi enviada para a Justiça Federal de São Paulo.

Em moldes similares ao italiano Bettino Craxi, o ex-presidente Lula nega envolvimento em todos esses casos, alegando injustiça e perseguição política. Lula sustenta que tudo seria uma armação para impedir sua candidatura à Presidência da República em 2018.

A primeira condenação de Lula e as críticas

Como pontuado acima, até junho de 2018 apenas o processo envolvendo o apartamento tríplex da praia de Guarujá havia chegado à fase de julgamento em segundo grau. Com a manutenção da condenação pelo TRF 4, Lula acabou preso – diferentemente de Bettino Craxi, que fugiu para a Tunísia quando condenado. Os advogados de Lula apresentaram recursos junto ao STJ e STF; os tribunais superiores não têm o poder de reavaliar os fatos e as provas, limitando-se a discutir interpretação da lei federal (STJ) e interpretação da Constituição (STF). Os recursos ainda não foram julgados.

O início do cumprimento da pena com recursos pendentes nos tribunais superiores em Brasília é um tema polêmico da interpretação do texto constitucional brasileiro relacionado à presunção de inocência. Desde antes da Constituição de 1988, a tradição do direito brasileiro era permitir o início da pena a partir da condenação em segundo grau. Em 2009 o STF mudou a interpretação e passou a exigir o esgotamento de todos os recursos para dar início à execução da pena. Essa posição foi revertida em decisão da Suprema Corte em fevereiro de 2016, retomando o entendimento original, segundo o qual o início da execução da pena se dá a partir da confirmação da condenação em grau de recurso de apelação, ainda que outros recursos sejam cabíveis junto aos tribunais superiores em Brasília.

Em decorrência da condenação de Lula, de sua importância no cenário político nacional e da interpretação do Supremo, o processo do apartamento tríplex tornou-se o mais comentado e debatido da Lava Jato. O caso merece abordagem mais detalhada, até porque, tão logo foi divulgada a primeira condenação do ex-presidente em sentença de Sergio Moro de 19 de julho de 2017, muitas foram as análises, favoráveis e contrárias.

Assim como ocorreu na Itália da Mãos Limpas por ocasião das condenações de Bettino Craxi, no Brasil as avaliações negativas em sua grande maioria apresentaram um forte colorido ideológico.[506] Se na Itália a crítica era de que procuradores e juízes agiam por alinhamento à ideologia de esquerda ao punir um líder político considerado mais à direita, no Brasil a leitura foi invertida. Boa parte das críticas partiu do pressuposto defendido pelo Partido dos Trabalhadores de que Polícia Federal, Ministério Público Federal e Poder Judiciário estariam cooptados pela corrente política de direita, numa conspiração política que teria se iniciado com o que chamam de golpe contra a ex-presidente Dilma Rousseff em seu processo de *impeachment* no Congresso.

A semelhança de discurso é marcante. Na Itália, Bettino Craxi e seus apoiadores alegaram que o ex-primeiro-ministro era vítima de um "golpe pós-moderno do Judiciário" promovido por magistrados comunistas de "togas vermelhas"; no Brasil, Lula e seus apoiadores disseram que ele e Dilma foram vítimas de um golpe das "elites economicamente dominantes"[507] envolvendo as referidas instituições e grupos políticos contrários ao PT.[508] O plano seria colocar o vice-presidente Michel Temer no lugar de Dilma para afastar a esquerda do comando do país. O descompasso nessa teoria da conspiração é que, além das elites econômicas – notadamente os grandes bancos e as grandes empreiteiras – terem lucrado como nunca durante os governos Lula e Dilma, não se pode esquecer que o presidente Temer, do PMDB, foi escolhido pelo PT em 2010 e 2014 para compor a chapa com Dilma Rousseff.

Alguns críticos afirmam que a prova da orquestração é que o golpe teria prosseguido para promover reformas legislativas contra os trabalhadores. O fato da sentença de Lula ter sido publicada um dia depois da aprovação da reforma trabalhista no Congresso seria a evidência da armação política. Para rematar, no que por vezes se assemelha a um quadro mental paranoico, argumentam que a conspiração teria finalizado com a condenação de Lula para impedi-lo de concorrer à Presidência nas eleições de outubro de 2018.

Ao se analisar a condenação de Lula sem preconceitos e com um mínimo de seriedade científica, não é possível considerar razoável que o processo criminal tenha sido forjado como parte de uma conspiração política de direita ou algo do gênero. É possível discordar da valoração das provas que levaram à condenação, mas sustentar que tudo não passou de um plano para impedir sua candidatura à Presidência, mais do que caracterizar uma fantasia fantástica equivalente a uma espécie de realidade paralela, é desconsiderar o cenário de ampla corrupção revelado e fartamente provado pela Lava Jato e o papel decisivo do PT nesse contexto.

As críticas de alguns se voltaram até mesmo para a estrutura da sentença condenatória do juiz Sergio Moro. Houve quem se espantasse com o tamanho do texto – 218 páginas (ou 238, dependendo da formatação) –, considerado incomum para os padrões brasileiros. Ainda que as sentenças costumem ser muito mais enxutas, em não raras ocasiões, diante da quantidade de fatos, réus e teses defensivas levantadas, elas podem ter tamanho semelhante.

Nesse caso foram imputados três fatos de corrupção passiva contra Lula; nove fatos de corrupção ativa contra José Adelmário Pinheiro Filho (conhecido como Léo Pinheiro) e Agenor Medeiros; três fatos de lavagem de dinheiro contra Lula, Marisa Letícia, Léo Pinheiro, Paulo Gordilho, Fabio Yonamine e Roberto Moreira, além de outros 61 fatos de lavagem de dinheiro contra Lula, Léo Pinheiro e Paulo Okamotto. Só a denúncia (petição inicial) do Ministério Público, onde os fatos são narrados em detalhes, tem 149 páginas. Além disso, até o falecimento de Marisa Letícia, eram oito réus. Ao longo do processo, houve inúmeras teses defensivas dos sete acusados restantes, notadamente as teses preliminares de nulidade. Tudo isso explica o tamanho da sentença e permite avaliar certa vontade de alguns críticos de não poupar qualquer aspecto da decisão que pudesse ser objeto de demérito. Aliás, o acórdão do TRF 4 que julgou os recursos de apelação contra a decisão de Sergio Moro soma 414 páginas (em fonte maior).

Muitos também criticaram Moro pelo que consideraram uma autodefesa indevida de sua postura imparcial. Analisando a sentença, constata-se que o relato do que aconteceu ao longo do processo, com o resumo das teses das partes (requisito obrigatório de todas as sentenças), vai até a página nove (do texto com 218 páginas). Depois tem início a exposição dos fundamentos da decisão. Como é comum em qualquer sentença, o juiz abre sua fundamentação com a análise das teses defensivas levantadas pelos advogados de Lula e Paulo Okamotto, que argumentaram que o juiz travaria uma guerra jurídica e sustentaram a nulidade do processo pela falta de imparcialidade do julgador. A análise de Moro abordou cada um dos tópicos listados pela defesa, o que somou 21 páginas.

O juiz esclareceu por que não agiu de forma parcial quando decidiu pela condução coercitiva de Lula, quando determinou a busca e apreensão em seu apartamento, quando promoveu sua interceptação telefônica e quando levantou o sigilo do resultado dessa interceptação. Esclareceu ainda que o telefone do advogado Roberto Teixeira foi grampeado em razão deste também ser investigado; as ligações do telefone do escritório do advogado foram interceptadas porque o número constava no contrato social da L.I.L.S., empresa de Lula. As defesas ainda alegaram outros temas preliminares ao mérito, sustentando novamente a incompetência do juízo, a nulidade da petição inicial por falta de base probatória, cerceamento de defesa ao longo do processo e falta de credibilidade de depoimentos colhidos em acordos de colaboração premiada; a análise dessas alegações estendeu-se até a página 47.

Depois a sentença faz referência aos inúmeros processos que tramitaram e tramitam em torno da Operação Lava Jato, o magistrado resume os pontos cruciais do caso e, a partir da página 52, ingressa na indicação e valoração probatória das imputações formuladas pelo Ministério Público Federal. Antes de analisar o corpo central da decisão é preciso explicar como se instaura e se julga um processo conforme o sistema penal brasileiro.

Como se instaura e se julga um processo criminal

Na linguagem técnica do processo penal brasileiro, "denunciar" uma pessoa significa que o Ministério Público a está acusando formalmente da prática de um delito perante o Poder Judiciário. Para formalizar a acusação é exigida a apresentação de provas. Para isto, é feita uma investigação prévia pela polícia, pelo Ministério Público ou por ambos, a exemplo do que ocorre na Lava Jato. Se o juiz considerar que as provas apresentadas com a denúncia (por exemplo, depoimentos, documentos, perícias, registros de interceptações telefônicas) sustentam a acusação – ainda que não em juízo definitivo –, ele recebe a denúncia, dando início ao processo criminal.

Durante o processo, as testemunhas, até então ouvidas apenas pela polícia ou pelo Ministério Público na investigação, devem ser reinquiridas na presença do juiz e com possibilidade de a defesa fazer perguntas. A defesa também pode arrolar novas testemunhas a serem ouvidas em juízo. Em paralelo, Ministério Público e defesa podem apresentar e requerer a produção de novas provas documentais e periciais, dentre outras. Finalizada a inquirição das testemunhas, o acusado é interrogado, as partes apresentam suas alegações finais ao juiz e este sentencia, condenando ou absolvendo.

Ao longo do processo, portanto, Ministério Público e defesa apresentam suas provas – diretas, indiretas e indiciárias – e procuram promover uma "captura psíquica" do juiz, na feliz expressão do jurista alemão James Goldschmidt. A defesa do acusado leva vantagem, não precisando se esforçar em produzir provas da inocência, já que esta é presumida pelo texto constitucional. Em outras palavras: se o réu é presumidamente inocente, como diz a Constituição, ele não tem o dever de provar sua inocência, cabendo à acusação provar a culpa. Ao réu bastaria incutir uma dúvida razoável na cabeça do juiz. Ao fim do processo, o juiz atribui valor às provas e aos argumentos e teses das partes e toma sua decisão. Para condenar exige-se que ele tenha alcançado um juízo de valor "para além de uma dúvida razoável", ou seja, havendo dúvida razoável a respeito da culpa, o juiz deve absolver o acusado, dada a inocência presumida.

Lido assim parece muito simples, mas a reconstituição de um fato passado, atualizado no presente, perante um juiz que precisa se instruir para tomar uma decisão no futuro, torna complexa a dinâmica da valoração e interpretação da prova. Muito já se discutiu na doutrina de processo penal a respeito de qual "verdade" se produz na tentativa de reconstrução de um fato passado. Hoje é forte o entendimento de que não é possível chegar a uma "verdade absoluta", seja pela impossibilidade filosófica desta ser alcançada diante da natural limitação linguística que igualmente restringe nosso acesso ao mundo (se não tenho palavras suficientes para descrever uma situação, acabo colocando outras palavras no lugar, e aí já não é uma descrição exata do que presenciei), acrescida às falhas de percepção e memória das testemunhas, bem como dos registros documentais precários, seja pelo fato de que o processo é um instrumento naturalmente formal e limitado na reconstituição pretendida.

Por tudo isso e muito mais que o espaço deste livro não permite aprofundar, o que se tem ao final do processo penal é um determinado significado da sequência e do conjunto de provas apresentadas ao juiz. Aqui se revela a complexidade da produção probatória, pois a cada prova apresentada é possível extrair um significado diferente. Uma prova isolada dá um determinado significado. Porém, uma segunda prova pode alterar ou complementar o significado da prova anterior. O que se tem é uma constante ressignificação da compreensão da cadeia (ou sequência) probatória. Ao final do encadeamento probatório, exclusivo do processo específico, o juiz extrai um determinado significado – e condena ou absolve.

O interessante e ao mesmo tempo complicado é que a sucessão e até mesmo a ordem das provas podem alterar o significado que se tinha da prova antecedente. Assim, o mais relevante não é saber se no processo foi possível apresentar provas da "verdade absoluta" inatingível, mas saber o que o juiz compreenderá e decidirá da sequência de provas apresentadas.

Não bastasse tudo isso, os preconceitos de cada indivíduo podem influenciar sua compreensão das provas. Assim, não é incomum pessoas razoáveis divergir razoavelmente na interpretação e no significado extraído da cadeia probatória. Diante dessa fragilidade da "verdade" processual, condenar alguém parece um tanto temerário. Contudo, enquanto a tecnologia não inventar algo melhor, é no processo que se apostam todas as fichas para se solucionar conflitos pessoais e punir desvios de comportamento em sociedade, requisitos para se avançar no processo civilizatório. É preciso confiar desconfiando e vice-versa.

Para minimizar erros, abusos e até mesmo práticas corruptas no ato de julgar, o sistema conta com o duplo grau de jurisdição. Os recursos existem para isso. Ao julgar recursos, os tribunais reveem e reavaliam as provas, teses e fundamentos usados pelo juiz de primeiro grau para decidir; refazem o julgamento, procurando minimizar equívocos valorativos e conclusivos. Esgotados os recursos para os tribunais superiores e mantida a condenação, caso surja uma prova nova e melhor da inocência do réu, sempre haverá a possibilidade de se rever a decisão por meio de uma ação chamada revisão criminal.

Em resumo, é assim que funciona o sistema de justiça criminal no Brasil, na Itália e em boa parte do mundo. E é ele que se revela, com toda a sua particularidade, nos processos cotidianos dos crimes de rua (furtos, roubos, estupros, homicídios, tráficos etc.) e também na Mãos Limpas e na Lava Jato. Nos casos cotidianos de menor monta, não há muita discussão fora do universo jurídico. Porém, quando um ex-primeiro-ministro ou um ex-presidente – que despertam paixões de aprovação e rejeição popular – são acusados e julgados, os casos naturalmente ganham dimensão que transcende a normalidade. Vem daí a ampla discussão pública sobre os processos de Bettino Craxi na Mãos Limpas e de Lula na Lava Jato.

Os crimes e as provas na sentença de Lula

Alguns críticos da condenação de Lula argumentam que as condutas a ele imputadas não caracterizariam crimes, outros alegam que não haveria provas suficientes para condená-lo. Para tirar conclusões próprias, é preciso primeiro delimitar a acusação no processo específico.

Em síntese, a denúncia contra Lula narra que em abril de 2005 ele e Marisa Letícia teriam financiado na planta, em 76 parcelas mensais, a aquisição do apartamento padrão número 141-A no residencial Mar Cantábrico, na praia de Guarujá, junto à Cooperativa Habitacional dos Bancários de São Paulo (Bancoop), presidida por João Vaccari Neto, ex-tesoureiro do Partido dos Trabalhadores, também réu no processo. Em outubro de 2009 o edifício ainda estava em construção, e a Bancoop, praticamente falida, repassou o empreendimento para a empreiteira OAS. Esta finalizou a obra, alterando o nome para Solaris e modificando o projeto da cobertura, que passou de duplex para tríplex, com o número 174-A da planta original tornando-se 164-A. Na mesma ocasião, a OAS passou a considerar o tríplex 164-A como sendo de Lula e Marisa Letícia. O delito de corrupção teria se concretizado mediante a solicitação e recebimento do *upgrade* de um apartamento padrão para a cobertura tríplex, sem necessidade de pagamento das demais parcelas do financiamento, acrescido da promessa de ampla reforma interna e compra de mobiliário e decoração, tudo em troca da nomeação e manutenção de Renato Souza Duque e de Paulo Roberto Costa como diretores da Petrobras e da facilitação na contratação da OAS em três contratos com a estatal.

Na acusação, a lavagem de dinheiro decorre do tríplex não ter sido registrado em nome de Lula e Marisa Letícia, que ocultaram a propriedade, mantendo-a em nome da construtora para concluir a transferência depois de consolidada a posse e passada a atenção pública sobre o casal. A lavagem também foi descrita na denúncia como alusiva à ocultação e dissimulação da origem, movimentação, disposição e propriedade dos recursos utilizados por Léo Pinheiro e OAS para a aquisição da cobertura em favor de Lula e Marisa Letícia, "haja vista serem valores ilícitos oriundos de crimes de cartel, fraude a licitação e corrupção praticados pelos executivos da Construtora OAS contra a administração pública federal, notadamente a Petrobras".

Alguns críticos argumentam que a denúncia contra Lula não seria correta, pois, do modo como foi descrita, não haveria corrupção antecedente à lavagem de dinheiro. O argumento central é de que a caracterização de corrupção passiva exigiria a demonstração de um ato de ofício por parte do servidor público corrompido. Ainda que exista discussão doutrinária nesse ponto, é certo que há tempos os tribunais brasileiros entendem desnecessária essa demonstração. Aliás, foi essa a posição do STF no caso do Mensalão e do TRF 4 ao julgar o recurso de apelação de Lula.

Para melhor compreender a discussão, convém conhecer a lei que desde 1940 define em dois artigos distintos o crime daquele que corrompe o servidor público e o crime do servidor público corrompido. Corrupção ativa, ou seja, aquela praticada pelo particular que corrompe o servidor público, é assim definida no artigo 333 do Código Penal: "Oferecer ou prometer vantagem indevida a funcionário público, para determiná-lo a praticar, omitir ou retardar ato de ofício". A corrupção passiva, isto é, o crime praticado pelo servidor público, é assim definida no artigo 317 do Código Penal: "Solicitar ou receber, para si ou para outrem, direta ou indiretamente, ainda que fora da função ou antes de assumi-la, mas em razão dela, vantagem indevida, ou aceitar promessa de tal vantagem". Como se vê, a figura penal da corrupção passiva não exige um ato de ofício para sua caracterização. A razão para isso é evitar que servidores públicos que não realizam atos vinculados à lei, mas sim atos discricionários, possam ser igualmente enquadrados em práticas de corrupção passiva. Explica-se: "ato de ofício" é aquele vinculado à regulamentação da atividade profissional do servidor público.

Em algumas funções públicas os limites e definições dos atos de ofício são bem claros e vinculados a uma regra específica. O guarda de trânsito, por exemplo, deve lavrar um auto de infração quando vê um motorista violando uma regra de trânsito. O guarda não possui discricionariedade alguma. Deve lavrar o auto e ponto. Assim, quando se oferece a ele uma propina ou quando ele a recebe, sabe-se muito bem que ela é destinada à não realização do ato de ofício de lavrar o auto de infração.

Porém, nem toda função pública possui um leque bem definido de atos de ofício. Por exemplo, quando o servidor público é um político (no caso, presidente da República), os limites do que ele pode praticar não são muito claros e suas decisões são amplamente discricionárias, já que é próprio da atividade política transitar em cenários não bem definidos, promovendo alianças e estabelecendo caminhos próprios na construção de posições e decisões políticas. Assim, não é fácil delimitar qual ato de ofício seria esperado do político em troca de propina. Por isso o artigo 317 do Código Penal não prevê um determinado ato de ofício para caracterizar a corrupção passiva. Do contrário, ela se aplicaria apenas a servidores públicos de médio e baixo escalão, como o guarda de trânsito. No entanto, isso não afasta a ideia de que, ao oferecer uma vantagem indevida, o particular corruptor não esteja agindo na expectativa de receber algo em troca do servidor público, assim como o político que recebe a propina sabe que algo deverá ser feito em favor do particular.

A corrupção em última análise é um toma-lá-dá-cá, mas, diferentemente do que ocorre com o funcionário público que pratica atos de ofício vinculados à lei, como o guarda de trânsito, no caso do político a contrapartida é mais aberta e não raras vezes vinculada à sua influência política no processo decisório de um terceiro. Foi justamente esse o caso do ex-presidente Lula, acusado de receber propina para se valer de seu poder discricionário na nomeação de diretores da Petrobras e influenciar nas decisões igualmente discricionárias que estes tomariam na contratação da empreiteira que corrompeu a todos. Portanto, a imputação de corrupção passiva é perfeita na denúncia e tecnicamente possível à luz da lei e da jurisprudência brasileiras.

A questão agora é saber se as provas documentais, periciais e testemunhais indicadas na denúncia eram suficientes para a condenação. Deixa-se ao leitor a liberdade de avaliar o conjunto e concluir se a condenação foi correta ou não. Vamos começar pelo papel de Lula na nomeação de Paulo Roberto Costa, Pedro Barusco, Nestor Cerveró e Renato Duque para diretorias da Petrobras e pelo envolvimento destes em atos de corrupção com a empreiteira OAS. A sentença destacou provas testemunhais, uma dessas, o depoimento do ex-deputado federal Pedro da Silva Correa de Oliveira Andrade Neto (PP). Consta na sentença:

> [Pedro Correa] descreveu o processo de nomeação de Paulo Roberto Costa da Petrobras. Declarou que ele foi indicado pelo Partido Progressista ao cargo e que houve muita resistência do conselho de administração da Petrobras, que teria sido vencida somente mediante a intervenção pessoal do então presidente da República Luiz Inácio Lula da Silva e após o Partido Progressista, com aliados, ter concordado em desobstruir a pauta da Câmara.

Para compreender a dinâmica dos atos ilícitos, é interessante destacar alguns trechos do depoimento de Pedro Correa citados na sentença:

> O ministro José Dirceu resolvia os assuntos que tinham consenso nas indicações dos partidos aliados, os dissensos só quem resolvia era o presidente Lula. Então nós chegamos na diretoria da Petrobras, já tínhamos acertado com o José Dirceu que a indicação seria nossa, que nós íamos indicar o doutor Paulo Roberto Costa, e ele então foi claro em dizer que já tinha esgotado todo o poder que ele tinha, que não tinha mais como ele nomear o Paulo Roberto Costa; e ficou isso definido para que o Lula, o presidente Lula, chegasse a uma conclusão. (...) E foi então que houve um diálogo, que já foi transmitido diversas vezes, em que o presidente Lula perguntou ao José Eduardo Dutra, que era o presidente da

> Petrobras, por que o Paulo Roberto não estava sendo nomeado, não tinha sido nomeado, e ele disse que não era ele que nomeava, era o conselho de administração, então Lula perguntou: "E o conselho de administração, por que não nomeia ele?". Ele disse: "Porque o conselho de administração é independente". Ele disse: "Quem nomeou esse conselho?". Ele disse: "A maioria desse conselho foi você, presidente"; ele chamava "você", até porque não tinha essa liturgia do cargo. "Você, Lula, que nomeou", ele disse "Eu posso demitir?". "Pode." "Pois diga a eles que, se eles não admitirem o Paulo Roberto Costa, não fizerem a nomeação, eu vou demitir o conselho." E aí o José Eduardo Dutra, que tinha uma ligação com o Rogério Manso, disse: "Olha, Lula, não é da tradição da Petrobras estar trocando diretor", e aí ele disse: "Olha, Dutra, se fosse da tradição nem você era presidente da Petrobras, nem eu o presidente do Brasil, então eu vou dar um prazo de uma semana, se ele não for nomeado nós vamos trocar o conselho e vamos nomear o doutor Paulo Roberto". E ele foi nomeado, quinze dias depois Paulo Roberto era o diretor de Abastecimento.

A sentença de Sergio Moro cita a fala de Paulo Roberto Costa em juízo, dizendo que este "confirmou ter recebido vantagem indevida da Construtora OAS, inclusive nos contratos relativos à Refinaria Presidente Getúlio Vargas (REPAR) e à Refinaria do Nordeste Abreu e Lima (RNEST), e que teria tratado inclusive dessa questão com os acusados Agenor Franklin Magalhães Medeiros e José Adelmário Pinheiro Filho".

Na mesma linha, Pedro José Barusco Filho, gerente executivo da Área de Serviços e Engenharia da Petrobras entre 2003 e 2011, confirmou ter recebido propina da OAS, inclusive nos contratos relativos à Refinaria Presidente Getúlio Vargas. Sobre Nestor Cuñat Cerveró, diretor da Área Internacional da Petrobras entre 2003 a 2008, consta na sentença:

> Confirmou que recebeu propinas em proveito próprio. Afirmou que, por volta de 2006, por conta do enfraquecimento do Partido dos Trabalhadores pelo escândalo do Mensalão, teve que passar a atender as necessidades do Partido do Movimento Democrático Brasileiro (PMDB) do Senado. Na ocasião, lhe foi informado que o então presidente Luiz Inácio Lula da Silva tinha conhecimento e assentido com essa alteração.

Outros depoimentos em juízo confirmaram esse modo de operar, a exemplo daqueles prestados pelo ex-senador Delcídio do Amaral e pelo doleiro Alberto Youssef.

Do depoimento do proprietário da OAS, consta na sentença:

> José Adelmário Pinheiro Filho declarou não se recordar especificamente dos acertos na Refinaria Presidente Getúlio Vargas (REPAR), mas que, quanto ao contrato na Refinaria do Nordeste Abreu e Lima (RNEST), foi procurado diretamente por João Vaccari para o pagamento de 1% sobre o valor do contrato ao Partido dos Trabalhadores ("Eu fui procurado pelo senhor João Vaccari e ele me falou que tinha um pagamento de 1% para o PT, isso foi diretamente comigo"). Concordou com a solicitação e o valor foi incorporado na aludida conta corrente geral de propinas, depois debitada para, entre outros propósitos, abater a diferença do preço do apartamento 164-A, tríplex, do condomínio Solaris, e o custo da reforma do aludido apartamento. Declarou que o pagamento foi inicialmente motivado para que a Construtora OAS passasse a ser convidada pela Petrobras para participar de grandes obras, o que viabilizou o seu ingresso no grupo das empreiteiras que ajustavam fraudulentamente as licitações.

A ampla influência e poder decisório do então presidente Lula na manutenção dos diretores corruptos da Petrobras é demonstrada por provas testemunhais, e a decisão do TRF 4 é contundente a respeito:

> Não passa despercebida, portanto, a capacidade de influência do ex-presidente no processo de nomeação dos agentes políticos da Petrobras e sua ciência a respeito do esquema criminoso. Apesar da sua negativa, há singular delineação dos bastidores de indicações e os movimentos de agremiações partidárias na tarefa de manter pessoas de "confiança" que pudessem levar adiante o projeto de financiamento político. Há prova acima de dúvida razoável de que o ex-presidente foi um dos articuladores – senão o principal – do amplo esquema de corrupção. As provas aqui colhidas levam à conclusão de que, no mínimo, tinha ciência e dava suporte àquilo que ocorria no seio da Petrobras, destacadamente a destinação de boa parte da propina ao Partido dos Trabalhadores para financiamento de campanhas políticas.

E segue o voto do desembargador relator neste ponto:

> Episódios como a nomeação dos diretores da Petrobras Paulo Roberto Costa, Nestor Cerveró e Jorge Zelada, entre outros, não deixam margem de dúvidas de sua intensa ação dolosa no esquema de propinas. Delcídio do Amaral (evento 388) confirmou o estreito relacionamento do réu Luiz Inácio Lula da Silva com empreiteiras e, mais especificamente, com a OAS e com o corréu José Adelmário.

Os crimes imputados a Lula são de corrupção passiva e lavagem de dinheiro. Como os delitos em certa medida se sobrepõem, a defesa de Lula e alguns doutrinadores voltam-se para um aspecto que consideram central na tentativa de desconstruir a acusação: o tríplex no Guarujá nunca foi transferido para o ex-presidente, permanecendo em nome da OAS. Seria impossível atribuir a propriedade a quem não consta no registro de imóveis como proprietário.

De fato, o Código Civil estabelece que "proprietário" é aquele cujo nome consta no cartório de registro de imóveis. A exigência visa proteger o direito do proprietário, pois o registro no cartório de imóveis impede que outrem aliene o imóvel como se fosse o dono, lesando o real proprietário e o comprador enganado. No entanto, o argumento com base no direito civil foi considerado frágil à luz da lei de lavagem de dinheiro (Lei 9.613/96), que define como crime "ocultar ou dissimular (...) a propriedade de bens (...) provenientes, direta ou indiretamente, de infração penal". A conduta imputada a Lula foi ocultar a propriedade do imóvel dado como propina pela OAS. Caso o apartamento estivesse no nome de Lula, não haveria lavagem dinheiro, já que a real propriedade não estaria ocultada. Ou seja, Lula foi considerado proprietário de fato do imóvel.

Vejamos as provas referentes ao recebimento de fato da propriedade do imóvel. Os documentos apreendidos na Bancoop e na residência de Lula mostram claramente que o contrato firmado por Marisa Letícia foi rasurado na numeração do apartamento. A perícia atestou que onde constava originalmente o número 174-A, correspondente à cobertura duplex prevista na planta original do edifício, passou a constar o número 141-A, correspondente a um apartamento padrão de valor bem menor. A perícia também identificou uma rasura documento visando camuflar a palavra grafada como "TRiPLEX". Isso foi considerado prova de que em 2005 havia a intenção de Lula e Marisa Letícia de adquirir o duplex (posteriormente tríplex), mas depois a compra foi alterada para o apartamento padrão.

Planilhas apreendidas na sede da Bancoop davam conta de que os apartamentos ou já estavam comercializados, ou estavam em "estoque", à exceção do duplex 174-A (transformado pela OAS no tríplex 164-A), que consta como "vaga reservada". Essa é uma prova documental indiciária de que o apartamento estava destinado a Lula e Marisa Letícia, ainda que eles pagassem por um apartamento menor.

Quanto à prova de que o tríplex foi objeto de corrupção e lavagem de dinheiro, a sentença destacou vários trechos dos depoimentos testemunhais e dos corréus. Ricardo Marques Imabassy, gerente financeiro e diretor financeiro da OAS Empreendimentos, e Carmine de Siervi Neto, diretor superintendente da OAS Empreendimentos, relataram ter ciência de que Lula tinha uma unidade no edifício Solaris e que isso era de conhecimento comum na diretoria da empresa, esclarecendo que esta não costumava mobiliar apartamentos para vender.

O testemunho de Mariuza Aparecida da Silva Marques, engenheira contratada em 2014 pela OAS para dar assistência técnica ao cliente, também foi explorado na sentença, destacando que ela disse ter acompanhado Marisa Letícia e filho ao apartamento em visita para avaliar se as reformas por eles solicitadas estavam sendo realizadas de acordo. Afirmou ainda que a esposa de Lula era tratada como proprietária do tríplex.

Rosivane Soares Cândido, da Tallento Construtora, empresa contratada pela OAS para reformar o tríplex, foi indagada em juízo se alguém comentou com ela que o tríplex era da família de Lula e declarou:

> Sim, a maioria dos moradores do condomínio, os comércios na região, eu achei até surpresa quando eu comecei a trabalhar lá, que eu não sabia dessa informação, e eu fui informada, até a primeira eu tive com um comerciante que eu fui fazer um cadastro da empresa para poder faturar, para poder comprar materiais básicos de construção, e foi ele justamente que veio falar: "Ah, é o apartamento do Lula, né", mas não fui informada desde o início não, assim, documentalmente, eu não tenho nenhum tipo de documento que me foi formalizada essa informação.

Rosivane acrescentou que os funcionários do condomínio também consideravam o apartamento tríplex como sendo de Lula. O zelador do Solaris, José Afonso Pinheiro, testemunhou:

> Sim, todos sabiam lá que o apartamento pertencia ao ex-presidente Lula, inclusive até os condôminos sabiam também que era dele o apartamento, sempre houve esse comentário lá. (...) Inclusive tinham corretores que faziam as vendas de apartamentos no condomínio Solaris, exatamente pessoas compravam porque achavam que o ex-presidente tinha um apartamento lá, os corretores mesmo faziam a propaganda do apartamento. (...) Tinha corretor que falava: "Olha, aqui é o prédio que o presidente Lula tem um apartamento". (...) Esse apartamento nunca foi visitado, visitado com corretor ou outra pessoa para venda, ele era dado como o apartamento do senhor Luiz Inácio.

Um dos depoimentos mais contundentes contra Lula e bastante explorado na sentença é o de José Aldemário Pinheiro Filho, conhecido por Léo Pinheiro, presidente do Grupo OAS. Léo Pinheiro disse que foi procurado em 2009 pelo então tesoureiro do PT, João Vaccari Neto, para assumir o empreendimento da Bancoop e contou:

> Ele me disse: "Olha, aqui temos uma coisa diferente, existe um empreendimento que pertence à família do presidente Lula, diante do seu relacionamento com o presidente, o relacionamento da empresa, eu acho que nós estamos lhe convidando para participar disso por conta de todo esse relacionamento e do grau de confiança que nós depositamos na sua empresa e na sua pessoa". Diante disso eu disse: "Olha, se tratando de uma coisa dessa monta eu vou". De qualquer forma eu teria que mandar fazer um estudo de viabilidade de cada empreendimento; eu disse a ele: "Olha, não vejo problema, eu vou passar isso para a nossa área imobiliária,

> que é uma empresa independente, a empresa fará os estudos, eu volto com você e a gente vê se é viável, se não é viável, e com que podemos negociar".

Léo Pinheiro depois complementou:

> Bom, quando essa conversa foi concluída eu procurei o Paulo Okamotto, que era uma pessoa do estreito relacionamento do presidente e também do meu relacionamento, então eu procurei o Paulo Okamotto e disse: "Paulo, o João Vaccari me procurou e me disse isso e isso, o que você me recomenda, o que você me orienta?". Ele disse: "Não, nós temos conhecimento disso e isso tem um significado muito grande, primeiro o Bancoop é um sindicato que tem muita ligação conosco, com o partido e, segundo, porque tem um apartamento do presidente, e eu acho que você é uma pessoa indicada para fazer isso pela confiança que nós temos em vocês". Eu disse: "Então pode, tá bom". "Pode fazer." "Tá bom." Eu voltei ao Vaccari e, com os estudos feitos, as duas empresas, ele indicou as pessoas do Bancoop que teriam autoridade para fazer, os membros da diretoria, e eu indiquei as pessoas da OAS que podiam negociar empresarialmente, porque realmente era uma negociação muito difícil, empreendimentos que não tinham começado, outros que estavam no meio.

Mais adiante Léo Pinheiro entrou no ponto específico do tríplex:

> Bom, em 2010, aproximadamente... Aproximadamente não, desculpe, em 2010, o jornal *O Globo* trouxe uma reportagem enorme sobre esse empreendimento, e dizendo que o tríplex pertenceria ao presidente, na época o presidente Lula, eu fiquei preocupado pela exposição do assunto, tornei a procurar o Paulo Okamotto, eu estive com João Vaccari e depois procurei o Paulo

> Okamotto, dizendo como é que nós devíamos proceder, já que o tríplex estava em nosso nome e a aquisição por parte da família do presidente era de cotas e não tinha havido a adesão para que o empreendimento, eu tinha uma autorização inclusive pra vender o que estava reservado anteriormente, que era um apartamento tipo, a informação, a orientação que foi me passada naquela época foi de que "toque o assunto do mesmo jeito que você vinha conduzindo, o apartamento não pode ser comercializado, o apartamento continua em nome da OAS e depois a gente vê como é que nós vamos fazer para fazer a transferência ou o que for", e assim foi feito. Isso, voltamos a tratar do assunto em 2013, se não me falha a memória.

Pinheiro afirmou que, por ocasião da transferência da obra da Bancoop para a OAS, as pessoas que haviam adquirido apartamentos puderam optar entre usar o montante já pago como entrada e pagar as parcelas a vencer em novos valores ou receber seu dinheiro de volta. Foi estipulado um prazo de trinta dias para realizarem a opção. Lula e Marisa Letícia não fizeram nem uma coisa, nem outra. Simplesmente pararam de pagar as parcelas tão logo a OAS assumiu o empreendimento. Somente em 19 de junho de 2016, com o escândalo e depois da prisão preventiva de Léo Pinheiro, é que Marisa Letícia resolveu ingressar com uma ação para cobrar os valores pagos.

A esse respeito, Léo Pinheiro disse em juízo: "Todos tinham que ou ficarem com a unidade ou terem os recursos devolvidos, de uma regra pré-fixada; nesse apartamento eu fui orientado que não, que eu poderia negociá-lo porque o apartamento da família seria o tríplex". A orientação foi passada por João Vaccari e Paulo Okamotto.

O juiz indagou Léo Pinheiro: "Alguém lhe falou assim: 'Não se preocupe que o preço vai ser pago pelo ex-presidente por fora'?". Ele respondeu que não, reiterando:

> Naquela época, em 2009, foi dito para mim: "O apartamento tríplex, essa unidade é uma unidade específica, você não faça nenhuma comercialização sobre ela, pertence à família do presidente, a unidade tipo você pode vender porque eles não vão ficar com essa unidade, a unidade seria o tríplex". Eu disse: "E como nós vamos resolver essa questão?". "Não, vamos iniciar em 2010." Eu procurei o Vaccari pra conversar com ele como eu devia fazer, ele: "Não, não vamos mexer nesse assunto, tem campanha presidencial, não mexe nesse assunto agora, vamos deixar, depois das eleições a gente vê a forma, eu vejo com o presidente como vai ser feito isso". Bom, depois das eleições, não sei em que período mais ou menos, o ex-presidente teve uma doença grave e eu não me sentia confortável de tratar de um assunto desses, eu só vim voltar a tratar posteriormente com o João Vaccari e com o Paulo Okamotto, sempre eu tratava com o João Vaccari e depois eu procurava o Paulo, que era a forma de... O presidente estava hospitalizado, depois um tratamento de quimioterapia, e só vim tratar desse assunto com o presidente em 2013, eu pessoalmente com ele.

A sentença também explorou como prova documental o fato de o apartamento originalmente adquirido por Lula e Marisa Letícia ter passado do número 141-A para o número 131-A ao ser transferido para a OAS. Outra prova documental de que o 141-A não pertencia mais ao casal é um panfleto de venda de unidades do Solaris datado de fevereiro de 2012 no qual o 141-A estava disponível e o 164-A não. Uma terceira prova documental é a venda desse apartamento para outrem em 26 de abril de 2014. Há ainda a prova testemunhal de Roberto Moreira, diretor da OAS, declarando que o tríplex nunca foi colocado à venda. Soma-se a isso o fato narrado na denúncia e provado por depoimentos de que apenas Lula,

Marisa Letícia, seus familiares e amigos visitaram o imóvel, não havendo visitas de outros eventuais interessados.

Há também farta prova documental e testemunhal de que a OAS gastou mais de R$ 750 mil em reformas no tríplex, com a instalação de elevador interno, churrasqueira, forro de gesso, nova escada de acesso ao mezanino e novo *deck* para a piscina, além da retirada da sauna. Documentos das despesas e depoimentos comprovaram que a OAS gastou outros R$ 320 mil em móveis de cozinha da marca Kitchens, uma das mais caras do país, móveis para os quartos, fogão, micro-ondas e geladeira. Segundo depoimentos de diretores e funcionários da OAS, foi a única ocasião em que a empreiteira promoveu melhorias de personalização em um imóvel.

Lula e Marisa Letícia visitaram o tríplex na companhia de Léo Pinheiro e demais diretores da OAS durante as obras de reforma. Marisa Letícia e o filho Fábio também fizeram uma visita de inspeção após a finalização das obras. Uma fotografia confirma a primeira visita, além de depoimentos, como o de Léo Pinheiro:

> Estava o presidente, a dona Marisa, estava eu, estava o recém, quem tinha recém-assumido a presidência da OAS Empreendimentos, Fábio Yonamine, tinha o diretor regional da OAS Empreendimentos, o Roberto, tinha um gerente também da área imobiliária, o Igor, e tinha uma outra pessoa que eu, me desculpe, não estou me lembrando do nome, que estava presente também. Bom, nós fomos, o presidente quis conhecer; no primeiro andar a esposa do presidente fez um comentário, disse: "Olhe, vai ser necessário mais um quarto aqui no primeiro andar", porque por uma questão da logística familiar precisaria de mais um quarto, tinha uma questão também da cozinha, que deveriam ser feitas algumas modificações para melhor aproveitamento do espaço, e me lembro que tinha uma escada helicoidal, que realmente o presidente tinha acabado de vir de um processo,

> eu fiquei até preocupado, eu disse: "Olha, presidente, se o senhor quiser não subir pode". Ele disse: "Não, não, não tem problema nenhum não, eu posso subir". Nós subimos, e aí já ficou definido que a escada também nós teríamos que fazer uma alteração, que posteriormente fizemos uma outra, além da escada, colocamos um elevador, no andar intermediário tinha algumas mudanças pontuais indicadas pela esposa do presidente e na cobertura propriamente dita. Aí eles ficaram preocupados com a questão da privacidade, tinha um prédio ao lado que não era do empreendimento Solaris e devassava um pouco a privacidade, que realmente a gente tinha como arquitetonicamente produzir alguma coisa que desse privacidade. Então aí foi deslocada a posição da piscina, foi feito um novo *deck*, foi modificado os acessos porque eles me falaram por causa dos netos, tinha um problema de um [inaudível] de vidro que realmente era perigoso, tinha que, foi pedido uma churrasqueira, uma sauna, que depois acho que acabou virando um depósito, bom, uma série de modificações que eram não, como é dito, que era um projeto de decoração, não, era um projeto personalizado, nenhum outro tríplex, eram oito nos dois prédios, quatro em cada um, teria aquelas especificações, nem aquele espaço que foi criado, um quarto a mais, mudanças e tudo, então não serviria para servir de modelo para nenhum outro, ele era diferente dos outros. Bom, isso ficou combinado, eles gostariam de conhecer as áreas comuns do prédio, eu desci com eles, fomos no *playground*, nos espaços comuns, salão de festas, fomos na parte externa de piscina; quando concluído, eu acompanhei o casal a até à garagem.

Léo Pinheiro deu detalhes de uma conversa posterior com Lula e Marisa Letícia a respeito do tríplex:

> Saímos de lá e Paulo Gordilho então foi produzir o que precisava ser feito e marcamos um, quando estavam prontos, eu marquei com o presidente e estivemos na residência dele em São Bernardo do Campo, num dia de sábado, eu, Paulo Gordilho, estava o presidente e a sua esposa, onde nós discutimos alguns detalhes que faltavam do tríplex e os detalhes do sítio [de Atibaia]. Nessa data ficou acordado que tudo aquilo que estava sendo pedido, estava atendido, que nós podíamos prosseguir no tríplex com todas as reformas que tinham sido acordadas, que tinham sido solicitadas por eles, e assim foi feito. Em julho ou agosto de 2014, eu não sei se foi por iniciativa nossa ou por iniciativa da família do presidente, que queriam retornar para visitar o apartamento tríplex, eu comuniquei, eu fui lá no instituto e o presidente me disse: "Olha, tem campanha eleitoral, não vai ficar bom, não vai ficar bem eu comparecer, está muito próximo da campanha, isso vai ser explorado, teria algum problema de ir meu filho, iria com a dona Marisa, e você mandaria alguém", e tal, eu de novo me ofereci e fui, e visitamos, estava tudo ok, eles aprovaram tudo que estava... Já estava numa fase bem adiantada a reforma, eles falaram: "Está tudo ok", então dona Marisa me fez um pedido, disse: "Olhe, nós gostaríamos de passar as festas de final de ano aqui no apartamento, teria condições de estar pronto?". Eu digo: "Olhe, pode ficar certa que antes disso nós vamos entregar tudo pronto", e foi o que ocorreu. Se o senhor me permitir, o senhor me perdoe, eu pulei um detalhe que eu acho muito importante que era o retorno que eu fiquei de dar ao João Vaccari do encontro de contas, eu acabei não falando, se o senhor me permitir eu...

A seguir Pinheiro relatou a conversa com João Vaccari Neto sobre o acerto de contas entre OAS, PT e o ex-presidente Lula:

> Então ele marcou comigo no mesmo local, no restaurante, um encontro com ele, onde eu levei esses créditos e esses débitos, eu levei para ele o que nós, OAS, estava devendo por conta desses pagamentos de vantagens indevidas ao PT naquele momento, o que já estava atrasado e o que ainda ia acontecer, e os custos dos empreendimentos que nós estávamos fazendo, desses passivos, que eu estou chamando de passivos ocultos, o termo usado de coisas que nós não tínhamos conhecimento, e mais os custos do tríplex e do sítio. O João Vaccari disse: "Olhe, está tudo ok", está dentro de um princípio que nós sempre adotamos, porque sempre, de quando em quando, que abria um encontro de contas com ele tinha: "Não, você paga isso ao diretório tal, paga isso ao político tal", isso era feito e era uma coisa já corriqueira, então: "Não vamos mudar a metodologia, vamos continuar com a metodologia, agora como tem coisas aqui de cunho pessoal, que trata do presidente, eu vou conversar com ele sobre isso e lhe retorno. Agora nesse encontro que nós vamos ter com a diretoria do Bancoop e com o seu pessoal eu gostaria que você não tratasse desse encontro de contas".

Ao final de seu depoimento Léo Pinheiro reiterou:

> O apartamento era do presidente Lula. Desde o dia que me passaram para estudar os empreendimentos da Bancoop já foi me dito que era do presidente Lula e de sua família, que eu não comercializasse e tratasse aquilo como uma coisa de propriedade do presidente. Só para complementar: eu procurei o João Vaccari algumas vezes e o Paulo Okamotto, de como iríamos operacionalizar para passar do nosso nome, nós tínhamos um elo entre o Instituto Lula, com várias doações feitas que estão aí todas declaradas, e as palestras no exterior, fizemos, se não me falha a

memória, cinco palestras. Só a OAS pagou de palestra mais de US$ 1 milhão.

Indagado pela defesa de Lula, Léo Pinheiro reforçou a questão do tríplex:

> O presidente Lula não me perguntou; o João Vaccari, quando eu mostrei a ele as dívidas que nós tínhamos a pagar para o João Vaccari de pagamentos indevidos dessas obras e o gasto que nós estávamos tendo em cada empreendimento, que ele me pediu inclusive que no caso do tríplex eu procurasse saber do presidente. Eu estive com o presidente, o presidente foi no apartamento para dizer o que eles queriam, porque eu não tinha ideia de quanto ia gastar. Quando dona Marisa e o presidente estiveram no apartamento, e nós fizemos o projeto, nós tivemos quantificado, eu levei para o Vaccari e isso fez parte de um encontro de contas com ele. O Vaccari me disse naquela ocasião que, como se tratava de despesas de compromissos pessoais, ele iria consultar o presidente, voltou para mim e disse: "Tudo ok, você pode fazer o encontro de contas", então não tem dúvida se ele sabia ou não, claro que sabia.

O depoimento de Paulo Roberto Gordilho é outra prova direta explorada na sentença. Gordilho afirmou que todos na OAS sabiam que o tríplex era do ex-presidente e que discutiram isso em uma reunião da diretoria. Gordilho detalhou conversas com Lula a respeito do apartamento, explicou como se deram as reformas e contou que Marisa Letícia e seu filho solicitaram novas alterações em uma das visitas ao imóvel.

Roberto Moreira Ferreira, diretor da OAS, confirmou ter conhecimento de que o tríplex pertencia ao ex-presidente e esposa. Agenor Franklin Magalhães Medeiros, também diretor da OAS, revelou para quem era paga propina nos contratos fraudados na Petrobras:

> Excelência, o que ficou claro a partir do momento que nós assinamos o contrato da REPAR é que os agentes da Petrobras que atuavam nesse trabalho eram as diretorias de Serviço e Abastecimento, no caso o senhor Renato Duque, diretor de Serviços, e o senhor Paulo Roberto, Abastecimento, aliado ao Pedro Barusco, que era uma pessoa de gerência executiva, quase ao nível de diretor, que atuava na área de serviços, então esses três aí ficou claro.

Medeiros deu os valores de propina pagos ao PT: "R$ 13,5 milhões mais R$ 6,5 milhões totalizam vinte, para os 36 sobraram dezesseis milhões para o PT. E assim foi feito. Léo esteve em contato com João Vaccari e ficou decidido que R$ 16 milhões, por conta da nossa parte na RNEST, seriam para o PT".

Questionado por Sergio Moro se havia mantido contato pessoal com João Vaccari "envolvendo repasses de vantagem indevida", Medeiros respondeu: "Também. Porque no caso da RNEST, o senhor João Vaccari, como foi estabelecido um valor fixo e eles queriam sempre percentuais em cima do valor do contrato, uma loucura isso, porque era um contrato de R$ 6 bi aproximadamente".

Medeiros garantiu que nunca conversou com Lula, mas que ficou sabendo por Léo Pinheiro que este havia feito um acerto de contas com o tríplex do Guarujá e o sítio de Atibaia:

> Os prejuízos tidos com as obras do Bancoop que a OAS Empreendimentos, não me falou que prejuízos eram esses, me falou da reserva de um apartamento tríplex no Guarujá para o ex-presidente Lula, me falou de reformas que estava executando nesse apartamento tríplex, me falou também de reformas que estava fazendo no sítio de Atibaia, que também seria do presidente Lula, e que isso tinha causado prejuízos milionários e como ele, Léo, administrava uma conta do PT como um todo, não só obras da

> Petrobras, mas como outras obras, aí não me vem ao caso, ele tinha feito uma compensação com relação a esses prejuízos causados.

A sentença ainda indicou provas periciais e documentais das mensagens de texto via telefone celular de Léo Pinheiro e Paulo Gordilho. Em 13 de fevereiro de 2014, os dois conversaram sobre os projetos das cozinhas do sítio de Atibaia e do tríplex do Guarujá. Paulo Gordilho avisou: "O projeto da cozinha do chefe está pronto; se marcar com a Madame pode ser a hora que quiser". Léo Pinheiro respondeu: "Amanhã às 19hs. Vou confirmar. Seria bom também ver se o de Guarujá está pronto". Paulo Gordilho acrescentou: "Guarujá também está pronto". Em 26 de fevereiro de 2014, Gordilho informa: "A visita foi tudo bem". Léo Pinheiro indaga: "Concordou com o projeto?", referindo-se à Marisa Letícia e sua aprovação ao projeto de reforma do tríplex.

Em 10 de março de 2014, um interlocutor não identificado envia mensagem a Léo Pinheiro: "Dr. Léo, o Fernando Bittar aprovou junto à Dama os projetos tanto de Guarujá como do sítio. Só a cozinha Kitchens completa pediram R$ 149 mil, ainda sem negociação. Posso começar na semana que vem. É isso mesmo?". A resposta foi: "Ok". Fernando Bittar é o proprietário formal do sítio de Atibaia, atribuído de fato a Lula e Marisa Letícia em outro processo criminal.

Uma troca de mensagens entre Paulo Gordilho e Léo Pinheiro envolveu o sítio de Atibaia e o tríplex no Guarujá nos seguintes termos: "Conversando com Joilson ele criou dois centros na investimentos. 1. Sítio. 2. Praia. A equipe vem de SSA, são pessoas de confiança que fazem reformas na OAS. Ficou resolvido eles ficarem no sítio morando. A dama me pediu isso para não ficarem na cidade". E: "Ok. Vamos começar quando? Vamos abrir dois centros de custos: 1º Zeca Pagodinho (sítio) e 2º Zeca Pagodinho (praia)".

A sentença também destaca notícia publicada no jornal *O Globo* em 10 de março de 2010 – "Caso Bancoop: tríplex do casal Lula está atrasado"

[509]–, antes do escândalo, como prova da notoriedade da propriedade de fato. A denúncia sustentou que "fatos posteriores a 2014 denotam ainda que o apartamento de fato pertence a Lula e Marisa Letícia", o que foi considerado na sentença. Em 4 de março de 2016, no cumprimento de mandado de busca e apreensão da 24ª fase da Lava Jato no endereço para onde foi levada parte do acervo pessoal de Lula, foi identificada grande quantidade de material acondicionado em caixas retiradas do Palácio do Alvorada com indicações de destino "praia" e "sítio"; segundo a denúncia, seriam referências ao tríplex do Guarujá e ao sítio em Atibaia.

O relacionamento de Léo Pinheiro, proprietário da OAS, com o então presidente Lula foi considerado de muita proximidade. Registros no celular de Leo Pinheiro datados de 2009 listam diversas reuniões com Lula para tratar de contratos de obras públicas, inclusive com a Petrobras. Segundo testemunhas e corréus, os valores pagos em propina a Lula e Marisa Letícia vieram de um "caixa geral" que a OAS mantinha para pagar propinas ao PT.

Esse é o conjunto de provas que levou à condenação de Lula em seu primeiro processo. Vale anotar que Lula e Paulo Okamotto negam que o tríplex tenha sido dado como propina; alegam que apenas teria havido interesse em adquiri-lo, mas o negócio não teria se concretizado.

No interrogatório, Lula afirmou desconhecer por que no documento apreendido em sua residência o número do apartamento negociado com a Bancoop fora rasurado de 174-A para 141-A. Alegou que talvez Marisa Letícia não tivesse recebido o convite para a assembleia de condôminos que decidiu pela transferência da obra para a OAS e que por isso não fizeram nenhuma opção à época. Segundo Lula, a visita ao imóvel foi a convite de Léo Pinheiro, que desejava vender o tríplex para o ex-presidente, mas este teria colocado "quinhentos defeitos no apartamento" e por isso não fechou negócio. Lula garantiu que nem ele, nem a esposa solicitaram reformas na cobertura e que esse assunto nunca foi abordado com ele.

Lula considera o processo uma farsa, tendo "muitas ressalvas em relação ao comportamento dos procuradores da Lava Jato".

Paulo Okamotto, por sua vez, declarou em juízo:

> Acho que era bom tentar esclarecer um pouquinho antes de chegar nessa data, doutor. É o seguinte, bom, eu acho que é público e notório que eu sou amigo do presidente Lula e da família do presidente Lula. E, além de amigo, eu sou militante também do Partido dos Trabalhadores há muitos anos. Enfim, fui sindicalista, tenho uma jornada aí de luta política durante muitos anos. Então eu gostaria de colocar quando é que eu tenho notícia pela primeira vez desse apartamento do Lula, que depois virou esse chamado tríplex: quando morreu um companheiro nosso, chamado Satall, que fazia o imposto de renda do presidente, dona Marisa. (...) Bom, isso vai até 2010, estamos lançando isso no imposto de renda, quando é que eu tenho notícia, eu tenho notícia do apartamento, por volta de 2011, final de 2011 ao final de 2012 o Lula se encontrava doente, o presidente já estava doente, eu lembro que ele estava doente, alguém da OAS, ligado à área comercial da OAS, me procura dizendo: "Olha, eu queria um contato com a dona Marisa". Eu falei: "Para que vocês querem contato com a dona Marisa?". "Não, nós queremos tirar uma orientação, queremos discutir com ela algumas orientações." Aí eu recebi a pessoa e então essa pessoa me explicou o seguinte, que a dona Marisa não tinha assinado o termo de adesão para continuar com o apartamento que ela tinha anteriormente adquirido e que se ela não... Mas, como ela não tinha assinado, queria saber se ela mantinha interesse em comprar o apartamento que ela tinha anteriormente adquirido. E ele me explicou mais, ele falou: "Olha, esse apartamento não é nem o apartamento melhor no prédio, a vista dele não é uma vista que está voltada para o mar,

mas você conversa com ela porque nós queremos saber se ela tem, apesar de não ter assinado, se ela mantém o interesse de comprar esse apartamento". Eu perguntei: "Mas ela não assinou, e o que acontece?". Ele explicou que os valores que ela teria pago estavam corrigidos, que ela poderia receber esse valor de volta, na época ia esperar 12 meses para receber de volta, ia receber em 36 meses, mas, como ela não tinha assinado, se mantinha o direito dela, e ela poderia aproveitar esse crédito para comprar o próprio apartamento que estava disponível ainda ou outro apartamento que ela quisesse no prédio, ou mais ainda, ele falou que ela poderia usar esse crédito para comprar um outro apartamento em qualquer outro empreendimento da OAS Empreendimentos. Bom, eu falei: "Vou tentar falar com a dona Marisa". Fui falar com a dona Marisa, aí falei: "Dona Marisa, tem um rapaz da OAS que deseja conversar com a senhora para pegar uma orientação, que a senhora não assinou", repetindo, "a senhora não assinou, e se a senhora não assinar a senhora perde o direito, e ele quer saber agora se a senhora mantém interesse, mesmo não tendo assinado o apartamento está vago, se a senhora quiser eles ainda garantem que a senhora pode comprar" e tudo mais. Naquela ocasião ela falou que ela já tinha pago até 2006 se eu não me engano, e depois que já tinha pago mais vinte parcelas de não sei lá qual complementação, que o prédio era pra ser entregue em 2008, que aquele prédio já tinha, sabe, toda hora o pessoal enrolava ela, e eu falei: "Mas a senhora tem que ir lá assinar". Ela falou: "Não vou assinar nada, não vou assinar mais nada, vou deixar assim, depois a gente vê como resolve, estou com a cabeça quente". E realmente era um momento que o marido estava enfrentando uma luta contra o câncer, não era o caso de falar, então: "A senhora não quer conversar com ele, não quer fazer um acordo?". "Não."

> "A senhora libera, então a senhora tem que liberar o apartamento para os caras venderem, porque não pode guardar esse negócio se não tiver o termo de adesão.". Ela falou: "Pode liberar então, se o apartamento não é melhor pode liberar". Eu peguei e dei o informe para a pessoa que me foi procurar da OAS Empreendimentos.

Outro depoimento na mesma linha da defesa é o de Valmir Soares da Silva, primeiro-tenente que trabalha na segurança do ex-presidente:

> Ele [Lula] iniciou o deslocamento para São Paulo, ele foi bem claro, ele falou assim, deixa eu me lembrar as palavras exatas dele, falou assim: "Sabe quando que eu vou frequentar esse apartamento? Nunca". São palavras dele. Aí falou assim: "Sabe o que eu vou fazer? Vou pedir para a Marisa não comprar esse apartamento". Foi até aí. "Vou pedir o que ela pagou, quero de volta, e ela não vai comprar esse apartamento", foram as palavras do presidente quando ele deixou a dona Marisa e se abriu falando sobre esse apartamento; até então estavam quietos, não falaram nada.

Já Igor Ramos Pontes, gerente regional da OAS; Genésio da Silva Paraíso, que recebeu a informação de Pontes; e Fábio Hori Yonamine, diretor da OAS, declararam ter recebido a informação de que Lula visitou o imóvel para decidir se ficaria com ele e que em seguida foi feita uma ampla reforma personalizada no tríplex.

Essa é a cadeia ou sequência de significantes probatórios de onde se retira a compreensão do caso. O leitor pode extrair por si o significado e avaliar se a condenação foi adequada ou não. No âmbito do Poder Judiciário já está firmada uma posição em primeiro e segundo graus. Como já destacado, há quem discorde. Porém, suspendendo os preconceitos, diante da robustez das provas testemunhais, documentais e periciais, é potente a condução a um juízo de culpa para além de uma dúvida razoável, revertendo-se a presunção de inocência para um juízo definitivo de culpa.

A única dúvida razoável poderia relacionar-se ao momento do crime –2009 ou 2014, ou seja, durante ou após o exercício da presidência. Nesta segunda hipótese, o recebimento do imóvel seria moralmente questionável e reprovável, mas não caracterizaria corrupção passiva e lavagem de dinheiro porque Lula não era mais presidente.

Se é possível admitir como inequívoco que ele recebeu os benefícios executados pela OAS, com evidente *upgrade* de seu apartamento padrão para um tríplex e benfeitorias, é relevante determinar se isso decorreu de sua função pública como presidente da República ou se as vantagens indevidas decorreram de uma intenção da construtora de manter bom relacionamento ou se valer da influência de Lula no governo de Dilma. O segundo mandato presidencial de Lula terminou em dezembro de 2010. O tríplex foi reservado em 2009, quando a OAS assumiu a conclusão do prédio, mas as reformas ocorreram depois, em 2014. Sergio Moro considerou:

> Foi, portanto, um crime de corrupção complexo e que envolveu a prática de diversos atos em momentos temporais distintos de outubro de 2009 a junho de 2014, aproximadamente. Parte do acerto de corrupção ocorreu ainda durante o mandato presidencial, ou seja, quando Luiz Inácio Lula da Silva ainda detinha a condição de agente público federal. Mesmo tendo parte dos benefícios materiais sido disponibilizada posteriormente, durante o ano de 2014, tendo eles origem em créditos decorrentes de contratos da Construtora OAS celebrados em 10/12/2009, considerando aqui somente os contratos do Consórcio CONEST/RNEST, configuram vantagem indevida disponibilizada em razão do cargo de agente público federal, não só para o então presidente, mas para os igualmente beneficiários executivos da Petrobras. (...) Não importa que o acerto de corrupção tenha se ultimado somente em 2014, quando Luiz Inácio Lula da Silva já não exercia o mandato presidencial, uma vez que as vantagens

> lhe foram pagas em decorrência de atos do período em que era presidente da República.

O TRF 4 encampou o entendimento de Moro.

Enfim, essas são as provas da primeira condenação do ex-presidente Lula em processos da Lava Jato. Resta saber se os tribunais superiores manterão os patamares de penas aumentadas em segundo grau ou encontrarão alguma nulidade para reverter o caso. Ou ainda se o Congresso não editará uma lei de anistia ou mesmo se o próximo presidente não editará algum decreto de graça ou indulto que beneficie o ex-presidente, apagando os efeitos da condenação, como ocorreu com diversos processos da Mãos Limpas.

Em paralelo, é preciso acompanhar como se desdobrarão os outros seis processos e três investigações a que Lula responde. O tempo dirá se a Lava Jato terá destino similar ao da Mãos Limpas.

Notas

1 http://g1.globo.com/mundo/noticia/2012/02/acusado-de-corrupcao-presidente-da-alemanha-renuncia.html, acessado em 24 de agosto de 2018.

2 Claudia Varejão Wallin, *Um país sem excelências e mordomias* (São Paulo: Geração Editorial, 2014), p. 225.

3 Gianni Barbacetto, Peter Gomez e Marco Travaglio, *Operação Mãos Limpas: A verdade sobre a operação italiana que inspirou a Lava Jato* (Porto Alegre: Citadel, 2016), p. 355.

4 http://www1.folha.uol.com.br/poder/2014/06/1463262-petrobras-aprovou-refinaria-fazendo-conta-de-padeiro.shtml, acessado em 24 de agosto de 2018..

5 http://politica.estadao.com.br/noticias/geral,petrobras-nao-e-organizacao-criminosa-diz-ex-diretor-a-cpi,1509340, acessado em 24 de agosto de 2018..

6 http://g1.globo.com/politica/operacao-lava-jato/noticia/2015/08/cunha-se-diz-inocente-e-afirma-que-foi-escolhido-para-ser-investigado.html, acessado em 24 de agosto de 2018..

7 http://memoria.ebc.com.br/agenciabrasil/noticia/2007-12-04/renan-calheiros-renuncia-presidencia-do-senado, acessado em acessado em 24 de agosto de 2018..

8 Vittorio Bufacchi e Simon Burgess, *L'Italia contesa. Dieci anni di lotta politica da Mani pulite a Berlusconi* (Roma: Carocci, 2004), pp. 103, 112.

9 http://www1.folha.uol.com.br/esporte/2016/06/1780738-neo-apos-2-anos-estadios-da-copa-ficam-vazios.shtml, acessado em acessado em 24 de agosto de 2018.

10 "Autos de acompanhamento da execução do Programa Rumo ao Pan 2007", TC-014.800/2007-3, Tribunal de Contas da União.

11 http://www1.folha.uol.com.br/esporte/olimpiada-no-rio/2016/07/1789709-custos-olimpicos-do-brasil-estao-51-acima-do-orcamento-alerta-relatorio.shtml, acessado em 24 de agosto de 2018..

12 Luigi Ferrajoli, "Il paradigma garantista: un progetto politico mancato", em Andrea Apollonio (ed.), *Processo e legge penale nella Seconda Repubblica. Riflessioni sulla giustizia da Tangentopoli alla fine del berlusconismo* (Roma: Carocci Editore, 2015), pp. 73–82.

13 Ibid.

14 http://ec.europa.eu/dgs/home-affairs/what-we-do/policies/organized-crime-and-human-trafficking/corruption/anti-corruption-report/docs/2014_acr_italy_chapter_en.pdf, acessado em 24 de agosto de 2018.

15 http://www.transparency.org/gcb2013/country/?country=italy, acessado em 24 de agosto de 2018.

16 Nadia Fiorino e Emma Galli, *La Corruzione in Italia. Un'analisi economica* (Bolonha: Il

Mulino, 2013), p. 35.

17 Ibid., p. 39.

18 Ibid., p. 8.

19 https://www.transparency.org/news/feature/corruption_perceptions_index_2016 e https://www.transparency.org/news/feature/corruption_perceptions_index_2017, acessados em 27 de agosto de 2018.

20 Barbacetto, Gomez e Travaglio, *Operação Mãos Limpas*, p. 44.

21 https://www.youtube.com/watch?v=hCUY23HBKkE, acessado em 24 de agosto de 2018.

22 http://espresso.repubblica.it/inchieste/2014/06/27/news/corruzione-gli-inquisiti-occupano--il-parlamento-1.171076, acessado em 24 de agosto de 2018.

23 Patrizia Del Pidio, "L'Italia dei corrotti: i politici indagati si ricandidano e vengono rieletti", *Il Messaggero*, 30 de junho de 2014.

24 Ibid.

25 http://espresso.repubblica.it/inchieste/2014/06/27/news/corruzione-gli-inquisiti-occupano--il-parlamento-1.171076, acessado em 25 de agosto de 2018..

26 Piercamillo Davigo e Grazia Mannozzi, *La corruzione in Italia. Percezione sociale e controllo penale* (Roma: Laterza, 2007), passim.

27 Márlon Reis, *O nobre deputado: relato chocante (e verdadeiro) de como nasce, cresce e se perpetua um corrupto na política brasileira* (Rio de Janeiro: LeYa, 2014), p. 11.

28 Ibid., pp. 13–14.

29 Ibid., p. 21.

30 Ibid., p. 61.

31 Ibid., p. 62.

32 Ibid., p. 71.

33 Ibid., p. 72.

34 Ibid., p. 81 e ss.

35 Ibid., pp. 115 e ss.

36 Barbacetto, Gomez e Travaglio, *Operação Mãos Limpas*, p. 49.

37 https://triskel182.wordpress.com/2014/10/04/gustavo-e-godevo-marco-travaglio/, acessado em 25 de agosto de 2018.

38 Antonio Carlucci, *1992. L'Anno che Cambiò Tutto* (Milão:Baldini & Castoldi, 2015), p. 61.

39 Ibid.

40 https://www.youtube.com/watch?v=LM3cYtvSgqo, acessado em 25 de agosto de 2018.

41 José Luiz Del Roio, *Itália: Operação Mãos Limpas. E no Brasil? Quando?* (São Paulo: Ícone, 1993), p. 103.

42 http://blogs.oglobo.globo.com/lauro-jardim/post/odebrecht-pagou-diretores-de-agencia-reguladora-de-transportes-do-rio.html, acessado em 17 de dezembro de 2016.

43 Alberto Vannucci, "La corruzione nel sistema politico italiano a dieci anni da mani pulite", em Gabrio Forti (ed.), *Il prezzo della tangente. La corruzione come sistema a dieci anni da 'mani pulite'* (Milão: Vita e Pensiero, 2003), p. 33.

44 Marcela Andreoli, Romano Cantore, Antonio Carlucci e Maurizio Tortorella (eds.), T*angentopoli. Le carte che scottano. I documenti più importanti dell'inchiesta che in un anno ha cambiato l'Italia. Collana Panorama libri inchiesta* (Milão: Arnoldo Mondadori Editore, 1993), p. 42.

45 Vannucci, "La corruzione", p. 41.

46 Lira Neto, *Getúlio (1882–1930). Dos anos de formação à conquista do poder* (São Paulo: Companhia das Letras, 2012), pp. 346 e ss.

47 Ferrajoli, *Il paradigma garantista*, pp. 77–78.

48 Barbacetto, Gomez e Travaglio, *Operação Mãos Limpas*, p. 146.

49 http://politica.estadao.com.br/blogs/fausto-macedo/134-politicos-com-foro-privilegiado-estao-na-mira-da-lava-jato/, acessado em 25 de agosto de 2018.

50 http://imagem.camara.gov.br/Imagem/d/pdf/DCD08JUN2000.pdf#page=199, acessado em 25 de agosto de 2018.

51 Flavio Renato Marcão, "Foro especial por prerrogativa de função: o novo artigo 84 do Código de Processo Penal", *Revista dos Tribunais*, Vol. 834 (São Paulo: RT, 2005), pp. 431–441.

52 Somente outros dois renunciaram posteriormente: José Borba (PMDB) e Paulo Rocha (PT), ambos em 17 de outubro de 2005. E outros dois foram cassados: José Dirceu (PT) e Pedro Correa (PP).

53 Anna Vinci, *La P2: nei diari segreti di Tina Anselmi* (Milão: Chiarelettere, 2014), p. xvii.

54 Ibid., 511.

55 Peter Gomez e Marco Travaglio, *Le mille balle blu. Detti e contraddetti, bugie e figuracce, promesse e smentite, leggi vergogna e telefonate segrete dell'uomo che da dodici anni prend in giro gli italiani: Napoleone Berlusconi. Vignette di Ellekappa* (Milão: BUR Futuropassato, 2006), p. 2.037.

56 Bufacchi e Burgess, *L'Italia contesa*, p. 118.

57 Gherardo Colombo, *Lettera a un figlio su Mani pulite* (Milão: Garzanti, 2015), p. 15.

58 Ibid.

59 Gherardo Colombo e Franco Marzoli, *Farla franca. La legge è uguale per tutti?* (Milão: Longanesi, 2012), p. 34.

60 Renato Altissimo e Gaetano Pedullà, *L'Inganno di Tangentopoli: dialogo sull'Italia a vent'anni da Mani Pulite* (Veneza: Marsilio, 2012), p. 33.

61 Colombo, *Lettera a un figlio*, pp. 16–17.

62 http://opiniao.estadao.com.br/noticias/geral,as-10-medidas-legitimariam-torturas,10000072794, acessado em 25 de agosto de 2018.

63 Pino Arlacchi, *Adeus à Máfia: as confissões de Tommaso Buscetta* (São Paulo: Ática, 1997), p. 20.

64 https://www.youtube.com/watch?v=-BF-Lb4nlSc, acessado em 25 de agosto de 2018.

65 http://www.lastampa.it/2013/09/24/italia/cronache/mangano-lo-stalliere-di-arcore-morto--nel-ai-domiciliari-HMC37WMOCFYv9IXdAAKpPP/pagina.html, acessado em 25 de agosto de 2018.

66 http://www.huffingtonpost.it/2015/06/11/mangano-portava-miliardi-berlusconi_n_7559692.html, acessado em 25 de agosto de 2018.

67 https://www.youtube.com/watch?v=f0YYUYQu42Q, acessado em 25 de agosto de 2018.

68 http://www.parlamento.it/604, acessado em 25 de agosto de 2018.

69 Barbacetto, Gomez e Travaglio, *Operação Mãos Limpas*, p. 720.

70 Maurizio Turco, Carlo Pontesilli e Gabrielle di Battista, *Paradiso IOR. La banca vaticana tra criminalità finanziaria e politica dalle original crack dei paschi* (Roma: Castelvecchi, 2013).

71 Antonella Beccaria e Gigi Marcucci, *I segreti di Tangentopoli. 1992: l'anno che ha cambiato l'Italia* (Roma: Newton Compton, 2015), p. 53.

72 Mario Pisani, *Roberto Calvi e il Banco Ambrosiano. Da un'arringa di parte civile* (Milão: CEDAM, 2010), pp. 13 e ss.

73 Barbacetto, Gomez e Travaglio, *Operação Mãos Limpas*, pp. 115, 117–119.

74 Vinci, *La P2*, p. 513.

75 https://www.avvocatisenzafrontiere.it/?p=1760, acessado em 25 de agosto de 2018.

76 Michael L. Ross, *A maldição do petróleo – Como a riqueza petrolífera molda o desenvolvimento das nações* (Porto Alegre: Citadel, 2015), pp. 87 e ss., 274.

77 http://es.theglobaleconomy.com/rankings/oil_production/, The Global Economy, acessado em 25 de agosto de 2018.

78 Roberta Paduam, *Petrobras: uma história de orgulho e vergonha* (Rio de Janeiro: Objetiva, 2016), p. 15.

79 Ross, *A maldição do petróleo*, p. 304.

80 Paduam, *Petrobras*, pp. 341–342.

81 Mario Almerighi, *Petrolio e politica. Oro nero, scandali e mazzette: la prima Tangentopoli* (Roma: Castelvecchi, 2014), p. 45.

82 Ibid., p. 46.

83 Ibid., p. 15.

84 Ibid., pp. 19, 26.

85 Ibid., p. 17.

86 Del Roio, *Itália: Operação Mãos Limpas*, p. 96.

87 Almerighi, *Petrolio e politica*, p. 109.

88 Ibid., p. 83.

89 Ibid, pp. 211 e ss.

90 Ibid., p. 225.

91 http://abdconst.com.br/revista16/operazioneRenzo.pdf , pp. 45–71.

92 Almerighi, *Petrolio e politica*, p. 232.

93 Ibid., pp. 231–232.

94 Ibid., p. 232.

95 Ibid., pp. 159–160.

96 Ibid., p. 344.

97 Ibid., pp. 73, 74, 75 e 103.

98 Ibid., p. 337.

99 http://www.senato.it/service/PDF/PDFServer/BGT/00739562.pdf, acessado em 25 de agosto de 2018.

100 Almerighi, *Petrolio e politica*, p. 331.

101 Barbacetto, Gomez e Travaglio, *Operação Mãos Limpas*, p. 130.

102 Ibid., p. 181.

103 Ibid., p. 184.

104 Ibid., p. 187.

105 Ibid., p. 193.

106 Paolo Posteraro, *Povera Italia. Da Craxi a Renzi: i peggiori anni della nostra vita* (Roma: Newton Compton, 2014), pp. 79–80.

107 Ross, *A maldição do petróleo*, p. 28.

108 Paduam, *Petrobras*, p. 13.

109 Ibid., p. 14.

110 Ibid., p. 13.

111 Nathalia Watkins, "Introdução: Um antídoto para a maldição", em Ross, *A maldição do petróleo*, p. 8.

112 Piercamilo Davigo, "Gli intatti meccanismi della corruzione sistêmica", em Gabrio Forti, *Il prezzo della tangente*, pp. 177–189.

113 http://www.ilgiornale.it/news/ancora-oggi-paghiamo-conto-italia-90.html, acessado em 25 de agosto de 2018.

114 Barbacetto, Gomez e Travaglio, *Operação Mãos Limpas*, p. 42.

115 Ibid., p. 52.

116 Ibid., p. 43.

117 Ibid., p. 45.

118 https://esportes.terra.com.br/futebol/copa-2014/estadios-da-copa-de-2014-custam--66-mais-do-que-previsto-em-2010,ba93a40ba249241 0VgnVCM10000098cceb0aRCRD.html, acessado em 25 de agosto de 2018.

119 http://www.esporte.gov.br/arquivos/assessoriaEspecialFutebol/copa2014/6_Balanco_Copa_dez_2014.pdf, acessado em 25 de agosto de 2018.

120 Vannucci, "La corruzzione", p. 59.

121 Luca Ricolfi, *L'ultimo parlamento. Sulla fine della prima Reppublica* (Roma: La nuova Italia Scientifica, 1993), p. 137.

122 Guido Rossi, "L'antitrust di Mani pulite", *MicroMega*, fascículo 1, 2002, pp. 179–186.

123 Ferrajoli, *Il paradigma garantista*, p. 78.

124 Massimo Donini, "Il controllo penale sulla politica e l'etica pubblica contemporânea", em Andrea Apollonio (ed.), *Processo e legge penale*, pp. 55–70.

125 Barbacetto, Gomez e Travaglio, *Operação Mãos Limpas*, p. 39.

126 https://www.youtube.com/watch?v=hEAiVhYr-W4, acessado em 27 de março de 2016.

127 "Bastidores da Lavajato", exibido na Globonews em 18 de março de 2016.

128 Vladimir Netto, *Lava Jato: o juiz Sergio Moro e os bastidores da operação que abalou o Brasil* (Rio de Janeiro: Primeira Pessoa, 2016), p. 28.

129 Barbacetto, Gomez e Travaglio, *Operação Mãos Limpas*, p. 54.

130 Ibid., p. 277.

131 Orlandi, "'Operazione Mani pulite' e seu contexto".

132 http://www.gazetadopovo.com.br/vida-publica/justica-e-direito/quem-e-sergio-moro-mitos-e-verdades-sobre-o-juiz-da-lava-jato-3kozhft10zuunbh9mrtiw0q1z, acessado em 25 de agosto de 2018.

133 http://jornalggn.com.br/noticia/onu-ira-analisar-abusos-cometidos-por-moro-contra-lula, acessado em 25 de agosto de 2018.

134 http://brasil.elpais.com/brasil/2016/04/10/politica/1460296743_551513.html, acessado em 25 de agosto de 2018.

135 http://emporiododireito.com.br/leitura/para-entender-a-logica-do-juiz-moro-na-lava-jato, acessado em 25 de agosto de 2018.

136 Orlandi, "'Operazione Mani pulite' e seu contexto".

137 Ibid., p. 33.

138 Ibid.

139 Luigi Ferrajoli, *Poderes selvagens: A crise da democracia italiana* (São Paulo: Saraiva, 2014), pp. 45–46.

140 Ibid., p. 46.

141 Ibid.

142 Ibid.

143 Beccaria e Marcucci, *I segreti di Tangentopoli*, pp. 25 e ss.

144 Del Roio, *Itália: Operação Mãos Limpas*, p. 78.

145 http://espresso.repubblica.it/attualita/2015/03/26/news/massimo-chiesa-il-verbale-integrale-1.205971, acessado em 25 de agosto de 2018.

146 Beccaria e Marcucci, *I segreti di Tangentopoli*, p. 25.

147 Colombo, *Lettera a un Figlio*, p. 19.

148 http://espresso.repubblica.it/attualita/2015/03/26/news/massimo-chiesa-il-verbale-integrale-1.205971, acessado em 25 de agosto de 2018.

149 Ibid.

150 Posteraro, *Povera Italia*, p. 16.

151 Barbacetto, Gomez e Travaglio, *Operação Mãos Limpas*, p. 30.

152 Ibid., p. 31.

153 Ibid.

154 http://ricerca.repubblica.it/repubblica/archivio/repubblica/1985/03/24/milano-psi-nella-bufera.html, acessado em 25 de agosto de 2018.

155 Gloria Bardi, *Giustizia e impunità. Interviste a Antonio Di Pietro e Marco Travaglio* (Gênova: Fratelli Frilli Ediori, 2012), p. 11.

156 http://ricerca.repubblica.it/repubblica/archivio/repubblica/1985/04/03/torna-casa-antonio-natali.html, acessado em 25 de agosto de 2018.

157 http://ricerca.repubblica.it/repubblica/archivio/repubblica/1985/04/20/torna-in-liberta-antonio-natali.html, acessado em 25 de agosto de 2018.

158 http://www1.folha.uol.com.br/poder/2014/02/1417161-em-entrevista-a-folha-em-2005-jefferson-revelou-o-mensalao-leia.shtml, acessado em 25 de agosto de 2018.

159 Lucio Vaz, *Sanguessugas do Brasil* (São Paulo: Geração Editorial, 2012), pp. 25 e ss.

160 Ivo Patarra, *Petroladrões: A história do saque à Petrobras* (Campinas: Vide Editorial, 2016), p. 13.

161 http://oglobo.globo.com/brasil/silvinho-land-rover-de-reu-do-mensalao-preso-da-lava-jato-18998411, acessado em 25 de agosto de 2018.

162 http://politica.estadao.com.br/blogs/fausto-macedo/wp-content/uploads/sites/41/2016/11/denuncia-silviopereira.pdf, acessado em 25 de agosto de 2018.

163 http://lavajato.mpf.mp.br/atuacao-na-1a-instancia/investigacao/historico/por-onde-começou, acessado em 25 de agosto de 2018.

164 Orlandi, "'Operazione Mani pulite' e seu contexto".

165 Conforme seu acordo de colaboração premiada esclareceu.

166 http://g1.globo.com/politica/noticia/2014/06/paulo-roberto-costa-volta-ser-preso-pela-policia-federal.html, acessado em 25 de agosto de 2018.

167 Antonio Di Pietro, Intervista su Tangentopoli, a cura di Giovanni Valentini (Roma: Laterza, 2000), pp. 11 e ss.

168 Posteraro, *Povera Italia*, p. 19.

169 Beccaria e Marcucci, *I segreti di Tangentopoli*, pp. 62–63.

170 Ibid., p. 65.

171 Ibid., p. 63.

172 Barbacetto, Gomez e Travaglio, *Operação Mãos Limpas*, p. 79.

173 Ibid, p. 101.

174 Federico Ferrero, *Alla fine della fiera. Tangentopoli vent'anni dopo* (Turim: Add Editore, 2012), p. 18.

175 http://www.valor.com.br/politica/4046810/andre-vargas-diz-que-abandono-do-pt-vai-merecer-um-livro-no-futuro, acessado em 25 de agosto de 2018.

176 http://www.uenp.edu.br/pos-direito-teses-dissertacoes-defendidas/direito-dissertacoes/5710-diogo-castor-de-mattos/file , acessado em 25 de agosto de 2018.

177 http://oglobo.globo.com/brasil/lava-jato-pf-cumpre-12-mandados-em-empresas-ligadas-paulo-roberto-costa-familiares-13691916, acessado em 25 de agosto de 2018.

178 http://oglobo.globo.com/brasil/ex-diretor-da-petrobras-preso-na-operacao-lava-jato-decide-fazer-delacao-premiada-13701418, acessado em 25 de agosto de 2018.

179 http://s.conjur.com.br/dl/acordo-delacao-premiada-paulo-roberto.pdf, acessado em 25 de agosto de 2018.

180 http://www1.folha.uol.com.br/poder/2015/03/1601133-acesse-a-integra-dos-depoimentos-da-delacao-de-paulo-roberto-costa.shtml, acessado em 25 de agosto de 2018.

181 Barbacetto, Gomez e Travaglio, Operação Mãos Limpas, pp. 42–43.

182 Del Roio, *Itália: Operação Mãos Limpas*, p. 81.

183 Barbacetto, Gomez e Travaglio, *Operação Mãos Limpas*, p. 39.

184 http://www.mpf.mp.br/para-o-cidadao/caso-lava-jato/atuacao-na-1a-instancia/parana/resultado, acessado em 25 de agosto de 2018

185 http://g1.globo.com/politica/operacao-lava-jato/noticia/2016/09/ministro-do-stf-autoriza-apuracao-sobre-delacao-de-sergio-machado.html, acessado em 25 de agosto de 2018.

186 Bettino Craxi, *Io parlo, e continuerò a parlare. Note e appunti sull'Italia vista da Hammamet. A cura di Andrea Spiri* (Milão: Mondadori, 2014), pp. 166–167.

187 http://www.criticasociale.net/files/2_0004726_file_1.pdf, acessado em 25 de agosto de 2018; Bettino Craxi, *Rosso giallo nero sporco e grigio* (Quaderni Critica Sociale Giornalisti Editori, 1996).

188 Barbacetto, Gomez e Travaglio, *Operação Mãos Limpas*, p. 597.

189 http://scenarieconomici.it/mani-pulite-un-colpo-di-stato-giudiziario-di-diego-fusaro/ e http://www.tempi.it/blog/ostellino-mani-pulite-fu-un-golpe#.V-b2yiTkB84, acessado em 25 de agosto de 2018.

190 http://www.corriere.it/Primo_Piano/Politica/2003/04_Aprile/30/previti_berlusconi.shtml?refresh_ce-cp, acessado em 25 de agosto de 2018.

191 Barbacetto, Gomez e Travaglio, *Operação Mãos Limpas*, pp. 106–107.

192 Ibid., p. 88.

193 Ibid., pp. 88, 105.

194 Del Roio, Itália: Operação Mãos Limpas, p. 85.

195 Ibid.

196 Barbacetto, Gomez e Travaglio, *Operação Mãos Limpas*, p. 88.

197 https://www.youtube.com/watch?v=Jud08s96QfY, acessado em 25 de agosto de 2018.

198 Barbacetto, Gomez e Travaglio, *Operação Mãos Limpas*, p. 132.

199 https://www.youtube.com/watch?v=JCELIWzRFkg, acessado em 25 de agosto de 2018.

200 https://www.academia.edu/10049395/Gli_ultimi_trenta_giorni_di_Craxi._Cronache_e_interpretazioni_dei_media, acessado em 25 de agosto de 2018.

201 Giuseppe Tomasi di Lampedusa, *Il Gattopardo*, 11ª ed. (Milão: Feltrinelli, 1997), p. 41.

202 Sciurba, "Gli ultimi trenta giorni di Craxi".

203 Antonio Giangrande, *Tangentopoli. Da Craxi a Berlusconi. Le mani sporche di Mani pulite* (Createspace Independent Pub, 2015)

204 Di Pietro, *Intervista su Tangentopoli*, p. 22.

205 Ibid.

206 https://www.admin.ch/opc/it/classified-compilation/19340083/index.html, acessado em 25 de agosto de 2018.

207 https://jornalggn.com.br/noticia/o-fim-da-mistica-bancaria-suica-por-motta-araujo, acessado em 25 de agosto de 2018.

208 Barbacetto, Gomez e Travaglio, *Operação Mãos Limpas*, p. 46.

209 http://www.oecd.org/tax/transparency/, acessado em 25 de agosto de 2018.

210 https://jornalggn.com.br/noticia/o-fim-da-mistica-bancaria-suica-por-motta-araujo, aces-

sado em 25 de agosto de 2018.

211 http://politica.estadao.com.br/noticias/geral,suica-registra-mais-de-60-denuncias-por-lavagem-de-dinheiro-em-caso-da-petrobras,10000001234, acessado em 25 de agosto de 2018.

212 Mario Almerighi, *Suicidi? Castellari, Cagliari, Gardini* (Roma: Università La Sapienza, 2011), pp. 15–16.

213 Barbacetto, Gomez e Travaglio, *Operação Mãos Limpas*, pp. 585–586.

214 http://www.ilgiornale.it/news/pacini-battaglia-condannato-6-anni-andr-carcere.html, acessado em 25 de agosto de 2018.

215 https://panamapapers.icij.org/, acessado em 25 de agosto de 2018.

216 Ibid.

217 http://politica.estadao.com.br/noticias/panama-papers,panama-papers-revelam-107-offshores-ligadas-a-personagens-da-lava-jato,10000024501, acessado em 25 de agosto de 2018.

218 Barbacetto, Gomez e Travaglio, *Operação Mãos Limpas*, p. 552.

219 Ibid., p. 51.

220 http://www.mpf.mp.br/pr/sala-de-imprensa/noticias-pr/sala-de-imprensa/docs/manif, acessado em 25 de agosto de 2018.

221 http://g1.globo.com/politica/operacao-lava-jato/noticia/2015/03/mp-anuncia-repatriacao--de-r-139-mi-de-ex-gerente-da-petrobras.html, acessado em 25 de agosto de 2018.

222 Netto, *Lava Jato*, pp. 130–131.

223 Ibid., p. 131.

224 http://politica.estadao.com.br/blogs/fausto-macedo/wp-content/uploads/sites/41/2015/02/dela%C3%A7%C3%A3ojulio.pdf, acessado em 25 de agosto de 2018.

225 http://www.stf.jus.br/arquivo/cms/noticiaNoticiaStf/anexo/CunhaINQ4146.pdf, acessado em 25 de agosto de 2018.

226 Barbacetto, Gomez e Travaglio, *Operação Mãos Limpas*, p. 44.

227 Ibid.

228 Beccaria e Marcucci, *I segreti di Tangentopoli*, p. 117.

229 Ferrero, *Alla fine della fiera*, pp. 126–127.

230 Almerighi, *Suicidi?*, p. 16.

231 Ibid., p. 18 e ss.

232 Ibid, p. 59.

233 Ibid., p. 61.

234 Ibid.

235 Ibid., p. 64.

236 Ibid., p. 68.

237 Ibid., pp. 61 e ss.

238 Beccaria e Marcucci, *I Segreti di Tangentopoli*, p. 183.

239 Mario Almerighi, *Tre Suicidi Eccellenti. Gardini, Cagliari, Castellari* (Roma: Editori Riuniti, 2007), p. 96.

240 http://www.repubblica.it/spettacoli-e-cultura/2009/08/03/news/tre_suicidi_in_un_sistema_che_uccide-1822719/, acessado em 25 de agosto de 2018.

241 Almerighi, *Suicidi?*, pp. 145, 149.

242 Ibid., pp. 154–155.

243 Ibid., p. 155.

244 https://it.wikipedia.org/wiki/Gabriele_Cagliari, acessado em 25 de agosto de 2018.

245 Barbacetto, Gomez e Travaglio, *Operação Mãos Limpas*, pp. 187–189.

246 Ibid., p. 189.

247 Ibid., p. 190.

248 Posteraro, *Povera Italia*, p. 77.

249 Almerighi, *Suicidi?*, p. 199.

250 Ibid., pp. 201–202.

251 Ibid., pp. 191, 196.

252 Ibid., p. 203.

253 Ibid.

254 Ibid., pp. 211–212.

255 https://www.avvocatisenzafrontiere.it/?p=1760. E também: Almerighi, *Suicidi?*, pp. 227 e ss.

256 Almerighi, *Suicidi?*, pp. 206 e ss.

257 Ibid., 284.

258 Ibid., 283.

259 Giovannetti, "Raoul Gardini e Gabriele Cagliari", https://www.avvocatisenzafrontiere.it/?p=1760, acessado em 25 de agosto de 2018.

260 Ibid.

261 Almerighi, *Suicidi?*, p. 302.

262 https://ilmalpaese.wordpress.com/2012/03/17/mani-pulite-e-i-suicidi/, acessado em 25 de agosto de 2018.

263 Almerighi, *Suicidi?*, p. 22.

264 Barbacetto, Gomez e Travaglio, *Operação Mãos Limpas*, pp. 92–93.

265 Ibid, p. 93.

266 Ibid.

267 Almerighi, *Suicidi?*, p. 23.

268 Barbacetto, Gomez e Travaglio, *Operação Mãos Limpas*, p. 93.

269 Ibid., p. 284.

270 Ibid., p. 123.

271 Monica Zapelli, *Un uomo onesto. Storia di Ambrogio Mauri, l'uomo che morì per aver detto no alle tan-genti* (Milão: Sperling & Kupfer, 2012), pp. 115 e ss.

272 Ibid., p. 116.

273 Ibid., pp. 637–638.

274 http://www1.folha.uol.com.br/poder/2016/10/1820500-assessor-de-palocci-tenta-suici-dio-e-e-transferido-de-presidio.shtml, acessado em 25 de agosto de 2018.

275 Colombo e Marzoli, *Farla franca*, pp. 59–60.

276 Ibid., pp. 61–62.

277 Ibid., p. 63.

278 http://www.conjur.com.br/2014-dez-01/manoel-pastana-sustento-prisao-preventiva-lava--jato, acessado em 25 de agosto de 2018.

279 http://www.mpf.mp.br/para-o-cidadao/caso-lava-jato/atuacao-na-1a-instancia/parana/re-sultado, acessado em 25 de agosto de 2018.

280 http://redir.stf.jus.br/paginadorpub/paginador.jsp?docTP=TP&docID=8222836, acessado em 25 de agosto de 2018.

281 http://www1.folha.uol.com.br/poder/2014/12/1556981-ex-diretor-da-petrobras-renato--duque-e-solto-pela-pf-apos-decisao-no-stf.shtml, acessado em 25 de agosto de 2018.

282 http://www.migalhas.com.br/arquivos/2015/3/art20150317-06.pdf, acessado em 25 de agosto de 2018.

283 http://redir.stf.jus.br/paginadorpub/paginador.jsp?docTP=TP&docID=10939202, acessa-do em 25 de agosto de 2018.

284 http://exame.abril.com.br/brasil/noticias/em-texto-deltan-dallagnol-rebate-criticas-a-lava--jato-leia, acessado em 25 de agosto de 2018.

285 http://noticias.uol.com.br/opiniao/coluna/2015/11/17/lava-jato-nao-usa-prisoes-para-ob-ter-colaboracao-de-reus.htm, acessado em 25 de agosto de 2018.

286 Barbacetto, Gomez e Travaglio, *Operação Mãos Limpas*, 84, 479.

287 http://m.folha.uol.com.br/poder/2014/11/1552215-nas-provas-lava-jato-se-parece-com--guantanamo-diz-advogado.shtml, acessado em 25 de agosto de 2018.

288 http://www1.folha.uol.com.br/poder/2016/11/1828590-marcelo-odebrecht-fica-preso-a-te-fim-de-2017-preve-acordo.shtml, acessado em 25 de agosto de 2018.

289 http://www.conjur.com.br/2015-ago-20/delacao-premiada-preso-nao-involuntaria-moro,

acessado em 25 de agosto de 2018.

290 Barbacetto, Gomez e Travaglio, *Operação Mãos Limpas*, p. 497.

291 Ibid., pp. 497-498.

292 Ibid., p. 75.

293 http://www.ilfattoquotidiano.it/2014/07/03/processo-trattativa-il-pentito-previti-a-riunione-per-eliminare-di-pietro/1049278/, acessado em 25 de agosto de 2018.

294 Beccaria e Marcucci, *I Segreti di Tangentopoli*, p. 121.

295 Barbacetto, Gomez e Travaglio, *Operação Mãos Limpas*, pp. 360–361.

296 Ibid., p. 364.

297 http://www.altrainformazione.it/wp/la-strage-di-via-damelio-e-l-operazione-falange-armata/, acessado em 25 de agosto de 2018.

298 Beccaria e Marcucci, I Segreti di Tangentopoli, p. 135.

299 Ibid.

300 http://oglobo.globo.com/brasil/servico-de-inteligencia-detecta-ameaca-contra-procurador-geral-15447225, acessado em 25 de agosto de 2018.

301 http://g1.globo.com/minas-gerais/triangulo-mineiro/noticia/2015/02/janot-revela-que-teve-residencia-arrombada-no-fim-de-janeiro.html, acessado em 25 de agosto de 2018.

302 http://veja.abril.com.br/noticia/brasil/ameacas-de-morte-elevam-seguranca-em-torno-de-moro, acessado em 25 de agosto de 2018.

303 Silvio Navarro, *Celso Daniel: Política, corrupção e morte no coração do PT* (Rio de Janeiro: Record, 2016). Ver também http://g1.globo.com/pr/parana/noticia/2016/04/morte-de-celso-daniel-pode-estar-ligada-crimes-na-petrobras-diz-moro.html, acessado em 25 de agosto de 2018.

304 http://istoe.com.br/delatores-ameacados/, acessado em 25 de agosto de 2018.

305 Barbacetto, Gomez e Travaglio, *Operação Mãos Limpas*, p. 96.

306 Ibid., p. 97.

307 http://www1.folha.uol.com.br/fsp/brasil/fc1807200507.htm, acessado em 25 de agosto de 2018.

308 http://noticias.terra.com.br/brasil/crisenogoverno/interna/0,,OI594936-EI5297,00-Lula+diz+que+caixa+eleitoral+e+pratica+comum.html., acessado em 25 de agosto de 2018.

309 Barbacetto, Gomez e Travaglio, *Operação Mãos Limpas*, p. 91.

310 Del Roio, *Itália: Operação Mãos Limpas*, p. 82.

311 Barbacctto, Gomcz c Travaglio, *Operação Mãos Limpas*, p. 99.

312 Marcella Andreoli, *Processo all'Italia* (Milão: Sperling & Kupfer, 1994), p. 28.

313 Luigi Chiara, "Politica e magistratura negli anni della Seconda Repubblica: profili storici", em Andrea Apollonio (ed.), *Processo e legge penale*, pp. 25–35.

314 Barbacetto, Gomez e Travaglio, *Operação Mãos Limpas*, p. 412.

315 Francesco Saverio Borrelli, *Corruzione e giustizia. 'Mani pulite' (1992–98) nelle parole del procuratore Francesco Saverio Borrelli* (Milão: Kaos Edizioni, 1999), p. 47.

316 Ibid., p. 65.

317 Ibid., p. 420.

318 http://oglobo.globo.com/brasil/jaques-wagner-diz-que-projeto-de-moro-criminalizar-politica-18874246, acessado em 25 de agosto de 2018.

319 http://www12.senado.leg.br/noticias/materias/2016/05/12/paulo-rocha-denuncia-que-lava-jato-e-usada-para-criminalizar-a-politica, acessado em 25 de agosto de 2018.

320 https://www1.folha.uol.com.br/poder/2016/09/1813937-judiciario-pode-cometer-o-mesmo-erro-de-militares-em-1964-diz-toffoli.shtml, acessado em 25 de agosto de 2018.

321 https://www.youtube.com/watch?v=AQXw8B0lN2c, acessado em 25 de agosto de 2018.

322 Franco Cordero, *Guida alla Procedura Penale* (Turim: UTET, 1986), p. 51.

323 Barbacetto, Gomez e Travaglio, *Operação Mãos Limpas*, p. 101.

324 https://www.google.com.br/url?sa=t&rct=j&q=&esrc=s&source=web&cd=2&ved=0ahUKEwjcy568wM7PAhVCj5AKHYgbClcQFgglMAE&url=http%3A%2F%2Fhudoc.echr.coe.int%2Fapp%2Fconversion%2Fdocx%2Fpdf%3Flibrary%3DECHR%26id%3D001-32482%26filename%3DCEDH.pdf&usg=AFQjCNEuv0zmrN0sNlF1fP_7Xpb0YGXuYg&sig2=xiJXNGGjHNF8eVcQMzqfSg&cad=rja, acessado em 25 de agosto de 2018.

325 http://pt.slideshare.net/carlosemvieira/petio-de-lula-onu-contra-atuao-de-sergio-moro, acessado em 25 de agosto de 2018.

326 Barbacetto, Gomez e Travaglio, *Operação Mãos Limpas*, p. 329.

327 Ibid.

328 Del Roio, *Itália: Operação Mãos Limpas*, pp. 82–83.

329 https://www.youtube.com/watch?v=liAEA_IyE_c, acessado em 25 de agosto de 2018.

330 http://politica.estadao.com.br/noticias/geral,renan-desiste-de-cpi-do-ministerio-publico-mas-articula-contra-janot-imp-,1647652, acessado em 25 de agosto de 2018.

331 http://g1.globo.com/politica/noticia/2015/03/na-cpi-cunha-chama-lista-de-janot-de-piada-e-diz-que-inquerito-constrange.html, acessado em 25 de agosto de 2018.

332 Barbacetto, Gomez e Travaglio, *Operação Mãos Limpas*, p. 125.

333 http://www.filodiritto.com/documenti/2014/gustapane_pm_regime_fascista-definitivo.pdf, acessado em 25 de agosto de 2018.

334 Colombo e Marzoli, *Farla franca*, pp. 43-44.

335 Barbacetto, Gomez e Travaglio, *Operação Mãos Limpas*, p. 126.

336 Ibid., p. 127.

337 http://www.camara.gov.br/proposicoesWeb/fichadetramitacao?idProposicao=353741, acessado em 25 de agosto de 2018.

338 http://g1.globo.com/politica/noticia/2016/09/apos-protestos-camara-retira-da-pauta-proposta-que-criminaliza-caixa-2.html, acessado em 25 de agosto de 2018.

339 http://g1.globo.com/politica/noticia/2016/11/deputados-articulam-anistiar-caixa-2-nas--esferas-penal-civil-e-eleitoral.html, acessado em 25 de agosto de 2018.

340 http://g1.globo.com/politica/operacao-lava-jato/noticia/2016/11/executivos-da-odebrecht-comecam-assinar-acordos-de-delacao-premiada.html, acessado em 25 de agosto de 2018.

341 http://veja.abril.com.br/politica/lava-jato-executivos-da-odebrecht-assinam-acordo-de-delacao/, acessado em 25 de agosto de 2018.

342 http://veja.abril.com.br/brasil/lava-jato-a-delacao-do-fim-do-mundo/, acesso em 25 de agosto de 2018.

343 http://g1.globo.com/politica/operacao-lava-jato/noticia/2016/05/em-gravacao-jose-sarney-promete-ajuda-sergio-machado-diz-jornal.html, acessado em 25 de agosto de 2018.

344 http://www1.folha.uol.com.br/poder/2016/12/1838827-reu-no-stf-renan-e-alvo-de-outros-11-inqueritos-veja.shtml, acessado em 25 de agosto de 2018.

345 http://g1.globo.com/politica/noticia/renan-senado-decide-nao-cumprir-liminar-e-aguardar-decisao-do-plenario-do-stf.ghtml, acessado em 25 de agosto de 2018.

346 Orlandi, "Operazione Mani pulite", p. 58.

347 Barbacetto, Gomez e Travaglio, *Operação Mãos Limpas*, p. 273.

348 Ibid.

349 Alfredo Biondi, "Il D.L. 440/1994 (c.d. 'decreto Biondi'): un atto 'frainteso' di civiltà giuridica", em Andrea Apollonio (ed.), *Processo e legge penale*, pp.153–160.

350 Ibid.

351 Bufacchi e Burgess, *L'Italia contesa*, p. 202.

352 Colombo e Marzoli, *Farla franca*, p. 88.

353 Gianstefano Frigerio, *O outro lado da Operação Mãos Limpas: a Europa e as Américas após a queda do marxismo* (São Paulo: Maltese, 1994), p. 135.

354 Barbacetto, Gomez e Travaglio, *Operação Mãos Limpas*, pp. 302–303.

355 Colombo e Marzoli, *Farla franca*, p. 96.

356 http://g1.globo.com/pr/parana/noticia/2016/11/golpe-mais-forte-efetuado-contra-lava-jato-diz-procurador-do-mpf.html, acessado em 26 de agosto de 2018.

357 Giuseppe Centamore, "La custodia cautelare in carcere a seguito di Tangentopoli", em Andrea Apollonio (ed.), *Processo e legge penale*, pp. 161–171.

358 http://www.comune.jesi.an.it/MV/leggi/l332-95.htm, acessado em 26 de agosto de 2018.

359 Barbacetto, Gomez e Travaglio, *Operação Mãos Limpas*, p. 430.

360 Ibid., p. 431.

361 Ibid., p. 663.

362 Ibid., p. 664.

363 Di Pietro, *Intervista su Tangentopoli*, p. 12.

364 http://www.camera.it/parlam/leggi/97234l.htm, acessado em 26 de agosto de 2018.

365 Barbacetto, Gomez e Travaglio, *Operação Mãos Limpas*, p. 699.

366 Ibid., p. 601.

367 Ibid., p. 701.

368 Ibid.

369 Remo Danovi, *Diario Deontologico. Diritto e Rovescio. Nuova Serie* (Milão: Giuffrè, 2012), pp. 224 e ss.

370 http://ricerca.repubblica.it/repubblica/archivio/repubblica/1998/11/10/pm-sfidano-in-aula-gli-avvocati.html, acessado em 26 de agosto de 2018.

371 Danovi, *Diario Deontologico*, pp. 224 e ss.

372 Barbacetto, Gomez e Travaglio, *Operação Mãos Limpas*, p. 704.

373 Ibid., p. 705.

374 Francesca Sassano e Lorenzo Cristilli, *Come Applicare la Legge Contro il Dolore nel Sistema Penitenziario e non. La Legge 38 del 15 marzo 2010* (Santarcangelo di Romagna: Maggioli Editore, 2016), p. 33.

375 Barbacetto, Gomez e Travaglio, *Operação Mãos Limpas*, pp. 708–709.

376 http://www.normattiva.it/uri-res/N2Ls?urn:nir:stato:legge:1999;14, acessado em 26 de agosto de 2018.

377 Delfino Stracusano, em *Per una giustizia penale più sollecita: ostacoli e rimedi ragionevoli. Nº 24* (Milão: Giuffré Editore, 2006), p. 170.

378 Barbacetto, Gomez e Travaglio, *Operação Mãos Limpas*, pp. 798–799.

379 Colombo e Marzoli, *Farla franca*, p. 75.

380 Di Pietro, *Intervista su Tangentopoli*, p. 38.

381 Barbacetto, Gomez e Travaglio, *Operação Mãos Limpas*, p. 723.

382 Ibid., p. 800.

383 Ibid., pp. 800–801.

384 http://www.conjur.com.br/2016-abr-26/falcao-mantem-acordo-entre-lava-jato-suica-passar-stj, acessado em 26 de agosto de 2018.

385 Barbacetto, Gomez e Travaglio, *Operação Mãos Limpas*, p. 801.

386 Gomez e Travaglio, *Le mille balle blu*, p. 2.232.

387 Barbacetto, Gomez e Travaglio, *Operação Mãos Limpas*, p. 810.

388 http://www.camera.it/parlam/leggi/03140l.htm, acessado em 26 de agosto de 2018.

389 http://www.giurcost.org/decisioni/2004/0024s-04.html, acessado em 26 de agosto de 2018.

390 Barbacetto, Gomez e Travaglio, Operação Mãos Limpas, p. 761.

391 Ibid., p. 814.

392 Ibid.

393 https://triskel182.wordpress.com/2014/11/21/scappare-dal-processo-specialita-tutta-italiana-piercamillo-davigo/, acessado em 26 de agosto de 2018.

394 Barbacetto, Gomez e Travaglio, *Operação Mãos Limpas*, pp. 680, 686.

395 http://www.camera.it/parlam/leggi/06046l.htm, acessado em 26 de agosto de 2018.

396 Barbacetto, Gomez e Travaglio, *Operação Mãos Limpas*, p. 816.

397 http://www.gazetadopovo.com.br/vida-publica/justica-e-direito/colunistas/rodrigo-chemim-guimaraes/duplo-grau-de-jurisdicao-no-processo-penal-e-o-papel-do-ministerio-publico--devemos-copiar-o-modelo-norte-americano-de-double-jeopardy-5v9e0vacc6z13pl4o2ig5pf7r, acessado em 26 de agosto de 2018.

398 http://www.corriere.it/Primo_Piano/Politica/2006/07_Luglio/29/indulto2.shtml, acessado em 26 de agosto de 2018.

399 Barbacetto, Gomez e Travaglio, *Operação Mãos Limpas*, p. 573.

400 Ibid., p. 817.

401 https://triskel182.wordpress.com/2014/11/21/scappare-dal-processo-specialita-tutta-italiana-piercamillo-davigo/, acessado em 26 de agosto de 2018.

402 http://www.nytimes.com/1994/09/14/world/sic-transit-gloria-an-italian-ex-premier-in--exile.html, acessado em 26 de agosto de 2018.

403 http://memoria.bn.br/, acessado em 26 de agosto de 2018.

404 https://jus.com.br/artigos/52017/projeto-de-lei-para-anistiar-politicos-e-empresarios-comeca-a-ser-discutido-e-um-arrastao-penal-eleitoral, acessado em 26 de agosto de 2018.

405 Barbacetto, Gomez e Travaglio, *Operação Mãos Limpas*, pp. 424–425.

406 Ibid., pp. 822–823.

407 Ibid., p. 826.

408 Ibid., p. 827.

409 Ibid., pp. 713–714.

410 Ibid., p. 828.

411 Beccaria e Marcucci, *I Segreti di Tangentopoli*, p. 18.

412 Colombo e Marzoli, *Farla franca*, p. 105.

413 Colombo, *Lettera a un figlio*, p. 68.

414 http://www.bbc.com/portuguese/noticias/2016/03/160321_entrevista_dipietro_lab, acessado em 26 de agosto de 2018.

415 Barbacetto, Gomez e Travaglio, *Operação Mãos Limpas*, p. 452.

416 http://www.bbc.com/portuguese/noticias/2016/03/160321_entrevista_dipietro_lab, acessado em 26 de agosto de 2018.

417 Barbacetto, Gomez e Travaglio, *Operação Mãos Limpas*, p. 639.

418 Ibid., pp. 628 e ss.

419 Ibid., p. 645.

420 Colombo e Marzoli, *Farla franca*, pp. 84–85.

421 Barbacetto, Gomez e Travaglio, *Operação Mãos Limpas*, p. 794.

422 http://politica.estadao.com.br/noticias/geral,senadores-pedem-que-cnj-abra-processo-disciplinar-contra-sergio-moro,10000022725, acessado em 26 de agosto de 2018.

423 http://www1.folha.uol.com.br/poder/2016/03/1753459-lula-se-diz-enojado-e-pede-de--sindicalistas-pressao-sobre-a-lava-jato.shtml, acessado em 26 de agosto de 2018.

424 Barbacetto, Gomez e Travaglio, *Operação Mãos Limpas*, p. 792.

425 http://www.valor.com.br/politica/4808973/lula-processa-procurador-dallagnol-e-pede-r--1-milhao-por-danos-morais, acessado em 26 de agosto de 2018.

426 Beccaria e Marcucci, *I Segreti di Tangentopoli*, p. 79.

427 Tércio Sampaio Ferraz Jr., *Direito, retórica e comunicação: subsídios para uma pragmática do discurso jurídico* (São Paulo: Saraiva, 1973), p. 89.

428 Ibid., pp. 69-70.

429 Cesare Bonesana Beccaria, *Dei delitti e delle pene. A cura di Franco Venturi* (Turim: Giulio Einaudi, 1973), p. 35.

430 http://s.conjur.com.br/dl/excecao-suspeicao-lula-moro.pdf, acessado em 26 de agosto de 2018.

431 http://www.diariodobrasil.org/a-astucia-de-moro-se-nao-havia-nada-de-ilicito-no-grampo--telefonico-entao-por-que-tanto-alvoroco/, acessado em 26 de agosto de 2018.

432 http://www.stf.jus.br/portal/jurisprudencia/listarJurisprudencia.asp?s1=%28Rcl%24%2ESCLA%2E+E+23457%2ENUME%2E%29+NAO+S%2EPRES%2E&base=baseMonocraticas&url=http://tinyurl.com/jhpzr8r, acessado em 26 de agosto de 2018.

433 Adriano de Cupis, *I diritti della personalità*, 2ª ed. (Milão: Giuffrè, 1982), pp. 4 e ss.

434 Stefano Rodotà, *Elogio del moralismo* (Milão: Laterza, 2011), p. 25.

435 Barbacetto, Gomez e Travaglio, *Operação Mãos Limpas*, p. 88.

436 Ibid., p. 179.

437 Posteraro, *Povera Italia*, p. 20.

438 http://www.repubblica.it/2009/03/sezioni/cronaca/arresto-mario-chiesa/arresto-mario--chiesa/arresto-mario-chiesa.html, acessado em 26 de agosto de 2018.

439 http://milano.repubblica.it/dettaglio/rifiuti-mario-chiesa-patteggia-tre-anni-per-la-vicenda-della-sem/1800352, acessado em 26 de agosto de 2018.

440 Barbacetto, Gomez e Travaglio, *Operação Mãos Limpas*, p. 781.

441 http://milano.repubblica.it/cronaca/2014/05/08/news/expo-85539313/, acessado em 26 de agosto de 2018.

442 Luc Ferry, *Aprender a Viver – Filosofia para os novos tempos* (Rio de Janeiro: Objetiva, 2010), p. 209.

443 Jean-Jacques Rousseau, *Discurso sobre a origem e os fundamentos da desigualdade entre os homens* (São Paulo: Edipro, 2015), p. 68.

444 Ferry, *Aprender a Viver*, p. 107.

445 Ibid., pp. 108–109.

446 Yuval Noah Harari, *Sapiens – Uma breve história da humanidade* (Porto Alegre: L&PM, 2015, 7ª ed.), p. 128.

447 Mario Sérgio Cortella e Clóvis Barros Filho, *Ética e vergonha na cara!* (Campinas: Papirus 7 Mares, 2014), p. 64.

448 Ferrero, *Alla fine della fiera*, p. 79.

449 http://www.socqrl.niu.edu/miller/courses/soci380/sykes%26matza.pdf, acessado em 26 de agosto de 2018.

450 Edwin H. Sutherland, *El Delito de Cuello Blanco* (Buenos Aires: B de F, 2009), p. 349.

451 Jean-Pierre Dupuy, "A ética dos negócios", em *A sociedade em busca de valores: para fugir à alternativa entre o ceticismo e o dogmatismo* (Lisboa: Instituto Piaget, 1996), pp. 77–89.

452 Lawrence E. Cohen e Marcus Felson, "Social Change and Crime Rate Trends: A Routine Activity Approach", *American Sociological Review* nº 44, 1979, pp. 588–608.

453 Isidoro Blanco Cordero, "La corrupción desde una perspectiva criminológica: un estúdio de sus causas desde las teorias de las atividades rutinárias y de la elección racional", em Fernando Pérez Álvarez (ed.), *Serta: in memoriam Alexandri Baratta* (Salamanca: Ediciones Universidad Salamanca, 2004), pp. 267–296.

454 Derek B. Cornish e R. V. Clarke, "Understanding Crime Displacement: An Application of Rational Choice Theory", *Criminology* nº 25, 1987, pp. 933–947.

455 Blanco Cordero, "La corrupción", p. 269.

456 Ibid., p. 270.

457 Ibid. p. 272.

458 Ibid., p. 274.

459 Sigmund Freud, "Projeto para uma psicologia científica", *Edição standard brasileira das obras psicológicas completas de Sigmund Freud, Volume 1, Publicações pré-psicanalíticas e esboços inéditos (1886–1899)* (Rio de Janeiro: Imago, 1990), 212 e ss. Esse conceito foi depois aproveitado por Jacques Lacan, "Introdução da Coisa", *O seminário (Livro 7 – A ética da psicanálise)* (Rio de Janeiro: Zahar, 2008), pp. 57 e ss.

460 Jacques Lacan trata do "objeto a" a partir de considerações a respeito do objeto em "As três formas da falta do objeto", *O seminário, livro 4 – A relação de objeto* (Rio de Janeiro: Zahar, 1995), 35; e depois, quando trata da revisão do status do objeto em "Revisão do status do objeto. Ele não é sem tê-lo", *O seminário, livro 10 – A angústia* (Rio de Janeiro: Zahar, 2005), pp. 97 e ss.

461 Há duas traduções diversas para a palavra alemã "trieb". Alguns traduzem como "instinto", outros como "pulsão". Lacan também diferencia os termos "trieb" e "instinkt", considerando o primeiro como "pulsão". Em Jacques Lacan, "O problema da sublimação", *O seminário, livro 7*, pp. 112–113. Ver também Gilberto Gomes, "Os dois conceitos freudianos de 'trieb'", *Psicologia: teoria e pesquisa*, Volume 17, nº 03, setembro/dezembro de 2001, pp. 249–255. Ver ainda Jacinto Nelson de Miranda Coutinho, "Jurisdição, psicanálise e o mundo neoliberal", *Direito e neoliberalismo – Elementos para uma leitura interdisciplinar* (Curitiba: EDIBEJ, 1996), pp. 39–77.

462 Sigmund Freud, "Teoria geral das neuroses. A vida sexual humana", *Obras completas, Volume 13, Conferências introdutórias à psicanálise (1916–1917)* (São Paulo: Companhia das Letras, 2014), p. 415.

463 Sigmund Freud, "Os instintos e seus destinos", *Obras completas, Volume 12, Introdução ao narcisismo, ensaios de metapsicologia e outros textos (1914-1917)* (São Paulo: Companhia das Letras, 2010), p. 58.

464 Sigmund Freud, "O mal-estar na civilização", *Edição standard brasileira das obras psicológicas completas de Sigmund Freud, Volume 21, O mal-estar na civilização e outros trabalhos (1927–1931)* (Rio de Janeiro: Imago, 1996), p. 93.

465 Ibid., "O futuro de uma ilusão", p. 24; "O mal-estar na civilização", p. 93.

466 Duane P. Schultz e Sydney Ellen Schultz, *Teorias da personalidade* (São Paulo: Cengage Learning, 2015), p. 371.

467 Ibid., 408.

468 André Comte-Sponville, "Uma moral sem fundamento", *A sociedade em busca de valores*, pp. 133–153.

469 Blanco Cordero, "La Corrupción", p. 276.

470 Ferry, *Aprender a viver*, p. 119.

471 Richard Rose e Doh Chull Shin, "Democratization and Backwards: The Problem of Third Wave Democracies", *British Journal of Political Science*, Vol. 31, Issue 0, abril de 2001, pp. 331–375.

472 José Álvaro Moisés (org.), "Cultura política, instituições e democracia – Lições da experiência brasileira", *Democracia e confiança: por que os cidadãos desconfiam das instituições públicas?* (São Paulo: EDUSP, 2010), pp. 77–121.

473 Ibid., "Democracia e desconfiança das instituições democráticas", pp. 45–73.

474 Gabriel A. Almond e Sidney Verba, *The Civic Culture: Political Attitudes and Democracy in Five Nations* (Newbury Park: Sage Publications, 1989).

475 Moisés, "A confiança e seus efeitos sobre as instituições democráticas", *Democracia e confiança*, pp. 9–20.

476 Ibid.

477 Seymour Martin Lipset e William Schneider, *The Confidence Gap: Business, Labor and Governement in The Public Mind* (Nova York: The Free Press, 1983), p. 18.

478 Seymour Martin Lipset e William Schneider, "The Confidence Gap during the Reagan Years, 1981-1987", *Political Science Quarterly*, Vol. 102, nº 01, 1987.

479 John T. Williams, "Systemic Influences on Political Trust: The Importance of Perceived Institutional Performance", *Political Methodology*, Vol. 11 (Oxford: Oxford University Press, 1985), pp. 125–142.

480 http://www.latinobarometro.org/lat.jsp, acessado em 26 de agosto de 2018.

481 http://www.latinobarometro.org/latNewsShow.jsp, acessado em 26 de afgosto de 2018.

482 Ibid., p. 10.

483 Ibid., p. 3.

484 Ibid.

485 Colombo, *Lettera a un figlio*, p. 77.

486 http://www.mpf.mp.br/para-o-cidadao/caso-lava-jato/atuacao-na-1a-instancia/parana/resultado, acessado em 26 de agosto de 2018.

487 http://espresso.repubblica.it/plus/articoli/2014/12/04/news/giovanni-maria-flick-corruzione-senza-vergogna-1.190790, acessado em 26 de agosto de 2018.

488 Donatella Della Porta e Alberto Vanucci, *Mani impunite: vecchia e nuova corruzione in Italia* (Roma: Laterza, 2007), p. 10.

489 Beccaria e Marcucci, *I Segreti di Tangentopoli*, p. 40.

490 http://www.transparency.org/cpi2015#results-table, acessado em 26 de agosto de 2018.

491 Ferrajoli, *Poderes selvagens*, p.50.

492 Ibid.

493 Ibid, p. 55.

494 Ibid., p. 51.

495 Ibid., p. 54.

496 Gabrio Forti, "Il diritto penale e il problema della corruzione, dieci anni dopo", em Gabrio Forti (ed), *Il prezzo della tangente*, pp. 71–176.

497 Davigo, *Gli intatti meccanismi della corruzione sistemica*, p. 189.

498 http://painel.blogfolha.uol.com.br/2016/03/20/deputados-preparam-emenda-constitucional-para-garantir-foro-privilegiado-a-ex-presidentes/, acessado em 26 de agosto de 2018.

499 http://oglobo.globo.com/brasil/deputado-petista-quer-restabelecer-foro-privilegiado-ex-presidentes-18837147, acessado em 26 de agosto de 2018.

500 Borrelli, *Corruzione e giustizia*, p. 51.

501 http://www.mpdft.mp.br/portal/index.php/comunicacao-menu/artigos-menu/artigos-lista/8917-a-quem-interessa-vazar-colaboracoes-premiadas, acessado em 26 de agosto de 2018.

502 Barbacetto, Gomez e Travaglio, *Operação Mãos Limpas*, pp. 350 e ss.

503 Colombo, *Lettera a un figlio*, pp. 91 e ss.

504 Ibid., pp. 91–92.

505 http://piaui.folha.uol.com.br/noite-em-claro-no-sindicato/, acessado em 9 de junho de 2018.

506 Carol Proner, Gisele Cittadino, Gisele Ricobom e João Ricardo Dorneles (organizadores), *Comentários a uma sentença anunciada: O processo Lula* (Bauru: Canal 6, 2017).

507 Ibid., p. 34.

508 Ibid., pp. 9–12.

509 https://oglobo.globo.com/politica/caso-bancoop-triplex-do-casal-lula-esta-atrasado-3041591, acessado em 11 de agosto de 2018.